Jetzt Buch registrieren und Begleitmaterial herunterladen!

Registrieren Sie Ihr Buch auf *webmasters-press.de* und laden Sie sich die Übungsdateien und Lösungen herunter:

www.webmasters-press.de/register
Registrierungscode: 12ee3b626b04

Stephanie Holmes

Social Media Marketing

Steigern Sie Ihren Unternehmenserfolg mit Facebook, Instagram, XING & Co.

Ein Webmasters Press Lernbuch

Version 6.1.2 vom 31.03.2020

Autorisiertes Curriculum für das Webmasters Europe Ausbildungs- und Zertifizierungsprogramm

— *www.webmasters-europe.org* —

Über die Autorin

Stephanie Holmes ist leidenschaftliche Vertreterin guter Kommunikation. Die Diplom-Informatikerin (*FH Gießen-Friedberg*) und MBA-Absolventin (Hons., *IMD Lausanne*) leitete mehrere Jahre lang internationale IT-Projekte für einen Weltkonzern in Deutschland, Australien und Asien. Anschließend gründete sie die Social-Media-Beratung *YNovation* mit der Vision, Unternehmen dabei zu unterstützen, Social Media gezielt als Erfolgsinstrument zu nutzen. Sie lehrt an der *Webmasters Fernakademie*, am *IHK-Bildungszentrum Südlicher Oberrhein* sowie an der *Technischen Hochschule Mittelhessen*. Mit ihrem Team berät und begleitet Stephanie Holmes Unternehmen aus allen Branchen und verschiedener Größen dabei, die Nutzung von Social Media strategisch zu planen und erfolgreich umzusetzen.

Kontakt zur Autorin

https://xing.to/sholmes

https://www.linkedin.com/in/holmessteph

https://www.facebook.com/YNovation

www.webmasters-press.de

Webmasters Akademie Nürnberg GmbH
Neumeyerstr. 22–26
90411 Nürnberg, Germany
www.webmasters-akademie.de

Made with
Prince • Print with CSS

Printed books made with Prince

Umschlaggestaltung: Frank L. Schad
Layout und Satz: Frank L. Schad
Lektorat: Robert von Heeren

Art.-Nr. 12ee3b626b04
Version 6.1.2 vom 31.03.2020

Inhaltsverzeichnis

Vorwort

Als ich im Jahr 2010 die Social-Media-Beratung *YNovation* gründete, wurde ich oft mit zweifelndem Blick angesehen: Ist Social Media nicht diese Teenager-Plattform Facebook? Warum sollten Unternehmen dazu jemals eine Beratung brauchen?

Inzwischen finden Teenager Plattformen wie TikTok und Snapchat deutlich spannender als Facebook, und unter dem Begriff »Social Media« versteht man heutzutage selbstverständlich auch geschäftliches Netzwerken auf XING und LinkedIn, Kundensupport in Foren und Blogs, multimediale Bild- oder Videoplattformen, Bewertungsportale und vieles mehr.

Genau wie Websites einige Jahre brauchten, um ein fester Bestandteil der Unternehmenskommunikation zu werden, hat sich auch Social Media inzwischen etabliert: Laut *Statista* stieg die Anzahl der Social-Media-Nutzer weltweit von 0,97 Milliarden im Jahr 2010 auf geschätzte 2,77 Milliarden im Jahr 2019. Bis 2021 wird sie voraussichtlich bei 3,02 Milliarden liegen.[1]

Dieser Trend ist wenig überraschend, denn das Dialogmedium Web 2.0 bietet faszinierende Möglichkeiten. Dennoch treffe ich immer wieder Nutzer, die ihre Enttäuschung darüber ausdrücken, dass eine sporadische Nutzung von Facebook & Co. im Unternehmenskontext keine großen Umsätze generiert. Für mich ist dies lediglich die Bestätigung, dass Social Media kein automatischer Vertriebskanal, sondern ein individuelles und sensibles Medium ist, das strategisch und mit Fingerspitzengefühl genutzt werden muss.

Nur so werden die richtigen Zielgruppen angesprochen, und es kann ein echter Mehrwert für Unternehmen generiert werden. Wenn Sie es richtig angehen, kann Social Media einen Return on Investment (ROI) bieten, der andere Kanäle bei Weitem in den Schatten stellt. Umgekehrt bringt eine nicht zielgerichtete Nutzung häufig den Verlust wertvoller Zeit oder Budgets beliebiger Größe mit sich.

Ich zeige Ihnen Social Media aus einer besonderen Perspektive: Wir befassen uns mit der Nutzung von Facebook & Co. jenseits groß angelegter Kampagnen von Weltkonzernen mit Millionenbudgets und legen den Schwerpunkt auf kleine und mittlere Unternehmen (KMUs) mit begrenztem Budget und begrenzten personellen Ressourcen. Ich habe vor allem Fallbeispiele aus genau solchen Unternehmen ausgewählt, um realistische Beispiele dafür zu geben, was sich auch mit beschei-

---

1. Quelle Statista, https://www.statista.com/statistics/278414/number-of-worldwide-social-network-users, abgerufen am 12.12.2019

denen Ressourcen erreichen lässt. So bekommen Sie eine Vorstellung der Möglichkeiten, Grenzen und Erfolgsprinzipien für individuelle und nützliche Social-Media-Präsenzen, die auch KMUs bewältigen können.

Mit einem praktischen Strategiemodell leite ich Sie dazu an, eine individuelle Social-Media-Strategie für Ihr Unternehmen zu erstellen. Mein Ziel ist, dass Sie Social Media und die Dynamiken dieses Kanals verstehen und ihn ganz gezielt als Erfolgsinstrument für Ihr Unternehmen nutzen können.

Bewusst ausgespart habe ich detaillierte technische Anleitungen zur Bedienung der Social-Media-Plattformen, da sich diese sehr schnell ändern. Ich gebe Ihnen einen Überblick über den Funktionsumfang der wichtigsten Plattformen für KMUs im deutschsprachigen Raum und lege dar, was Sie bei der Nutzung derselben beachten sollten. Wenn Sie anhand dieser Beschreibungen die passenden Plattformen ausgewählt haben, ist es in der Regel ohne technische Vorkenntnisse möglich, direkt mit der Nutzung zu beginnen. Bei Detailfragen und für aktuelle Informationen sind über Suchmaschinen leicht auffindbare Blogartikel und die Hilfeseiten der jeweiligen Plattform die aktuellsten und besten Quellen.

Ich wünsche Ihnen viel Spaß bei der Lektüre und beim Entwickeln Ihrer eigenen Social-Media-Strategie. Über Anregungen und Feedback, zum Beispiel über mein XING- oder LinkedIn-Profil, freue ich mich ebenso wie über die Gelegenheit, einen Blick auf Ihre Social-Media-Präsenz werfen zu dürfen!

Ihre

Stephanie Holmes

Social Media im Überblick

1

In dieser Lektion lernen Sie

- was die Definition von Social Media ist.
- wie sich Social Media von anderen Kommunikationskanälen unterscheidet.
- welche verschiedenen Zielgruppen welche Erwartungen an Social-Media-Präsenzen haben.
- wie Social Media die Unternehmenskommunikation beeinflusst.
- welche Risiken es birgt, wenn Unternehmen an Social Media nicht teilnehmen.

1.1 Was bedeutet »Social Media« eigentlich genau?

Wie bereits im Vorwort erwähnt, ist »Social Media« ein häufig gebrauchter und gerne zitierter Begriff. Um diesen Kommunikationskanal in seinen Besonderheiten zu verstehen und richtig einzusetzen, muss eine klare Abgrenzung von anderen Kanälen erfolgen.

Der Bundesverband Digitale Wirtschaft e. V. (BVDW) definiert Social Media folgendermaßen:

> *Social Media umfasst eine Vielzahl digitaler Medien und Technologien, die es Nutzern ermöglichen, sich untereinander auszutauschen und mediale Inhalte zu erstellen und zu verbreiten.*[2]

2. Quelle: BVDW, *https://www.bvdw.org/themen/digitales-marketing/social-media-marketing*, abgerufen am 20.12.2019

Social-Media-Plattformen heben sich von anderen Kommunikationskanälen dadurch ab, dass sie eine einfache und schnelle ***Many-to-many-Kommunikation*** ermöglichen, in der Nutzer öffentlich oder halböffentlich mit anderen Nutzern kommunizieren können. Dem gegenüber steht die ***One-to-one-Kommunikation***, die z. B. persönlich, per Telefon oder persönlicher E-Mail erfolgen kann, oder die ***One-to-many-Kommunikation***, bei der Unternehmen beispielsweise über Radiowerbung, auf einer Website oder mit einem Newsletter mit einer großen Zielgruppe kommunizieren können, ohne jedoch der Zielgruppe die Möglichkeit einzuräumen, sich aktiv und öffentlich an der Kommunikation zu beteiligen.

Abb. 1 *Many-to-many-Kommunikation (Zeichnungen: F. Schad)*

Eine Social-Media-Nutzung im Unternehmenskontext umfasst drei grundlegende Aspekte:

1. Als Basis dienen **Onlineplattformen** wie z. B. Facebook, YouTube, Blogs oder Foren.
2. Diese Plattformen werden genutzt, um in **Interaktion** mit Menschen zu treten.
3. Aus dieser Interaktion entsteht ein **Mehrwert** für alle Beteiligten.

Der letzte Punkt ist besonders für den Einsatz in Unternehmen wichtig: Social Media sollte nie eingesetzt werden, um einfach nur »dabei zu sein«. Stattdessen sollte die Grundlage für eine Nutzung von Facebook & Co. eine klare strategische Überlegung aus unternehmerischen Gesichtspunkten sein. Ist dies nicht der Fall, besteht die Gefahr, Ressourcen zu verschwenden. Oft entsteht in Unternehmen durch solche »spontanen« Social-Media-Initiativen die Wahrnehmung, dass Social Media als Kommunikationskanal nicht nützlich ist, da weder die Initiativen zielgerichtet ausgelegt sind, noch die Ergebnisse gemessen werden.

Übung 1:

Stellen Sie konkrete Überlegungen zum Thema »Mehrwert« an:
Welchen Mehrwert könnte Ihr Unternehmen aus der Nutzung von Social Media ziehen? Fragen Sie auch Ihren Vorgesetzten und einige Ihrer Kollegen.

Zusammenfassung

- Unter Social-Media-Plattformen sind alle Anbieter einzuordnen, die eine Many-to-many-Kommunikation erlauben.
- Social Media im Unternehmenskontext schafft durch die Nutzung von Plattformen eine Interaktion mit einem Mehrwert für alle Beteiligten.
- Die Nutzung von Social Media in Unternehmen sollte durch unternehmerische und strategische Überlegungen motiviert sein.

1.2 Kommunikation im Wandel

Durch die verstärkte Nutzung von Onlinemedien im Alltag hat sich unsere Gesellschaft in ihren Kommunikationsgewohnheiten verändert. Wo früher ein Brief Tage brauchte, um den Adressaten zu erreichen, ist heute eine E-Mail oder eine Onlinenachricht schon Sekunden später beim Empfänger. Während früher die Kommunikation zwischen Unternehmen und einer Person in der Regel von niemandem mitverfolgt wurde, ist heute eine öffentliche Diskussion und Meinungsbildung selbstverständlich.

Dies hat dazu geführt, dass Kontakte anders ablaufen und dass Nutzer — Kunden, Arbeitnehmer, andere Personen, die mit Ihrem Unternehmen kommunizieren — andere Erwartungen an die Unternehmenskommunikation haben als noch vor zehn Jahren.

1.3 Wie Social Media die Unternehmenskommunikation auf den Kopf stellt

1.3.1 Drei neue Aspekte durch Social Media in der Kommunikation

Social Media verändert die Kommunikation von Unternehmen mit Verbrauchern, Arbeitnehmern und anderen Zielgruppen. Da alle Beteiligten aktiv teilnehmen können, wandelt sich die Kommunikation in drei Kernpunkten:

1. Ein echter **Dialog** ist möglich. Dies erlaubt Unternehmen, schnell und einfach mit ihrer Zielgruppe zu interagieren. So ist eine größere Nähe zu Kunden möglich, Arbeitgeber können sich persönlicher präsentieren. Die Kommunikation wird insgesamt einfacher und direkter.
2. Unternehmen erleben durch den offenen Dialog einen gewissen **Kontrollverlust**: Aussagen und Nachrichten können nicht in dem Maße kontrolliert werden, wie dies auf Internetseiten oder in Printmedien möglich ist. Nutzergruppen können sich austauschen, Meinungen bilden und diese offen kommunizieren.
3. Durch die Möglichkeit, leicht und schnell auf Social-Media-Plattformen zu interagieren, werden Nachrichten **schneller** weitergeleitet als bei traditionellen Medien: Ein Flyer kann an eine Person weitergegeben, eine E-Mail an eine manuell ausgewählte Adressatenliste weitergeleitet werden. In Social Media können mit einem Klick Inhalte an das gesamte Netzwerk von mehreren hundert Fans oder Followern verbreitet werden. Dies kann gut oder schlecht sein. Mehr dazu in Lektion 15.

1.3.2 Nutzererwartungen in der Social-Media-Kommunikation

Auch wenn je nach Unternehmen die Zielgruppen für die Social-Media-Kommunikation eine sehr unterschiedliche Altersstruktur oder Interessen aufweisen können, so haben doch die meisten Nutzer ähnliche Erwartungen an die Art und Weise wie auf Facebook & Co. kommuniziert wird. Durch die Charakteristika der sozialen Medien haben sich gewisse Erwartungen und Vorlieben entwickelt, die bei der Planung einer Social-Media-Strategie berücksichtigt werden sollten.

Nutzerinteraktion

Social Media ist ein Dialogmedium. Nutzer sind es gewohnt, sich zu dem veröffentlichten Content zu äußern und »mitzureden«. Ein Teil der Anziehungskraft der sozialen Medien ist die Möglichkeit, als Nutzer seine Meinung kundzutun: Nutzer möchten bei den Beiträgen ihrer Freunde, aber auch zu dem Content von Unternehmen und Marken, mitreden. Auch wenn das einen gewissen Kontrollverlust bedeutet, ist es wichtig, diesen Dialog zu fördern. Zum einen durch Content, der zur Interaktion aufruft, zum anderen durch entsprechende technische Einstellungen. Ich werde hin und wieder gefragt, ob man nicht auf einer Facebook-Unternehmensseite die Kommentarfunktion deaktivieren könnte. Das ist technisch nicht möglich und selbst, wenn es möglich wäre, würde ich davon abraten: Den Feedbackkanal zu schließen, sendet die Nachricht an Nutzer, dass das Unternehmen an einem Dialog mit seiner Zielgruppe nicht interessiert ist, was dem Sinn und der Natur von Social Media widerspricht.

Tatsächlich beobachte ich im Alltag, dass Beiträge, die zur Mitwirkung aufrufen, oft den größten Erfolg erzielen. Abb. 2 zeigt einen Facebook-Beitrag mit einer einfachen, humorvollen Frage an die Nutzer. Mit diesem Beitrag erzielte die Unternehmensseite die besten Interaktionsraten. Auch Reaktionen auf Nutzerinteraktionen, z. B. ein »Like« unter jedem neutralen oder positiven Nutzerkommentar belebt diesen Dialog und trägt dazu bei, dass Nutzer sich auf einer Unternehmenspräsenz geschätzt fühlen.

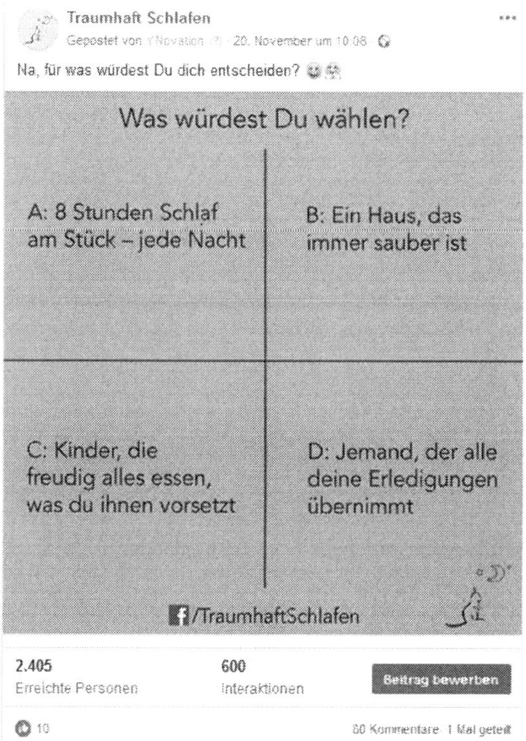

***Abb. 2** Facebook-Beitrag[3], der mit einer Frage viel Interaktion erreicht.*

Leichte, schnelle Kommunikation

Social Media ist — wie digitale Kommunikation generell — ein sehr schnelllebiges Medium. Ich bezeichne es auch gerne als »Fast-Food-Kommunikation«. Für Unternehmen bedeutet das, dass Inhalte in appetitlichen, mundgerechten Häppchen serviert werden sollten, damit Nutzer mit einer sehr kurzen Aufmerksamkeitsspanne diese neben all dem anderen verfügbaren Content gut aufnehmen können.

3. *https://www.facebook.com/TraumhaftSchlafen/photos/a.1708277586131971/1967747486851645*

Statistiken[4] belegen, dass Beiträge mit kürzeren, konkreten Einleitungstexten besser ankommen als lange Texte. Bilder und (kurze!) Videos lockern den Content auf und erhöhen die Leseraten eines Beitrags. Weiterhin dürfen Sie bei der Redaktionsplanung nicht davon ausgehen, dass jeder Nutzer alle Beiträge eines Unternehmens sieht. Daher muss jeder Beitrag für sich alleine stehen können.

Ein weiterer Aspekt ist, dass Nutzer zügige Antwortzeiten erwarten. Dies bedeutet nicht, dass Sie die bespielten Plattformen 24/7 überwachen müssen, aber eine Reaktion innerhalb von wenigen Stunden ist nützlich, um die Dialogbereitschaft zu unterstreichen.

Nutzerzentrierte Kommunikation

Social Media ermöglicht Nutzern eine so genannte»Pull-Kommunikation«. Anders als bei der »Push-Kommunikation« auf Kanälen wie Radio, Printmedien oder E-Mail, wo Nutzern Inhalte gesendet oder zugeschoben werden (»push«), können Nutzer in Social Media in der Regel wählen, welche Inhalte sie sehen möchten. Dieses Ziehen (»pull«) von Informationen geschieht durch das Abonnieren von Seiten und Profilen. Nicht interessanter Content wird einfach nicht beachtet und verfällt.

Im Gegensatz zur Push-Kommunikation füllt sich kein realer oder elektronischer Briefkasten, und es ist keine Aktion des Nutzers erforderlich, um unerwünschte Inhalte zu entsorgen. Die meisten sozialen Netzwerke nutzen inzwischen sogar zusätzlich Algorithmen, um Nutzern wirklich nur die für sie individuell relevantesten Inhalte anzuzeigen. Diese Dynamik sorgt dafür, dass Unternehmen stark darauf angewiesen sind, ihre Zielgruppen optimal anzusprechen, um die eigenen Themen sichtbar zu machen. In der Praxis bedeutet das, den Nutzer in den Mittelpunkt der Content-Strategie zu stellen. Content sollte immer so gestaltet werden, dass er aus Sicht des Nutzers den größtmöglichen Mehrwert bietet. Unternehmen sind in der Regel erfolgreicher, wenn sie nicht über sich, sondern über die jeweilige Zielgruppe reden und natürlich den Bogen zu den eigenen Themen schlagen. Abb. 3 zeigt ein Beispiel einer solchen nutzerzentrierten Kommunikation.

4. Diese, aber auch viele andere Quellen: https://allfacebook.de/fbmarketing/perfekte-social-media-post

Abb. 3 *Nutzerzentrierter Facebook-Beitrag*

1.3.3 Einfach so weitermachen wie bisher?

Die oben beschriebenen Veränderungen der Nutzererwartungen an die Unternehmenskommunikation in Social Media erfordern ein Umdenken. Da mag es verlockend erscheinen, diese neue und manchmal unbequeme Art der Kommunikation einfach nicht zu nutzen. Doch Unternehmen, die Social Media ignorieren oder in Social Media diese Erwartungen nicht bedienen, riskieren im Vergleich zu in Social Media aktiven Unternehmen einiges, zum Beispiel:

- eine geringere Sichtbarkeit bei der Zielgruppe
- eine langsamere Akquise von Neukunden
- den Ruf, wenig serviceorientiert zu sein
- den Ruf, nicht transparent zu sein
- ein weniger persönliches Verhältnis zur Zielgruppe
- den fehlenden Überblick, ob Nutzer sich in Social Media kritisch äußern
- weniger Einblicke in die Wünsche von Verbrauchern bezüglich neuer Produkte oder Produktweiterentwicklungen
- weniger Erfolg bei der Anwerbung von Fachkräften
- Wildwuchs von Eigeninitiativen durch Kunden, Mitarbeiter oder andere Interessengruppen, die z. B. eine Kritikerseite gründen.

Die Kommunikation in Social Media ist eine Gratwanderung für Unternehmen. Teilnehmen alleine reicht nicht: Ihr Unternehmen muss sich in gewissem Maße den

Nutzererwartungen unterwerfen. Dabei sollte es jedoch so authentisch wie möglich bleiben. Mehr dazu in Lektion 16.

Zusammenfassung

- Durch Social Media ist in der Unternehmenskommunikation ein Dialog möglich, der Mehrwert, aber auch Kontrollverlust für Unternehmen bedeutet. Dies wird durch das höhere Tempo der Kommunikation verstärkt.
- Verbraucher erwarten, dass Unternehmen in diesem modernen Sinne kommunizieren.
- Nicht teilzunehmen schützt nicht vor Kritik, birgt aber das Risiko, im Vergleich zu Wettbewerbern weniger wahrgenommen zu werden.

1.4 Testen Sie Ihr Wissen!

1. Welche Nachteile können für Unternehmen entstehen, wenn sie Social Media **nicht** nutzen?

   Bitte ankreuzen:

   - ☐ Vertrauliche Informationen aus dem Unternehmen können an die Öffentlichkeit gelangen.
   - ☐ Es entsteht ein höherer Arbeitsaufwand im Bereich Öffentlichkeitsarbeit.
   - ☐ Öffentliche Kritik an dem Unternehmen in Social Media wird vom Unternehmen nicht wahrgenommen.
   - ☐ Es besteht die Gefahr des Kontrollverlustes über die Kommunikation.
   - ☐ Die Sichtbarkeit bei der Zielgruppe ist niedriger.

2. Welche Kernpunkte der Unternehmenskommunikation werden durch Social Media verändert?

   Bitte ankreuzen:

   - ☐ Die Dialogfähigkeit des Unternehmens.
   - ☐ Die Kontrolle, die das Unternehmen über Inhalte hat.
   - ☐ Das Tempo der Kommunikation.
   - ☐ Die Themenauswahl im Unternehmen.

3. Worin unterscheidet sich die Kommunikation in Social Media im Vergleich zu anderen Medien?

Bitte ankreuzen:

- ☐ Die höhere Vertraulichkeit
- ☐ Nutzer haben mehr Macht
- ☐ Ein Dialog kann einfach und aufwandsarm geführt werden
- ☐ Unternehmen haben mehr Kontrolle
- ☐ Das schnellere Tempo

2 *Joker oder Bedrohung? Social Media in der Unternehmenskommunikation*

In dieser Lektion lernen Sie

- welchen Mehrwert Social Media für Unternehmen bringen kann und was nicht erwartet werden darf.
- welche Unterschiede es zwischen einer B2B- und der B2C-Kommunikation in Social Media gibt.
- in welchen Unternehmensbereichen sich Social Media einsetzen lässt.
- welche Rahmenbedingungen Ihre Planung einer Social-Media-Strategie beeinflussen können.

2.1 Was kann ein Unternehmen von Social Media erwarten und was nicht?

2.1.1 Die drei großen Vorteile von Social Media

Wie bereits beschrieben, entfalten sich Kommunikationsdynamiken in Social Media anders als auf traditionellen Kanälen wie Printwerbung, Fernsehwerbung oder sogar Firmenwebsites. Dadurch kann Social Media Unternehmen auf neue Art und Weise einen Mehrwert bringen. Die drei wichtigsten Aspekte dabei sind:

1. Eine hohe und schnell erzielbare Reichweite

Social-Media-Plattformen sind darauf ausgelegt, Nachrichten schnell und einfach zu verbreiten. Printmedien werden eventuell an eine andere Person weitergegeben, E-Mails an einige ausgewählte Bekannte weitergeleitet. Auf Social-Media-Plattformen jedoch lassen sich mit einem Kommentar oder einem Klick Informationen an das gesamte Netzwerk einer Person oder sogar an die breite Öffentlichkeit senden. Für Unternehmen bedeutet dies, dass Informationen über das Unternehmen sehr schnell und weit verbreitet werden können. Der Fachbegriff hierfür lautet »viral« — eine Information verbreitet sich wie ein Virus im Social Web.

Die Konnotation hier ist eine deutlich positive, wie folgendes Rechenbeispiel zeigt: Der durchschnittliche aktive Facebook-Nutzer hat circa 340 »Freunde«, mit denen er auf Facebook verbunden ist. Hat ein Unternehmen nun 300 »Fans« auf der eigenen Facebook-Fanpage, ergibt sich dadurch eine potenzielle Reichweite von 300 Fans plus deren jeweils 340 Freunde, die durch einen »Gefällt mir«-Klick oder eine andere Interaktion des direkten Fans einen Inhalt des Unternehmens sehen können. Dies multipliziert sich zu 300 Fans + 300 x 340 Freunde = 102.300 Personen, die potenziell mit jedem Beitrag auf Facebook erreicht werden können. Um so viele Menschen auf anderen Kommunikationskanälen zu erreichen, müsste deutlich mehr Zeit und Geld investiert werden. Natürlich sieht nicht jeder Fan jeden Beitrag, und es wird auch nicht immer »Gefällt mir« geklickt, dennoch veranschaulicht dieses Beispiel, welches ungeheure Potenzial Social Media zur schnellen und weiten Verbreitung von Nachrichten birgt.

2. Leichter erzielbare Glaubwürdigkeit bei einer qualifizierten Zielgruppe

Eine Studie [5] zeigt, dass 71 % der deutschen Verbraucher Empfehlungen von Freunden und Bekannten vertrauen glaubwürdiger finden als Werbung. Dies liegt daran, dass Werbung von den auftraggebenden Unternehmen kontrolliert wird und dadurch selbstverständlich das Beste über deren Produkte oder Dienstleistungen kommuniziert. Empfehlungen von Dritten hingegen, die kein wirtschaftliches Interesse an dem Unternehmen haben, werden von heutigen Verbraucher als ehrlicher und vertrauenswürdiger empfunden.

Ein weiterer Effekt von Social Media ist, dass Nutzer auf Facebook & Co. in der Regel mit anderen Menschen vernetzt sind, mit denen sie etwas gemeinsam haben — sei es die Altersgruppe, der Arbeitsplatz oder die Hobbys und Interessen. Sucht nun ein Unternehmen Kontakt zu einer bestimmten Zielgruppe, ist die Empfehlung (z. B. ein »Gefällt mir«-Klick auf Facebook) eines Nutzers aus der Zielgruppe an seine 340 Freunde mehr wert als das Verteilen eines Flyers an 340 zufällig ausgewählte Personen, da mit großer Wahrscheinlichkeit zumindest ein Teil der Freunde zur Zielgruppe des Unternehmens gehört.

3. Direkter, aufwandsarmer Kontakt mit der Zielgruppe

Social Media ist ein Dialogmedium und bietet Unternehmen somit die Möglichkeit, aufwandsarm einen Dialog mit der Zielgruppe zu führen. Auch wenn die Vorstellung, in einem aktiven Austausch mit z. B. Kunden oder Arbeitnehmern zu stehen, bei konservativeren Unternehmen oft Befremden hervorruft, ist dies eine

5. Quelle: Bazaarvoice Ltd., "71 Prozent der Deutschen vertrauen Kundenbewertungen mehr als Influencern", https://www.pressebox.de/inaktiv/bazaarvoice-ltd/71-Prozent-der-Deutschen-vertrauen-Kundenbewertungen-mehr-als-Influencern/boxid/916730, abgerufen am 20.12.2019

große Chance für Unternehmen. Firmen wie *Lego*, *Tchibo* oder *McDonald's* nutzen diese Möglichkeit, um gezielt Ideen für Produktneu- und Weiterentwicklungen einzusammeln, und sparen sich so Aufwand und Kosten für Marktforschung und die interne Suche nach neuen Produktideen. Oft kann ein Unternehmen auf diese Weise genau das anbieten, was seine Zielgruppe gerne hätte, und die Ideen von Anfang an auch der Zielgruppe kommunizieren und so ein Interesse aufbauen.

Übung 2:

Werden Sie sich darüber klar, was Social Media für Ihr Unternehmen leisten könnte:

- Finden Sie heraus, mit wie vielen potenziellen und bestehenden Kunden ein Vertriebsmitarbeiter pro Woche Kontakt hat. Multiplizieren Sie dies mit der Anzahl der Vertriebsmitarbeiter. Vergleichen Sie dies mit der Reichweite, die eine Facebook-Seite erreichen kann: Gehen Sie von 1.000 Fans, zehn Beiträgen pro Monat und einer Beitragsreichweite von 20 % aus.
- Besprechen Sie mit Ihrer Marketingabteilung, wie wichtig Image und Glaubwürdigkeit für Ihr Unternehmen auf einer Skala von eins bis zehn ist. Profitieren Sie davon, wenn Ihre Zielgruppe Gutes über Ihr Unternehmen in Social Media sagt? Welche anderen Aspekte sind ggf. wichtiger?
- Besprechen Sie mit Ihrem Kundensupport und den Kollegen, die Produkte oder Dienstleistungen weiterentwickeln, wie wichtig für sie der Input von Kunden ist, um die Kundenzufriedenheit und das Angebot laufend zu verbessern. Ist der direkte Kontakt mit Ihrer Zielgruppe in Social Media nützlich?

2.1.2 Grenzen und Risiken von Social Media

Social Media kann sehr nützlich für Unternehmen sein und viel Mehrwert bringen. Es gibt jedoch auch Einschränkungen und Anwendungsfälle, für die der Kanal nicht geeignet ist:

1. Social Media ist kein direktes Vertriebstool

Wie bereits erläutert, möchte der Nutzer im Mittelpunkt der Social-Media-Kommunikation eines Unternehmens stehen. Auf direkte Produktwerbung und die Aufforderung, etwas zu kaufen, reagieren die meisten Nutzer eher negativ und nehmen dies nicht selten zum Anlass, sich von der Präsenz eines Unternehmens abzumelden.

Dies wird am folgenden Facebook-Beitrag der *Deutschen Bahn* sehr schön sichtbar. Hier versucht das Verkehrsunternehmen, Produktwerbung zu machen:

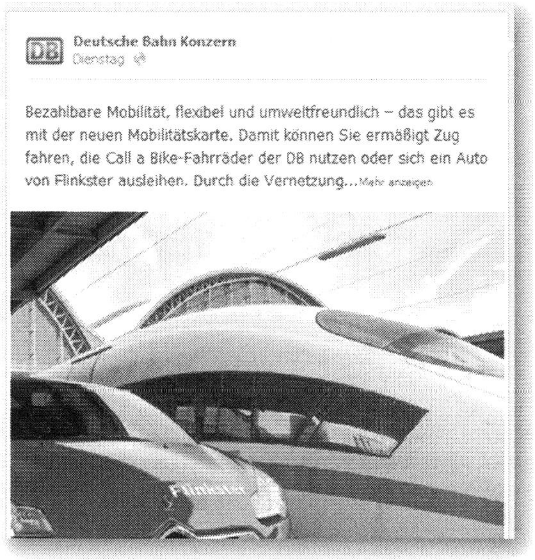

Abb. 4 *Facebook-Beitrag der Deutschen Bahn mit vertrieblicher Ausrichtung*

Die Reaktion ist eindeutig: Verschiedene Kommentare zeigen, dass die Nutzer hier kein Interesse an Produktwerbung haben. Vielmehr möchten Sie über Themen diskutieren, die sie im Zusammenhang mit der *Deutschen Bahn* beschäftigen. Dazu gehören die Preise der Fahrkarten oder Probleme mit Verspätungen.

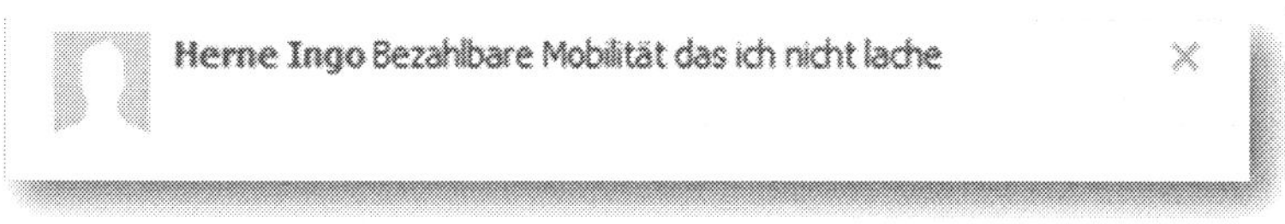

Abb. 5 *Zynischer Kommentar eines Nutzers auf den Beitrag*

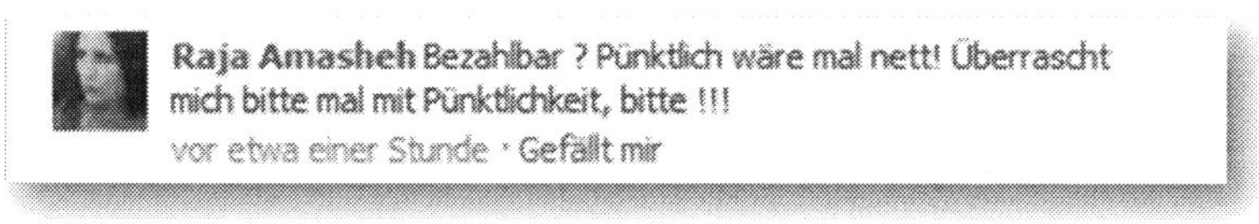

Abb. 6 *Diese Nutzerin macht klar, was sie mehr interessiert als Werbung*

Leider verpasste die *Deutsche Bahn* in diesem Beispiel auch, auf die Kommentare zu antworten. So vermittelt die Seite den Eindruck, dass das Unternehmen nur seine Produkte verkaufen will, an einem offenen Dialog und an Anregungen der Kunden jedoch nicht interessiert ist.

2. Social Media bringt keine Erfolge über Nacht

Nur in den seltensten Fällen bringt eine Social-Media-Initiative beeindruckende Ergebnisse in kurzer Zeit. Social Media ist ein indirektes Medium, in dem man lange daran arbeitet, eine Unternehmensreputation aufzubauen, um dann im Moment der Kaufentscheidung in den Köpfen der Zielgruppe präsent zu sein. Stellen Sie sich daher darauf ein, dass eine Social-Media-Präsenz erst langfristig Mehrwert im Sinne von mehr Umsatz und höherem Gewinn in Ihr Unternehmen bringt.

3. Social Media erlaubt öffentliche Meinungsäußerung

Auch ist Social Media kein Kommunikationskanal, auf dem Unternehmen eine »schöne Fassade« aufbauen und sich besser, größer oder professioneller darstellen können als sie sind. Dadurch, dass Nutzer ihre Meinung offen äußern können, werden auch die Makel und Fehler von Unternehmen sichtbar. Wichtig ist hier, auf Kritik konstruktiv zu reagieren. Mehr dazu in Lektion 15 zum Thema Krisenmanagement.

Abb. 7 *Netto präsentiert sein Azubi-Programm auf der Website*

Ein Beispiel für diese Dynamik: *Netto*, die Discounterkette, bietet der Unternehmenswebsite nach ein sehr attraktives Auszubildenden-Programm an. Hier präsentiert sich *Netto* der Zielgruppe sehr positiv, stellt die zukünftigen Azubis in den Mittelpunkt und nutzt die Website, um junge Arbeitnehmer für das Unternehmen zu begeistern.

Schaut man sich jedoch auf Plattformen um, die nicht von *Netto* kontrolliert werden, zeigt sich ein anderes Bild. Auf kununu, das in Deutschland am meisten genutzte Bewertungsportal für Arbeitgeber, wird *Netto* wie folgt dargestellt:

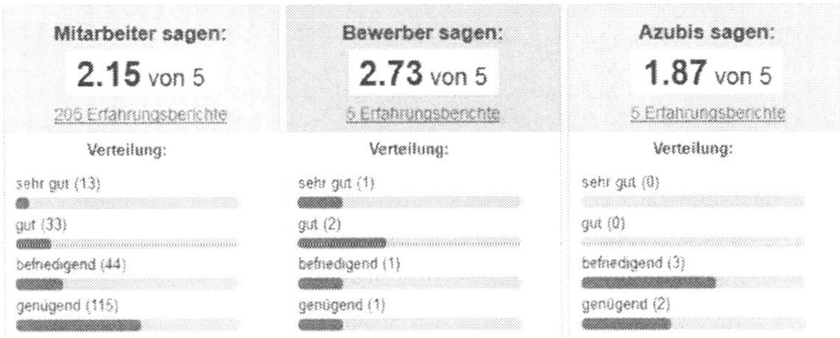

Abb. 8 *Bewertungen zu* Netto *als Arbeitgeber auf kununu*

Insbesondere bei Azubis schneidet die Discounterkette mit nur 1,87 von 5 möglichen Punkten sehr schlecht ab. Eine Ausbildung bei *Netto* scheint also nicht immer so attraktiv zu sein wie vom Unternehmen selbst dargestellt. Liest man sich die Bewertungen durch, wird das Bild klarer:

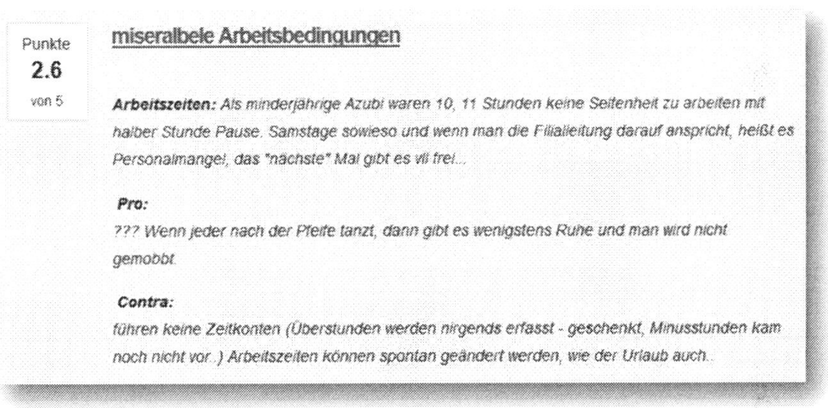

Punkte
2.6
von 5

miseralbele Arbeitsbedingungen

Arbeitszeiten: *Als minderjährige Azubi waren 10, 11 Stunden keine Seltenheit zu arbeiten mit halber Stunde Pause. Samstage sowieso und wenn man die Filialleitung darauf anspricht, heißt es Personalmangel, das "nächste" Mal gibt es vll frei...*

Pro:
??? Wenn jeder nach der Pfeife tanzt, dann gibt es wenigstens Ruhe und man wird nicht gemobbt.

Contra:
führen keine Zeitkonten (Überstunden werden nirgends erfasst - geschenkt, Minusstunden kam noch nicht vor..) Arbeitszeiten können spontan geändert werden, wie der Urlaub auch..

Abb. 9 *Ausführliches Feedback auf kununu*

Das Feedback zur Ausbildung bei *Netto* auf kununu weicht also deutlich von dem auf der Unternehmenswebsite vermittelten Bild ab. Für angehende Azubis ist eine Recherche, die über die Unternehmenssite hinausgeht, daher höchst interessant.

Zusammenfassend lässt sich sagen, dass Social Media ein Medium ist, in dem jeder seine Meinung höchst öffentlich kundtun kann. Dies ist für andere häufig sehr interessant und relevant, da die Nachrichten nun nicht mehr allein durch Unternehmen kontrolliert werden.

Direkter, reiner Vertrieb und das Beschönigen der Realität sind mit dem Kommunikationskanal Social Media schwer zu realisieren. Unternehmen, die keine ehrlichen Absichten haben, ist Social Media definitiv nicht zu empfehlen.

Übung 3:

Werden die Grenzen von Social Media in Ihrem Unternehmen verstanden? Liegen Schwächen vor, die erst beseitigt werden sollten, bevor Social Media eingesetzt wird?

Stellen Sie drei Kollegen folgende Fragen:

- Glauben Sie, dass Social Media ein Vertriebstool ist?
- Welche Schwächen hat unser Unternehmen, die in Social Media ein Problem sein könnten?
- Glauben Sie, dasls wir unser Unternehmen in Social Media so darstellen können, dass unsere Schwächen nicht sichtbar werden?

Zusammenfassung

- Social Media bietet Unternehmen die Möglichkeit, eine größere Reichweite, Glaubwürdigkeit und Direktheit in der Kommunikation zu realisieren.
- Social Media ist kein Medium, mit dem in erster Linie Vertrieb betrieben werden kann, das schnelle Ergebnisse bringt oder das es erlaubt, falsche Tatsachen vorzuspiegeln.

2.2 Social Media und Kommunikation mit Firmenkunden

Auf den ersten Blick scheint Social Media ein Medium für die Kundenkommunikation im »B2C«-Bereich (Business-to-Consumer) zu sein. Bei genauerem Hinsehen wird jedoch klar, dass Social-Media-Plattformen auch für Firmen, die an gewerbliche Kunden verkaufen, nützlich sein kann. Dadurch, dass die Social-Media-Nutzung im »B2B«-Bereich (Business-to-Business) weniger weit verbreitet ist, haben Sie hier sogar die Chance, sich als B2B-Unternehmen von der Konkurrenz abzuheben und neue Wege zu gehen.

Wichtig beim Einsatz von Social Media im B2B-Umfeld ist, dass die Plattformen, Inhalte und der Tonalität der Kommunikation angepasst werden müssen.

Die Zielgruppen, die B2B-Unternehmen ansprechen möchten, haben eine professionelle Beziehung zum Unternehmen; meistens handelt es sich Kunden oder Lieferanten. Sie haben mit dem Unternehmen zu tun, weil es ihr Job ist, nicht, weil sie persönlich Spaß, Leidenschaft oder Interesse an dem Unternehmen und dessen Produkten und Dienstleistungen mitbringen.

Folgende Punkte sind zu beachten:

- **Ihre Zielgruppe ist kleiner, reagiert aber sensibler**
  Da B2B-Unternehmen in der Wertschöpfungskette eine Stufe über B2C-Unternehmen stehen, ist die Zielgruppe von B2B-Unternehmen in der Regel kleiner. Beispiel: Ein Farbhersteller hat mit Malerfachbetrieben eine kleinere Zielgruppe als ein Malerfachbetrieb mit potenziellen Endkunden. Dies macht es leichter für Unternehmen, zielgruppenorientiert zu kommunizieren und einen Auftritt in Social Media für Wunschkunden zu optimieren. Allerdings muss beachtet werden, dass es bei Kunden untereinander, also innerhalb der Zielgruppe, einen starken Wettbewerb geben kann (z.B. zwischen Malerfachbetrieben). Achten Sie also beim Planen Ihrer Social-Media-Strategie genau darauf, welche Themen gegebenenfalls zu sensibel für eine öffentliche Kommunikation sind.
- **Ihre Zielgruppe hat andere Beweggründe als im B2C-Bereich**
  Wenn Sie in einem B2B-Unternehmen arbeiten, dann gibt es meist nur einen Grund, warum Ihre Kunden, Lieferanten oder Arbeitnehmer mit Ihnen zusammenarbeiten: Es ist ihr Job, sie werden dafür bezahlt. Hier geht es, anders als im B2C-Bereich, nicht um persönliche Begeisterung für ein Thema, Hobbies, oder darum, sich etwas leisten zu wollen, sondern schlicht und einfach darum, dass diese Menschen damit ihr Brot verdienen. Sie können allerdings davon ausgehen, dass die Menschen, mit denen das Unternehmen interagiert, ein höheres Fachwissen in dessen Bereich haben. Dieses Wissen können Sie nutzen, indem Sie für Ihr Unternehmen fachlich interessante Themen diskutieren und sich so Wissen von externen Nutzern in das Unternehmen holen. Zum Beispiel: Die Malerfachbetriebe, die vom Farbhersteller kaufen, wissen mehr darüber, wie Farbe hergestellt wird und welche Trends sich abzeichnen, als Coca-Cola-Konsumenten über die Herstellung des Getränks wissen. Bedenken Sie dies in Ihrer Kommunikation: Hier muss eine Gratwanderung zwischen professionellem und persönlichem Tonfall gemeistert werden. Hinter Ihren Gesprächspartnern zu fachlichen Themen stecken immer noch Menschen mit einem Sinn für Humor, mit Meinungen und Stolz auf fachliche Errungenschaften.

- **Ihre Zielgruppe ist durch andere Inhalte zu begeistern**
  Da B2B-Unternehmen eine berufliche Beziehung zu ihrer Zielgruppe haben, ist es wichtig, die angebotenen Inhalte an diese Beziehung anzupassen. Verzichten Sie auf süße Katzenbilder, allzu emotionale Inhalte und Dinge, die eher in die private Freizeitgestaltung gehören. Bieten Sie stattdessen Inhalte an, die ein Kunde, Lieferant oder potenzieller Mitarbeiter interessant findet. Das könnten Blogartikel zu Fachthemen sein, Informationen zur Entwicklung der Branche oder Tipps und Tricks rund um den Einsatz von Produkten.

Übung 4:

Prüfen Sie:

- Was ist die Hauptmotivation Ihrer Zielgruppe, um mit Ihrem Unternehmen Geschäfte zu machen?
- Ist B2B- oder B2C-Kommunikation passender für die Interaktion mit Ihrer Social-Media-Zielgruppe?
- Welche Themen sind Ihrer Zielgruppe möglicherweise zu sensibel für eine offene Many-to-many-Kommunikation?

2.2.1 Fallbeispiel: die E2E-Community von *Texas Instruments*

Texas Instruments stellt Microcontroller, Prozessoren, Signalgeber und andere elektronische Bauteile her, die in Taschenrechnern, Waschmaschinen, Autos, Handys und anderen Geräten verarbeitet sind. Der Wunsch des Technologieunternehmens war, mit der Nutzung von Social Media die Platzierung seiner Bauteile in der Serienproduktion bei Herstellern zu erhöhen. Dafür wurde genau analysiert, mit wem und an welchem Punkt der Wertschöpfungskette kommuniziert werden musste.

Man fand heraus, dass die Entwickler, die Bauteile in Prototypen verbauen und testen, die entscheidende Zielgruppe sind. Bei genauerem Hinsehen kristallisierte sich heraus, dass das Unternehmen die Entwickler genau dann ansprechen musste, wenn diese nach Bauteilen für einen neuen Prototyp suchten (der erst viel später in Serienfertigung ging). Während der Planung des Prototyps kommunizieren Entwickler typischerweise mit ihren Kollegen und Kontakten aus der Branche, um herauszufinden, welche Bauteile von welchen Herstellern passend für ihren Anwendungsfall sein könnten und stellen so die Weichen für eine Verwendung bestimmter Produkte für die Serienfertigung.

Auf dieser Erkenntnis wurde die Social-Media-Initiative von *Texas Instruments* aufgebaut, und es entstand die *TI E2E Community*, die »Engineer-to-Engineer«-Plattform.

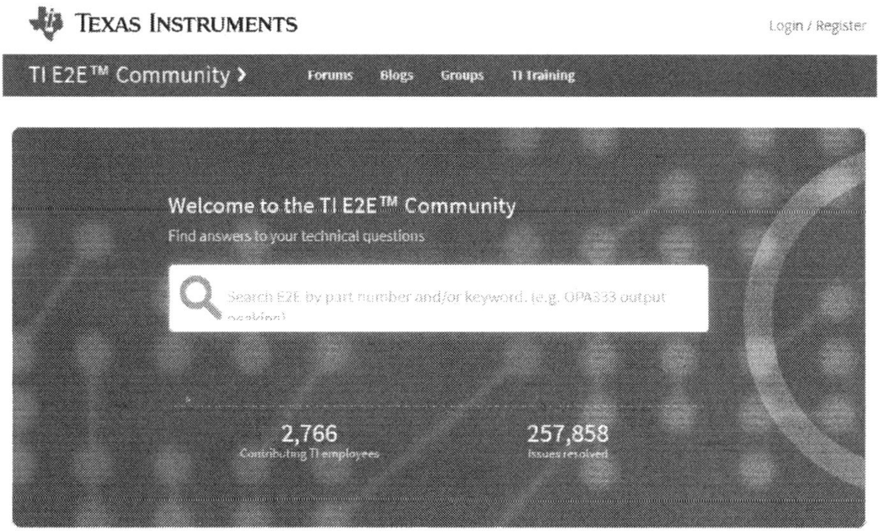

Abb. 10 *Die Einstiegsseite der TI E2E-Community*

Diese Plattform ist ein von *Texas Instruments* betriebenes, offenes Forum, in dem Fragen, Tipps, Tricks und Neuigkeiten rund um die Bauteile des Technologieunternehmens diskutiert werden. Ergänzt wird das Forum durch Blogs und Videos.

Jeder kann die Forenbeiträge lesen. Um Beiträge oder Kommentare zu verfassen, ist eine kostenlose Registrierung nötig.

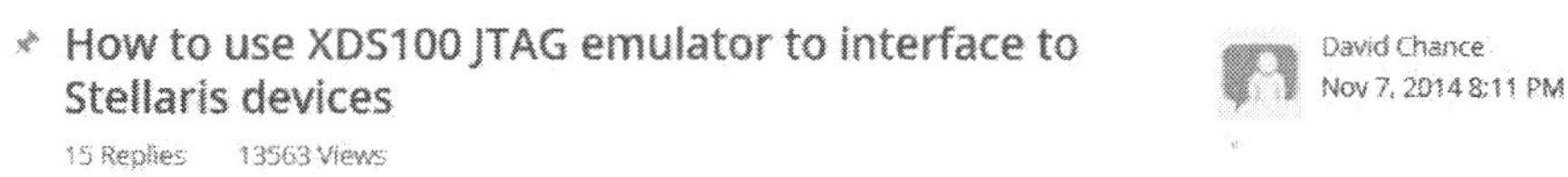

Abb. 11 *Ein Beitrag, der 15 Antworten und über 13.000 Aufrufe hat*

Durchsucht man die Foren, so sieht man viele Beiträge wie im Screenshot oben. Auffällig ist, dass es zu diesem Beitrag nur 15 Antworten gibt, der Beitrag selbst jedoch über 13.000-mal aufgerufen wurde. Dies zeigt, dass die Themen für viele Entwickler äußerst interessant sind und dass vielen die Informationen im Forum ausreichen, ohne selbst eine Frage stellen zu müssen. In diesem speziellen Beitrag geht es darum, wie verschiedene Bauteile kompatibel gemacht werden können. Es wird sogar ein Schaltplan und ein Foto von der Hardware angeboten:

Shown in the photo below is the 14-pin header on the XDS100 emulator next to a Stellaris evaluation kit with a 20-pin ARM header. Pin 1 is circle on each of the headers. On the XDS100 emulator pin 1 is designated by a 1 on the silk screen. For most Stellaris evaluation kits with a 20-pin ARM header, pin 1 is designated by a small triangle.

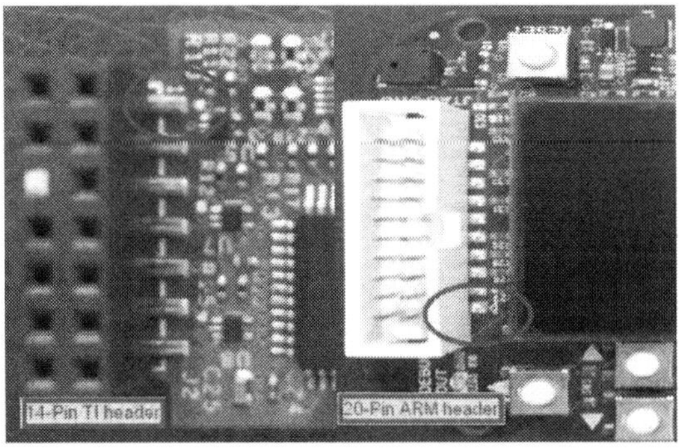

Abb. 12 *Foto von der Hardware*

Einige Nutzer stellen vertiefende Fragen, die von Mitarbeitern von *Texas Instruments* und anderen Nutzern beantwortet werden:

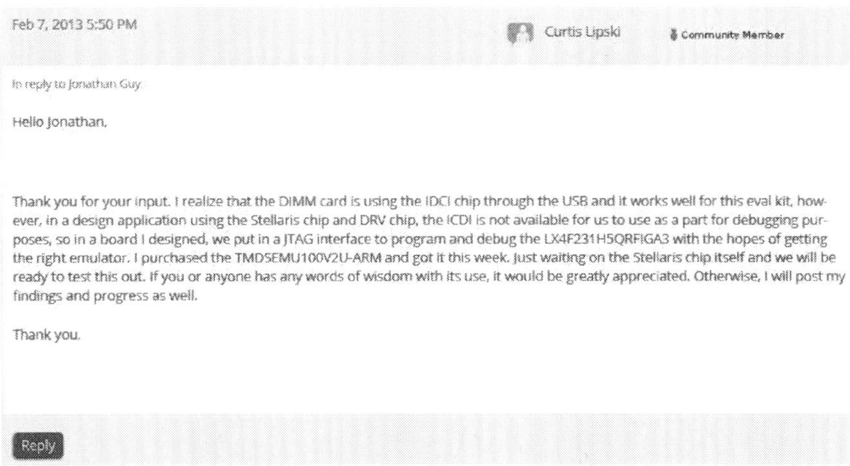

Feb 7, 2013 5:50 PM

Curtis Lipski Community Member

In reply to Jonathan Guy:

Hello Jonathan,

Thank you for your input. I realize that the DIMM card is using the IDCI chip through the USB and it works well for this eval kit, however, in a design application using the Stellaris chip and DRV chip, the ICDI is not available for us to use as a part for debugging purposes, so in a board I designed, we put in a JTAG interface to program and debug the LX4F231H5QRFIGA3 with the hopes of getting the right emulator. I purchased the TMDSEMU100V2U-ARM and got it this week. Just waiting on the Stellaris chip itself and we will be ready to test this out. If you or anyone has any words of wisdom with its use, it would be greatly appreciated. Otherwise, I will post my findings and progress as well.

Thank you.

Reply

Abb. 13 *Weiterführende Frage eines Nutzers*

Die *TI E2E Community* ist für *Texas Instruments* zu einem wertvollen Werkzeug geworden: Zum einen bietet das Unternehmen Entwicklern in dem Moment, in dem technische Fragen aufkommen, alle Informationen bequem und leicht auffindbar an. So ist das Forum ein unschlagbares Marketing- und Vertriebsinstrument.

Zum anderen reduziert sich der Supportaufwand erheblich: Nutzer können Fragen von anderen Nutzern beantworten, und Punkte, die sonst in der Support-Hotline mehrfach erklärt werden müssten, werden einmal veröffentlicht und stehen damit Tausenden von Nutzern zur Verfügung.

Hinzu kommt die Möglichkeit, einfach und schnell Nutzermeinungen zu Produkten und Weiterentwicklungen zu sammeln und neue Produkte oder Funktionalitäten weithin sichtbar anzukündigen.

Bereits nach einem Jahr seit Bestehen der Plattform konnte das Unternehmen vermelden, dass Entwickler, die in der *TI E2E Community* aktiv waren, sechsmal so häufig Testprodukte aus dreimal so vielen Produktkategorien anforderten wie Entwickler, die die Plattform nicht nutzten. Es wurde also durch die Informationen und die Beratung im Forum auch sehr erfolgreich Cross-Selling über die Produktkategorie hinaus betrieben.

Letzten Endes konnte *Texas Instruments* bei im Forum aktiven Entwicklern doppelt so viele Produkte in der Serienproduktion platzieren. Der Return on Investment für das Forum war damit zwölfmal so hoch wie der für andere Kanäle (Telefonsupport, Dokumentation auf der Website etc.).

Zusammenfassung

- Social Media eignet sich sowohl für die B2C- als auch für die B2B-Kommunikation.
- In der B2B-Kommunikation muss beachtet werden, dass die Zielgruppe sensibler reagiert, eine andere Motivation als B2C-Kunden hat und deshalb auch durch andere Inhalte zu binden und zu begeistern ist.
- Oft eignen sich Plattformen wie Foren und Blogs eher als Facebook für die B2B-Kommunikation.
- Es kann durchaus sein, dass Marketing, Produktentwicklung und Support in einer Initiative verschmelzen.

2.3 Social Media kann mehr als nur Marketing

Woran denken Sie als Erstes, wenn Sie den Einsatz von Social Media für Unternehmen in Betracht ziehen? Sicherlich an das Marketing für Produkte und Dienstleistungen. Es gibt jedoch viele andere Möglichkeiten, wie Social Media einen Mehrwert in Unternehmen bringen kann.

2.3.1 PR und Marketing

Die Nutzung von Social Media für PR und Marketing ist am weitesten verbreitet. Hier kommunizieren Unternehmen über sich, ihre Vision, die Menschen im Unternehmen, aber auch rund um Produkte und Dienstleistungen im weitesten Sinne. Diese Art der Nutzung steht im Fokus dieses Buchs. Oft lassen sich mit kleinen

Anpassungen in der Kommunikation auch andere Unternehmensbereiche durch Social Media unterstützen, die wir im Folgenden kurz betrachten werden.

Abb. 14 *Das Start-up Die GlasKuchenFee präsentiert saisonale Produkte auf Facebook*

2.3.2 Produktentwicklung

Produktentwicklung geschieht traditionell im Unternehmen. Die Produktentwicklungsabteilung, Produktmanager und in kleinen Unternehmen oft sogar die Geschäftsführung tragen die Verantwortung dafür, Ideen für neue, interessante und lukrative Produkte zu entwickeln. Durch eine geschickte Nutzung von Social Media lässt sich dieser Bereich teilweise aus dem Unternehmen auslagern. Firmen wie *Lego*, *McDonald's* oder *Tchibo* betreiben Produktentwicklung über eigens dafür entwickelte Plattformen und Kampagnen. Hier werden Nutzer dazu aufgefordert, Ideen einzubringen und die Ideen anderer Nutzer zu bewerten. So integrieren Unternehmen Kundenwissen in den eigenen Innovationsprozess und testen die Meinung der potenziellen Käufer gleich mit. Angenehmer Nebeneffekt dabei ist, dass diese Aktionen auch automatisch Marketing für die neuen Produkte darstellen. Kleine und mittlere Unternehmen können im einfachsten Fall z. B. über einen Facebook-Beitrag abfragen, welche Variante eines neuen Produkts oder einer Dienstleistung bei den Nutzern am besten ankommt oder über ein einfaches Gewinnspiel Produktideen sammeln.

Abb. 15 *Die GlasKuchenFee bezieht über ein Gewinnspiel die Fans beim Kreieren neuer Kuchenarten mit ein*

2.3.3 Kundenbetreuung und Support

Ein weiterer sehr interessanter Bereich für den Einsatz von Social Media sind Kundenbetreuung und Support. Durch die öffentliche Many-to-many-Kommunikation können Aufwände gespart oder auf Kunden verlagert werden, wie wir schon am Beispiel von *Texas Instruments* gesehen haben. Technische Fragen können über ein Blog oder ein Forum beantwortet werden, sodass viele Nutzer davon profitieren, ohne dass die Supportmitarbeiter die Fragen für jeden Kunden wieder neu beantworten müssten. Gleichzeitig entsteht oft die erwünschte Dynamik, dass Nutzer sich gegenseitig helfen, was die Aufwände im Unternehmen reduziert. Oft können auch Ressourcen verlagert werden: Beispielsweise können Mitarbeiter, statt Support am Telefon zu leisten, mit weniger Aufwand Social-Media-Plattformen betreuen.

Abb. 16 *Das Unternehmen Baumann Wohlenberg bietet Videos rund um die Wartung seiner Maschinen für die Druckereibranche an*

2.3.4 Personalmarketing

Schon fast Pflicht ist Social Media inzwischen im Wettbewerb um Arbeits- und Fachkräfte. Immer mehr Unternehmen nutzen Social Media, um sich persönlicher, auf modernere Art und direkter an potenzielle Arbeitnehmer zu wenden. Weiterhin gibt es Plattformen wie kununu (*http://www.kununu.de*), die es Arbeitnehmern erlauben, ihren Arbeitgeber zu bewerten. Solche Plattformen nehmen Unternehmen oft die Entscheidung aus der Hand, ob sie in Social Media präsent sein wollen oder nicht. Sobald eine Bewertung online ist, kann die ganze Welt Informationen über das Unternehmen finden. Viele Unternehmen entscheiden sich daher, solche Plattformen aktiv zu betreuen, statt sie zu ignorieren und zu hoffen, dass keine negativen Bewertungen veröffentlicht werden.

2.3.5 Interne Kommunikation

In größeren Unternehmen oder in Unternehmen, die verteilt an verschiedenen Standorten arbeiten, kann Social Media die interne Unternehmenskommunikation schneller, effektiver und direkter machen. Wichtig ist hier, dass die angebotenen Plattformen einen echten Mehrwert im Arbeitsalltag bringen. Viele Firmen haben zwar ein internes soziales Netzwerk, das aber nicht genutzt wird, weil kein echter Mehrwert gegenüber den bestehenden Kommunikationswegen geboten wird und die Mitarbeiter es nur sehr zögerlich nutzen.

Abb. 17 *Die Meissner AG nutzt Facebook, Instagram und YouTube, um Azubis für das Unternehmen zu begeistern*

2.3.6 Finanzierung

Ein weiteres Anwendungsgebiet für Social Media, das immer bekannter wird, ist Crowdfunding bzw. Crowdinvesting. Dies beschreibt das Finanzieren von Projekten durch eine große Gruppe von Unterstützern, wobei das Spektrum der zu finanzierenden Projekte vom Album eines Hobbymusikers bis hin zu konkreten, großen Geschäftsideen reichen kann.

Der Begriff **Crowdfunding** steht eher für »Liebhaberprojekte«, bei denen kleinere Beträge eingezahlt und dafür eher symbolische Gegenleistungen erbracht werden wie z.B. ein Exemplar der geplanten CD oder eine Eintrittskarte für die zu finanzierende Ausstellung oder Ähnliches. Beim **Crowdinvesting** hingegen steht der Investitionsgedanke im Vordergrund: In der Regel werden professionelle Geschäftsideen und konkrete Renditen zur Investition größerer Beträge ausgeschrieben.

Abb. 18 *Auf der Crowdinvesting-Plattform Companisto wird eine konkrete Rendite für Finanzierungen angeboten*

Zusammenfassung

Social Media lässt sich in fast allen Unternehmensbereichen nutzen:

- PR und Marketing
- Produktentwicklung
- Kundenbetreuung und Support
- Personalmarketing
- interne Kommunikation
- Finanzierung

2.4 Welche Rahmenbedingungen und Risiken müssen berücksichtigt werden?

Wenn Sie für Ihr Unternehmen eine Social-Media-Strategie planen, gibt es eine Reihe von Rahmenbedingungen und Risiken, die Sie beachten sollten. Diese sind vom Alltag im Unternehmen und äußeren Umständen vorgegeben und meist nicht oder nur schwer änderbar. Im Folgenden wird beschrieben, wie Sie mit diesen Aspekten umgehen und diese von Beginn an proaktiv miteinbeziehen können.

2.4.1 Kontrollverlust und Kritik

Häufig entscheiden sich Unternehmen gegen eine Social-Media-Präsenz aus der Befürchtung heraus, eine Plattform für Beschwerden und negative Kommentare zu bieten, die ihnen mehr schadet als nutzt. Höchstwahrscheinlich wird dieses Thema auch in Ihrem Unternehmen angesprochen werden.

Betrachten wir zu diesem Punkt einmal das mittelständische Unternehmen *Geiselmann Printkommunikation*. Das seit über 80 Jahren bestehende, nach eigener Aussage »kleine, ambitionierte« Unternehmen nutzt Social Media nicht. Dennoch findet man auf kununu, der Arbeitgeber-Bewertungsplattform, folgenden Eintrag zu diesem Unternehmen:

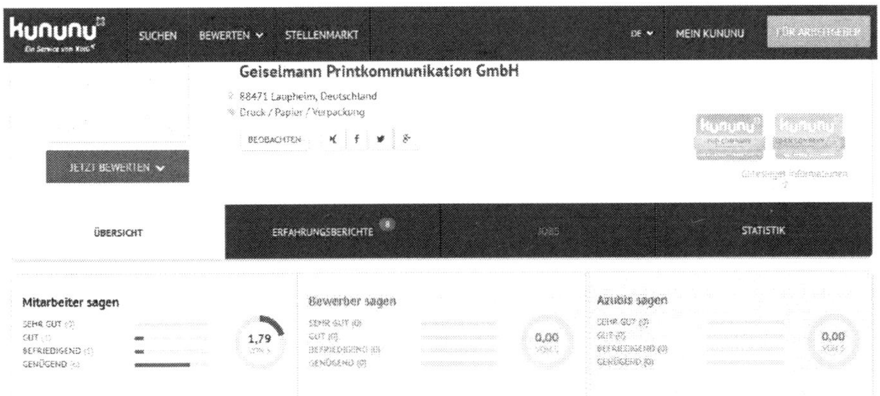

Abb. 19 *Geiselmann Printkommunikation wird auf kununu kritisch bewertet*

Das Profil wird vom Unternehmen nicht gepflegt, vermutlich ist im Unternehmen nicht einmal bekannt, dass das Profil existiert. Es wurden insgesamt acht Bewertungen abgegeben, was für ein kleines Unternehmen eine signifikante Anzahl ist. Beim Lesen der Bewertungen entsteht schnell der Eindruck, dass dieses Unternehmen kein attraktiver Arbeitgeber ist. Einen Auszug finden Sie in Abb. 20.

Prüfen Sie Ihre Reaktion. Selbst wenn die Bewertungen von vermutlich unzufriedenen ehemaligen Mitarbeitern stammen: Würde Sie dieser Arbeitgeber noch interessieren? Er hätte definitiv schlechtere Chancen, eine Bewerbung von Ihnen zu erhalten als ein ähnliches Unternehmen mit positiven Bewertungen.

Daher das klare Fazit dieses kleinen Fallbeispiels: Die Angst vor Kontrollverlust ist durchaus berechtigt. Nicht teilzunehmen, schützt jedoch nicht vor Kritik. Wenn Unternehmen Social Media nicht nutzen, so können sich Außenstehende dennoch kritisch äußern und dem Unternehmen schaden. Das Unternehmen verzichtet jedoch auf die Chance, die Kritik wahrzunehmen und sich dazu zu äußern. Daher sollte jedes Unternehmen zumindest passiv an Social Media teilnehmen und regelmäßig überprüfen, ob andere über das Unternehmen sprechen.

Abb. 20 *Detailliertes Feedback eines Mitarbeiters von Geiselmann Printkommunikation auf kununu*

Übung 5: Recherchieren Sie Ihr eigenes Unternehmen

Suchen Sie Ihr Unternehmen oder Ihnen bekannte Unternehmen je nach Branche auf Plattformen wie kununu, Facebook, Yelp, holidaycheck und jameda. Reden andere über Ihr und die anderen Unternehmen? Ist dies dem Unternehmen bekannt?

2.4.2 Betriebsgeheimnisse und Datenschutz

Häufig kommt bei der Planung einer Social-Media-Präsenz die Frage auf, welche Informationen preisgegeben werden können. Hauptbedenken sind, wertvolle Informationen statt gegen Bezahlung kostenlos abzugeben oder Konkurrenten Informationen zu liefern, die diesen einen Wettbewerbsvorteil verschaffen.

Die Grundüberlegung hier ist einfach: Social Media lebt von Offenheit und davon, der Zielgruppe wertvolle Informationen zur Verfügung zu stellen. Es sollten nach Möglichkeit Inhalte veröffentlicht werden, die an anderer Stelle nicht so übersichtlich und schön aufbereitet zu finden sind: So wird die Unternehmenspräsenz als wertvolle Ressource wahrgenommen und abonniert oder immer wieder besucht. Generell gilt: Teilen Sie so viele wertvolle Inhalte wie möglich. Sind Sie sich unsicher, vergleichen Sie die potenziellen Gewinne (Upside) mit den potenziellen Verlusten (Downside) einer Veröffentlichung: Wenn Sie gewisse Inhalte oft verkaufen und dies den Unternehmensgewinn nachhaltig beeinflusst, sollten diese nur fein dosiert, z.B. in Auszügen, veröffentlicht werden. Wenn Sie hingegen einen Inhalt nur selten verkaufen, aber eine große Resonanz in Social Media erwarten, lohnt sich eine Veröffentlichung. Dies gilt besonders für in Betracht gezogene Inhalte, die z.B. auch auf fremden Websites gefunden werden können. Diese Inhalte sollten auf Ihrer Präsenz besser sichtbar sein als auf der Ihrer Konkurrenz. Die E2E-Community von *Texas Instruments* beispielsweise ist für jeden, auch für alle Konkurrenten, frei zugänglich.

Vertrauliche Informationen oder Dinge, die zu verkaufen zum Kerngeschäft Ihres Unternehmens gehören, sollten jedoch in der Regel nicht oder nur sehr fein dosiert öffentlich in Social Media geteilt werden.

2.4.3 Pflegeaufwand

Ein weiterer Grund, warum Unternehmen zögern, in Social Media aktiv zu werden, ist der zu erwartende Zeitaufwand. Gerade in kleinen und mittelständischen Unternehmen muss die Pflege einer Social-Media-Präsenz neben dem Tagesgeschäft mitlaufen. Hier gibt es keine Mitarbeiter, die ausschließlich für Social Media zuständig sind, geschweige denn eine eigene Abteilung. Die Lösung hier ist einfach: Legen Sie vor der Nutzung von Social Media fest, wie viel Zeit für die Pflege einer Präsenz zur Verfügung steht. Aufgrund dieser Rahmenbedingungen können dann passende Plattformen ausgewählt und Redaktionspläne erstellt werden, die zum Zeitbudget des Unternehmens passen. Die Nutzung eines Bewertungsportals wie kununu, Yelp oder Google My Business ist zum Beispiel deutlich weniger zeitintensiv als das Betreiben eines Blogs oder einer Facebook-Seite und kann je nach Branche sogar einen höheren Nutzen bringen.

Dies ist auch der Fall für die Osteopathie-Praxis *Hegerfeld* in Nürnberg. Die Praxisinhaberin war lange auf Facebook aktiv, jedoch mit wenig spürbaren positiven Auswirkungen auf die Auslastung ihrer Praxis. Die Facebook-Seite hatte nur 90 Fans, und es war schwer, das sensible Thema »Gesundheit« so zu kommunizieren, dass mehr Nutzer interagierten und letzen Endes als Patienten den Weg in die Praxis fanden.

Abb. 21 *Die Osteopathie-Praxis Hegerfeld auf Facebook*

Auf mein Anraten hin begann Frau Hegerfeld, die Plattform **jameda**, auf der Patienten Ärzte, Physiotherapeuten und Heilpraktiker bewerten können, aktiv zu nutzen. Innerhalb eines Jahres war ihre Praxis so beliebt und bekannt, dass sie zu mehr als 100 % ausgelastet war. Die Inhaberin überlegte sogar, eine Mitarbeiterin einzustellen.

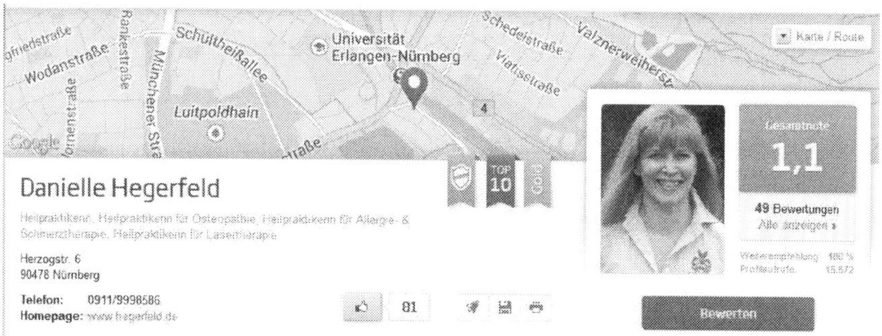

Abb. 22 *Frau Hegerfelds Profil auf jameda überzeugt*

Frau Hegerfeld berichtete, dass sie durch jameda viele neue Patienten gewinnt, die sich auf der Bewertungsplattform informieren und dann auch selbst nach einer Behandlung bereitwillig eine positive Bewertung abgeben, die ihr Praxis-Profil weiter aufwerten: ein höchst positiver Kreislauf. Der Zeitaufwand für das Pflegen des Profils auf jameda liegt bei unter einer Stunde pro Monat. Der Mehrwert ist größer als bei jeder anderen Werbemaßnahme, die Frau Hegerfeld bislang durchgeführt hat.

Es ist wichtig, zu verstehen, dass Sie die Zeit, die Ihr Unternehmen in Social Media investiert, flexibel dosieren können. Es kommt mehr darauf an, die am besten geeignete Plattform auszuwählen und für Ihre Zielgruppe ansprechende Inhalte einzustellen. Qualität statt Quantität heißt die Devise.

2.4.4 Rechtliche Aspekte

Eine weitere extrem wichtige Rahmenbedingung beim Planen einer Social-Media-Präsenz sind alle rechtlichen Aspekte rund um das Erstellen und Pflegen eines Auftritts auf Facebook & Co. Wenn Sie Ihren Auftritt komplett absichern wollen, empfiehlt sich die Beratung durch einen spezialisierten Anwalt, der sich in diesem schnelllebigen Medium gut auskennt. Für eine umfassende Einführung ist zum Beispiel das Buch »Social Media Marketing und Recht« von Thomas Schwenke, der sich als Rechtsanwalt auf das Thema Social Media und Onlinerecht spezialisiert hat, eine gute Lektüre. Auch das Blog von Herrn Schwenke unter *http://rechtsanwalt-schwenke.de/blog/* bietet sehr wertvolle Einblicke in aktuelle rechtliche Aspekte rund um die Nutzung von Social Media.

Hier kann das Thema nur angerissen werden. Die kleine Liste ersetzt auf keinen Fall eine Rechtsberatung. Folgende Aspekte sollten Sie jedoch auf jeden Fall beachten:

- **Urheberrecht**: Das Urheberrecht gilt in Social Media genauso wie in anderen Medien. Verwenden Sie keine Inhalte, an denen Sie die Rechte nicht haben. Im Zweifelsfall wird Ihnen eine E-Mail an den Urheber schnell Klarheit verschaffen, ob Sie ein Bild oder einen Text (selbstverständlich mit Quellenangabe) veröffentlichen dürfen.
- **Recht am eigenen Bild**: Die Veröffentlichung selbst aufgenommener Fotos ist nur dann unbedenklich, wenn Sie die Einwilligung aller auf dem Foto abgebildeten Personen haben. Eine Ausnahme besteht dann, wenn die Personen nicht erkennbar sind oder offensichtlich nicht im Mittelpunkt des Bilds stehen. Ein Foto des Brandenburger Tors etwa darf veröffentlicht werden, auch wenn im Hintergrund einige Touristen sichtbar sind. Weiterhin dürfen Bilder von Personen des öffentlichen Interesses, z.B. des Papstes, ohne dessen Einwilligung veröffentlicht werden. Planen Sie eine Veröffentlichung von Bildern Ihrer Hausmesse, so müssen Sie die Besucher klar darüber informieren, dass Sie die Bilder veröffentlichen wollen, und ihnen die Möglichkeit geben, einer Veröffentlichung zu widersprechen. Auch mit Mitarbeitern sollte dieser Punkt schriftlich geklärt sein.
- **Teilen von Inhalten**: Das Teilen von Inhalten in Social Media ist eine Grauzone. Einen Link auf fremde Inhalte zu setzen, z.B. in einem Beitrag auf Facebook, ist in der Regel erlaubt. Strikt gesehen, verletzt allerdings das Anzeigen eines Vorschaubilds das Urheberrecht. Daher ist hier Vorsicht geboten. Platt-

formen wie XING erlauben auch aktuell das Entfernen des Vorschaubilds nicht. Sie können davon ausgehen, dass das Anzeigen von Vorschaubildern und -texten dann in Ordnung ist, wenn die Quellseite zum Teilen der Inhalte auffordert (zum Beispiel über Social-Media-Buttons), oder wenn Sie eine schriftliche Genehmigung eingeholt haben.

- **Impressumspflicht**: Genau wie eine Website muss auch eine Präsenz in Social Media, die mit »Gewinnerzielungsabsicht« erstellt wurde, ein Impressum enthalten, das klar gekennzeichnet und mit einem Klick erreichbar ist. Plattformen wie Facebook und XING bieten diese Funktionalität inzwischen explizit an. Bei anderen Plattformen wie z. B. LinkedIn, YouTube oder Bewertungsportalen empfiehlt es sich, einen Link auf das entsprechend erweiterte Impressum Ihrer Website zu setzen. Leider gibt es immer wieder Abmahnwellen, in denen Unternehmen und Anwälte massenweise abmahnen und so Geld verdienen. Daher sollte dieser Punkt immer bedacht werden.
- **DSGVO**: Spätestens seit Mai 2018 müssen auch Social-Media Präsenzen DSGVO-konform sein. Die bedeutet im Wesentlichen, dass die Datenschutzbestimmungen Ihres Unternehmens genutzte Social-Media-Plattformen abdecken müssen und dass diese von den Social-Media-Präsenzen erreichbar sein müssen. Weiterhin dürfen keine personenbezogenen Inhalte zwischen Webseite und sozialen Netzwerken ausgetauscht werden, d. h. das Einbinden von Bereichen, die Fans bzw. Follower oder die letzten Beiträge auf Twitter, Instagram oder anderen Plattformen auf die Webseite übertragen ist nicht mehr zulässig. Es gibt einige weitere Detailpunkt zu beachten, wenn Sie z. B. Facebook-Tracking-Pixel nutzen. Um sicherzustellen, dass Sie mit den aktuellen Richtlinien konform gehen empfehle ich auch hier die Seite des Rechtanwalts Thomas Schwenke oder, wenn Sie es sich leisten können, die Zusammenarbeit mit einem spezialisierten Datenschutzberater oder Rechtsanwalt mit Social Media als Kernkompetenz.

Zusammenfassung

- Der Angst vor Kontrollverlust kann man begegnen, indem man sich vor Augen hält, dass es nicht vor Kritik schützt, an Social Media nicht teilzunehmen. Zudem ermöglicht es eine eigene Präsenz, negative Stimmen selbst wahrzunehmen und damit aktiv und konstruktiv umzugehen.
- Social Media lebt von Offenheit. Informationen sollten so großzügig wie möglich geteilt werden, besonders, wenn sie bereits online auffindbar sind.
- Der Zeitaufwand für die Pflege kann dosiert und so den Möglichkeiten im Unternehmen angepasst werden.
- Das Urheberrecht, das Recht am eigenen Bild und die Impressumspflicht sowie die relativ neuen DSGVO-Auflagen müssen auch in Social Media beachtet werden. Ein auf Social-Media-Recht spezialisierter Anwalt kann Ihnen helfen, in den vielen Grauzonen so weit wie möglich rechtssicher zu agieren.

2.5 Testen Sie Ihr Wissen!

1. Für welche Unternehmensbereiche kann der Einsatz von Social Media nützlich sein?

   Bitte ankreuzen:

   ☐ Interne Kommunikation

   ☐ Marketing/PR

   ☐ Kundensupport

   ☐ Produktentwicklung

   ☐ Personalakquise

2. Welche Aussagen treffen auf eine Social Media-Nutzung im B2B-Kontext zu?

   Bitte ankreuzen:

   ☐ Die Zielgruppe ist tendenziell kleiner.

   ☐ Die Zielgruppe hat Interesse am Unternehmen, weil es Teil ihres Jobs ist.

   ☐ Die Zielgruppe ist am besten durch persönliche Inhalte zu begeistern.

   ☐ Die Zielgruppe ist fachlich versierter.

3. Welche rechtlichen Aspekte müssen unter anderem in Social Media berücksichtigt werden?

Bitte ankreuzen:

- ☐ Das Urheberrecht
- ☐ Die Impressumspflicht
- ☐ Das Recht am eigenen Bild
- ☐ Die Datenschutz-Grundverordnung (DSGVO)

Typen von Social-Media-Plattformen

In dieser Lektion lernen Sie

- welche Typen von Social-Media-Plattformen es gibt.
- welche Dynamiken die verschiedenen Plattformtypen ausmachen und wie die Plattformen funktionieren.
- wie sich verschiedene Plattformtypen kombinieren lassen.

Es gibt unglaublich viele Social-Media-Plattformen, die sich für verschiedenste Anwendungsfälle und Zielgruppen nutzen lassen. Facebook, YouTube und Twitter kennt fast jeder — aber haben Sie schon von *glassdoor* oder *Yammer* gehört? Eine schöne Übersicht bietet das *Conversation Prism* oder *Social Media Prisma* von Brian Solis (*https://conversationprism.com*), das für den englischsprachigen Raum ausgelegt ist. Eine deutsche Version gibt es von *ethority* (*https://ethority.de/social-media-prisma*).

Betrachtet man diese vielen Plattformen, so wird schnell klar, dass es wichtig ist, die passenden Plattformen für ein Unternehmen und seine Zielgruppen auszuwählen. Daher gehe ich im Folgenden aus der Perspektive eines KMUs im deutschsprachigen Raum auf die wichtigsten Arten von Plattformen und die wichtigsten Vertreter dieser Kategorien ein.

3.1 Überblick über Typen von Social-Media-Plattformen

Betrachten wir zu Beginn die verschiedenen Kategorien von Social-Media-Plattformen und deren generelle Funktionsweise. Da sich die Plattformen selbst ändern können, ist es wichtig, die generelle Funktion und Dynamik von Plattformenkategorien zu verstehen.

MySpace beispielsweise war von 2006 bis 2008 das größte soziale Netzwerk, wurde dann von Facebook abgelöst und ist heute keine relevante Plattform mehr. Es gibt keine Garantie, dass die Plattformen, deren Nutzung Sie heute für Ihr Unternehmen planen, in einigen Jahren noch sinnvoll einsetzbar sind. Mit einem Ver-

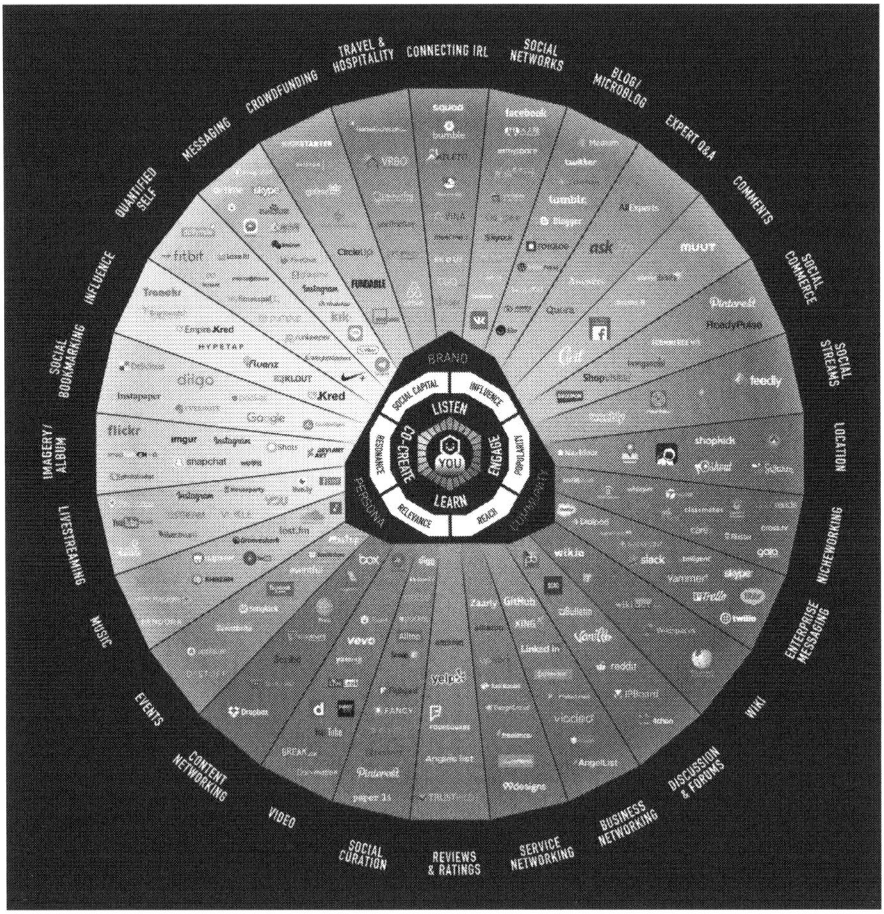

***Abb. 23** »Conversation Prism 5.0« von Brian Solis und JESS3*[6]

ständnis, was die Plattformen leisten, können Sie jedoch effektiv nach einer Alternative suchen, die eine ähnliche Funktionsweise bietet.

Hilfreich ist, bei Social-Media-Plattformen zwischen drei grundlegenden Arten zu unterscheiden:

- Inhaltsverteiler
- Inhaltsspeicher
- Crowd-Plattformen und Bewertungsplattformen

6. Quelle der hier verwendeten Abbildung: *https://www.linkedin.com/pulse/2017-social-media-universe-one-infographic-prism-50-brian-solis*

Inhaltsverteiler sind die klassischen sozialen Netzwerke, die auf ein schnelles Konsumieren kurzer Inhalte und ein einfaches Weitergeben dieser Inhalte ausgelegt sind. Die meisten Inhaltsverteiler sind nicht ideal dafür, umfangreichere Inhalte zu erstellen. Falls dies doch gemacht wird, entspricht das dann häufig nicht den Erwartungen der Nutzer und findet nur wenig Resonanz.

Inhaltsspeicher hingegen sind Plattformen wie Blogs oder Videoplattformen, auf denen sich umfangreichere Inhalte komfortabel erstellen, ablegen und präsentieren lassen. Diese Plattformen eignen sich allerdings weniger gut für das Abonnieren von Inhalten und das schnelle Weitergeben von Informationen an eine eigene Abonnentengemeinde — entweder weil hierfür die Funktionalitäten nicht bzw. weniger ausgereift existieren oder weil die Nutzer auf diesen Plattformen anders agieren.

In der Regel macht es Sinn, Inhaltsspeicher und Inhaltsverteiler bei der Nutzung von Social Media zu kombinieren, um umfangreichere Inhalte ablegen zu können und diese möglichst schnell und weithin sichtbar zu machen.

Es gibt andere Plattformen, die sich weder als Inhaltsverteiler noch als Inhaltsspeicher klassifizieren lassen. Die häufigsten Vertreter sind Crowd-Plattformen. Diese erlauben, rund um ein Thema Wissen, Budget, Meinungen oder andere Ressourcen von Dritten einzusammeln.

Eine beliebte Ausprägung von Crowd-Plattformen sind Bewertungsplattformen, die die Möglichkeit bereitstellen, Feedback zu Unternehmen, Produkten und Dienstleistungen zu geben oder Arbeitgeber zu bewerten.

Bewertungsplattformen spielen heute eine große Rolle bei der Meinungsbildung über ein Produkt oder Unternehmen. Anders als früher stehen Informationssuchenden nun neben den Marketingnachrichten der Unternehmen auch die Meinungen Dritter zur Verfügung - so ist ein ganzheitlicheres Bild von Produkten, Dienstleistern und Arbeitgebern verfügbar. Da Bewertungen und Rezensionen Kaufprozesse direkt beeinflussen, können sie eine starke Auswirkung auf den Unternehmenserfolg insgesamt haben.

Wichtig ist zu verstehen, dass manche Inhaltsverteiler und Inhaltsspeicher auch Funktionalitäten von Bewertungsplattformen oder Crowd-Plattformen anbieten, z.B. Bewertungen von Unternehmen auf Facebook. Inhaltsverteiler und Inhaltsspeicher können jedoch viel mehr. Dies wird klarer, wenn wir die nun folgenden Typen von Social-Media-Plattformen betrachten, die sich immer in eine der drei Plattformarten einordnen lassen.

3.1.1 Soziale Netzwerke — Freunde, Fans und »Gefällt mir«-Klicks

Soziale Netzwerke sind die Plattformen, die den meisten Menschen sofort einfallen, wenn der Begriff »Social Media« genannt wird. Die bekanntesten Vertreter sozialer Netzwerke sind Facebook, Twitter, XING und LinkedIn. Bildbasierte soziale Netzwerke wie Instagram und Pinterest boomen. Das Multitalent Tumblr versucht, die Vorteile eines sozialen Netzwerks mit denen eines Blogs zu kombinieren.

Die Funktionalität dieser Netzwerke umfasst im Wesentlichen das Erstellen eines Profils und das Veröffentlichen von **kurzen** Beiträgen, die aus Text, Bildern, Videos oder Links bestehen können. Das eigene Personen- oder Firmenprofil kann mit anderen Nutzern vernetzt werden. Diese Nutzer (z.B. Facebook-Freunde) werden durch einen Klick auf »Gefällt mir« oder »Vernetzen« zu Abonnenten des Profils und sehen dann Beiträge des abonnierten Profils auf ihrer eigenen »Startseite« des jeweiligen Netzwerks. Der Charme dieser Dynamik ist, dass Nachrichten beim Nutzer auftauchen, ohne dass dieser von sich aus an das Unternehmen denkt, das den Beitrag veröffentlicht hat. So können Unternehmen Nutzer immer wieder an sich erinnern und sich in deren Köpfen etablieren, bis eines Tages ein konkreter Bedarf entsteht und ein User sich aktiv an das Unternehmen wendet, weil dieses inzwischen idealerweise über professionelle und wertvolle Inhalte sein Vertrauen gewonnen hat.

Abb. 24 *Ein von einem Kontakt mit »Gefällt mir « markierter Beitrag auf LinkedIn*

Weiterhin können Beiträge mit einem Klick als »Gefällt mir« oder »interessant« markiert werden, sie können kommentiert oder an das eigene Netzwerk weitergeleitet (»geteilt«) werden, was die sogenannte »virale Verbreitung« begünstigt: das Streuen einer Nachricht an viele Menschen über das eigene Netzwerk und über die direkten Kontakte hinaus. Dies ist für Unternehmen höchst attraktiv, weil sie so schnell eine hohe Sichtbarkeit gewinnen und Menschen erreichen können, mit denen noch kein Kontakt bestand. Soziale Netzwerke können deshalb auch als **Inhaltsverteiler** bezeichnet werden.

Wenn es darum geht, umfangreiche oder komplexe Inhalte zu veröffentlichen, bietet sich ergänzend ein Blog oder eine Videoplattform an.

Was den Pflegeaufwand angeht, so sollten in sozialen Netzwerken vier bis zwölf Beiträge pro Monat veröffentlicht werden, um eine optimale Resonanz von Abonnenten zu erhalten. Weniger lässt das Unternehmen in Vergessenheit geraten, mehr führt zu einem potenziell nervigen Grundrauschen, was wiederum zur Folge haben kann, dass Abonnenten im besten Fall die Beiträge ignorieren oder im schlechtesten Fall ihr Abonnement kündigen. Beiträge sollten für eine möglichst hohe Interaktionsrate kurz sein und können von einem geübten Redakteur bei vorhandenem Material innerhalb von Minuten veröffentlicht werden. Je nach Seitengröße und -aktivität sollte die Seite mindestens einmal am Tag in puncto Fragen, Kommentare und andere Aktivitäten der Abonnentengemeinde, die Handlungsbedarf erfordern, geprüft werden.

Abb. 25 *Facebook-Beitrag mit Verlinkung auf ein Video*

3.1.2 Blogs und Microblogs — fundierte Informationen

Blogs haben einen anderen Fokus als soziale Netzwerke: Während Facebook & Co. eine schnelle, weite Verbreitung von kurzen Content-Stückchen ermöglichen, erlauben es Blogs, längere Artikel zu schreiben, die mehr Informationen transportieren.

Weblogs, kurz Blogs, wurden ursprünglich als Online-Tagebücher von Privatpersonen bekannt, die darin über ihr Leben oder ein Hobby berichteten. Blogplattformen wie WordPress, Blogspot oder Livejournal erlauben es, ohne viel technisches Know-how ansprechend formatierte Artikel zu verfassen. Inzwischen binden immer mehr Unternehmen Blogs in die eigene Website ein, was im Hinblick auf Suchmaschinenoptimierung (SEO) absolut sinnvoll ist: Regelmäßig Artikel mit relevanten Schlüsselwörtern zu veröffentlichen, ist eine der besten Maßnahmen, wenn es darum geht, eine Website für Google und andere Suchmaschinen zu optimieren. Ganz gleich, ob eine Blogging-Plattform auf einer fremden Website genutzt oder ein Blog auf der unternehmenseigenen Domain gehostet wird: Blogs gehören zu den stillen Champions der Social-Media-Welt. Hier kann man einfach und ohne technisches Wissen Informationen professionell aufbereitet für die Zielgruppe zur Verfügung stellen.

Im Detail bedeutet dies, dass Nutzer **Artikel** annähernd so einfach wie in einem Textverarbeitungsprogramm erstellen und formatieren, Bilder und andere Elemente einfügen und die Artikel dann veröffentlichen können. Durch die Anfänge als Online-Tagebücher sind die Artikel in der Regel datiert, nach Datum sortiert und, besonders bei Blogs mit mehreren Autoren, mit dem Namen des Verfassers versehen. Darüber hinaus kann man Artikel in **Kategorien** einsortieren, sodass der Leser sich alle Artikel zu einer Kategorie anzeigen lassen kann. Kategorien könnten in einem Produkte-Blog beispielsweise die verschiedenen Produkte oder Produktgruppen sein.

Immer mehr genutzt wird auch die Funktionalität, eine **Schlagwortwolke** (engl. *tag cloud*) generieren zu lassen. Dabei durchsucht das Blogsystem automatisch die Schlagworte (sogenannte »tags«) aller veröffentlichten Artikel und erstellt eine »Wortwolke«, in der Begriffe umso größer dargestellt werden, je mehr Artikel mit diesem Schlagwort versehen wurden. Beim Klick auf einen Begriff werden alle Blogartikel angezeigt, die mit diesem Schlagwort versehen sind.

***Abb. 26** Die Schlagwortwolke eines Personalmarketingblogs*

Zwei Aspekte machen Blogs zu einem Teil der Social-Media-Welt:

1. Durch die **Kommentare** von Lesern zu den Artikeln entsteht eine soziale Interaktion: Artikel werden diskutiert, Meinungen geäußert und Fragen gestellt.
2. Es ist gängige Praxis, in Blogartikeln auf andere Artikel zum gleichen Thema zu verlinken. So entsteht eine Verflechtung und ein Netzwerk von Artikeln rund um ein Thema, komplett unabhängig von Plattform und Betreiber: Dies ist die **Blogosphäre**.

Im Zusammenhang mit diesen Verlinkungen ist auch der Begriff **Pingbacks** relevant: Pingbacks informieren einen Blogbetreiber darüber, dass ein anderer Blogautor auf einen der eigenen Artikel verlinkt hat. Wird der Pingback bestätigt, so erscheint unter dem verlinkten Artikel automatisch ein Kommentar mit dem Link zu dem verlinkenden Artikel. So wird die Vernetzung innerhalb der Blogosphäre gefördert. Pingbacks werden von den meisten modernen Blogging-Systemen unterstützt und automatisch beim Einbinden eines Links erkannt und an die Zieladresse des Links verschickt.

Häufig werden für das Setzen von Links auf andere Blogs **Permalinks** verwendet. Das sind Links, die statisch sind und sich nicht ändern. So wird sichergestellt, dass die Vernetzung von Blogs untereinander konsistent ist und auch beim Update z.B. auf die nächste Version einer Blogging-Software erhalten bleiben. Oft sind die Links optisch auch ansprechender und orientieren sich am Inhalt oder an der Überschrift des Artikels.

Eine Funktionalität mit dem gleichen Effekt sind **Trackbacks**. Trackbacks werden jedoch nicht automatisch erkannt, sondern können beim Verfassen eines Artikels eingetragen werden, sodass auch ältere Blogsysteme über die Verlinkung informiert werden können. Auch hinter dieser Dynamik steht der Gedanke des Vernetzens von Blogs und Inhalten zu ähnlichen Themen durch Blogautoren. Leider werden Trackbacks, Pingbacks und Kommentare häufig auch von Spam-Systemen verwendet, um Links von Webseiten in andere Seiten einzufügen und so das eigene Suchmaschinenranking zu verbessern. Wie sich dies verhindern lässt, wird in Lektion 11 beschrieben.

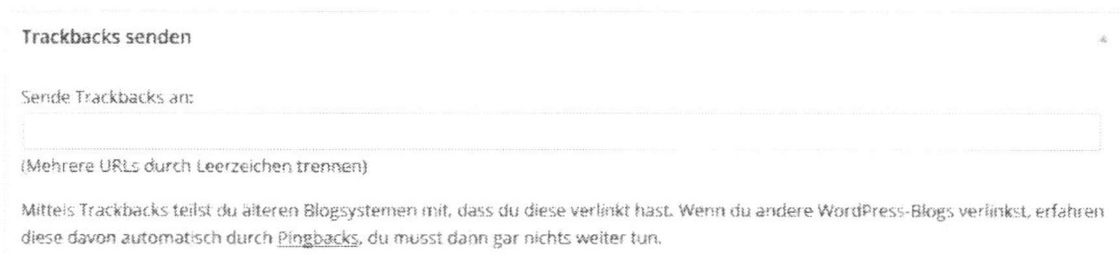

Abb. 28 *Das Versenden von Trackbacks an ältere Blogsysteme*

Im Unternehmenskontext gibt es viele Anwendungsfälle für Blogs. Vier Beispiele:

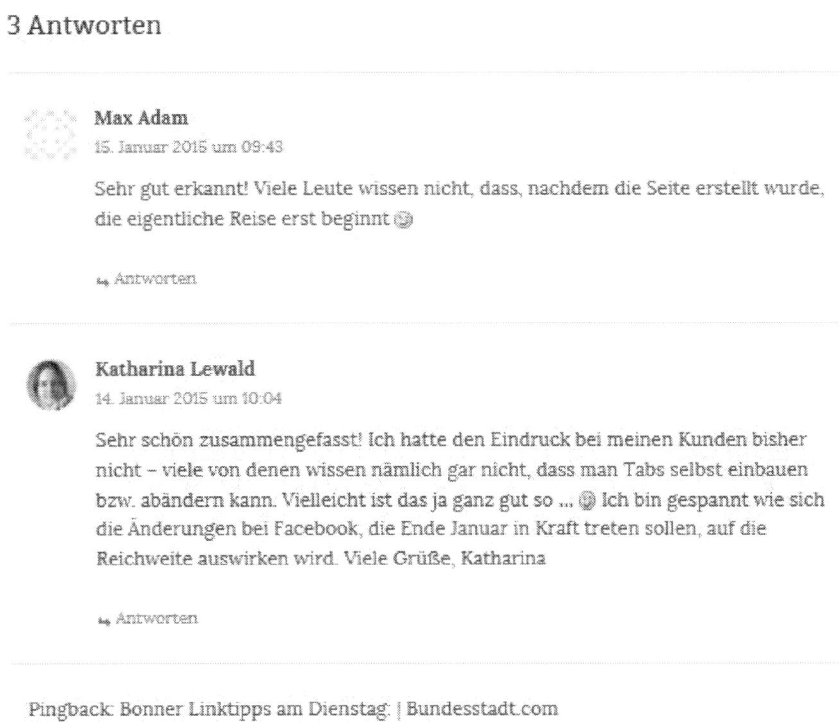

3 Antworten

Max Adam
15. Januar 2015 um 09:43

Sehr gut erkannt! Viele Leute wissen nicht, dass, nachdem die Seite erstellt wurde, die eigentliche Reise erst beginnt 🙂

↳ Antworten

Katharina Lewald
14. Januar 2015 um 10:04

Sehr schön zusammengefasst! Ich hatte den Eindruck bei meinen Kunden bisher nicht – viele von denen wissen nämlich gar nicht, dass man Tabs selbst einbauen bzw. abändern kann. Vielleicht ist das ja ganz gut so ... 🙂 Ich bin gespannt wie sich die Änderungen bei Facebook, die Ende Januar in Kraft treten sollen, auf die Reichweite auswirken wird. Viele Grüße, Katharina

↳ Antworten

Pingback: Bonner Linktipps am Dienstag: | Bundesstadt.com

Abb. 27 *Zwei Kommentare und ein Pingback unter einem Blogartikel, der als Linktipp auf einer anderen Seite weiterempfohlen wurde*

1. Von einer Einzelperson betriebenes Expertenblog, das durch die Einblendung von Werbeanzeigen oder das Setzen von Links auf Produkte im Rahmen von Affiliate Marketing Geld verdient (in Deutschland meist maximal im niedrigen vierstelligen Bereich pro Monat.[7]
2. Azubi-Blogs von Unternehmen mit Fokus auf Personalmarketing (auch Arbeitgeber-Branding), häufig auch in B2B-Branchen
3. Produkt- oder Technologie-Blogs von Unternehmen, als Marketing- und als Supportwerkzeug sehr wertvoll
4. Allgemeine Firmenblogs, in denen über verschiedenste Themen berichtet wird: angefangen von interessanten Aufträgen über neue Mitarbeiter bis hin zu Expansionsplänen.

7. Artikel zu den Einnahmen von deutschen Blogs: *https://www.selbstaendig-im-netz.de/blogs/einnahmen-analysen-deutscher-blogs-im-dezember-2016*

Man kann Blogs auch als **Inhaltsspeicher** bezeichen, die es erlauben, Fachwissen und detaillierte Informationen ansprechend zu präsentieren. Nutzer können neue Artikel von Blogs per E-Mail oder RSS-Feed (eine Technologie, die neu veröffentlichte Inhalte aus verschiedenen Internetquellen für den Nutzer als individuelle Übersicht zusammenstellt) abonnieren.

Abb. 29 *RSS-Abonnement-Möglichkeiten in einem Blog*

Es bietet sich an, Blogs zusätzlich mit einem sozialen Netzwerk als Inhaltsverteiler zu kombinieren, um die wertvollen Blogartikel optimal zu streuen, da E-Mail und RSS-Funktionalitäten deutlich seltener genutzt werden als das Abonnieren von Inhalten in sozialen Netzwerken.

Blogartikel sollten in der Regel ohne Bilder ein bis zwei Bildschirmseiten füllen. Der Aufwand für das Verfassen eines Artikels ist somit deutlich größer als für einen Beitrag in einem sozialen Netzwerk. Allerdings ist das Veröffentlichen von ein bis vier Artikeln zu einer Thematik pro Monat in der Regel ausreichend, denn Ihre Zielgruppe muss ja auch die Zeit finden, die Artikel zu lesen.

Abb. 30 *Das Azubi-Blog der VR-Bank Kreis Steinfurt — mit E-Mail-Abonnement-Funktion unten rechts*

Hin und wieder fällt der Begriff »Microblogs«. Das sind Anwendungen, mit denen Nutzer kurze Textnachrichten veröffentlichen und an die Abonnenten des eigenen Profils verteilen können. Die Zeichenanzahl ist dabei begrenzt. Beim bekanntesten Microblogging-Dienst Twitter sind es beispielsweise 280 Zeichen je Tweet. Auch Tumblr und sogar Facebook, XING und LinkedIn könnten als Microblogs eingestuft werden, wobei dies nur ein Teil der Funktionalität dieser Plattformen ist. Auch gibt es hier keine Zeichenbegrenzung.

Sie sehen: Es gibt eine Überlappung zwischen sozialen Netzwerken und Microblogs. Daher betrachten wir sie hier zusammen.

3.1.3 Videoplattformen — Informationen in Wort und Bild

Videoplattformen wie YouTube, Vimeo und Clipfish sind — ähnlich wie Blogs — **Inhaltsspeicher**. Hier können Videos abgelegt, kommentiert und bewertet werden. Auch auf den meisten Videoportalen können die Nutzer ein Konto abonnieren, jedoch wird wie bei Blogs diese Funktionalität deutlich weniger verwendet als in sozialen Netzwerken. Daher bietet sich auch hier das Bekanntmachen von Videos über einen Inhaltsverteiler an.

Beim Integrieren von Videoplattformen in eine Social-Media-Strategie gilt es zu bedenken, dass das Aufnehmen, Schneiden und Optimieren von Videos oft durch einen externen Dienstleister erfolgen muss. Unterschätzen Sie keinesfalls die Investition von Zeit und Geld, die die Produktion eines Videos erfordert: Unter einem halben Tag Dreharbeiten und 1.000 Euro ist es schwer, ein gutes, professionelles Video zu erhalten. Wird eine Videoserie geplant, so summieren sich die Aufwände.

Nützliche Tricks, um Geld zu sparen, sind das Filmen von Material für mehrere Videos auf einmal oder das Nutzen von Erklärvideos im Strichzeichnungsstil, was oft deutlich günstiger ist, da keine Akteure und Dreharbeiten benötigt werden.

Abb. 31 *Erklärvideo im Strichzeichnungsstil*

3.1.4 Bewertungsplattformen — Verbraucher berichten über Erfahrungen

Bewertungsplattformen als eine Ausprägung von **Crowd-Plattformen** werden oft nicht bewusst als Social-Media-Portale wahrgenommen. Sie sind jedoch ein sehr gutes Beispiel für den offenen und interaktiven Meinungsaustausch, der Social Media ausmacht. Fast alle Internetnutzer haben bereits Bewertungsplattformen benutzt, denn einer der größten Vertreter ist in Google integriert: Unternehmenseinträge auf Google Maps (von Google auch »Standorteinträge« genannt). Eine weitere große Plattform ist Yelp. TripAdvisor, jameda, kununu und glassdoor sind kleinere, branchen- oder zielgruppenspezifische Portale.

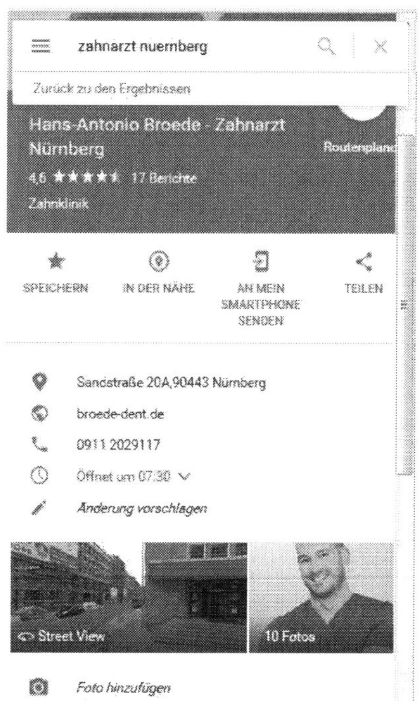

Abb. 32 *Google-Maps-Eintrag eines Zahnarzts in Nürnberg*

Das Konzept von Bewertungsportalen ist einfach: Verbraucher, Patienten oder Arbeitnehmer können Anbieter bzw. Unternehmen bewerten. Diese können die Bewertungen nicht beeinflussen, haben aber die Möglichkeit, ihr Profil zu pflegen und zu Bewertungen Stellung zu nehmen. Oft bestehen auf Bewertungsplattformen Profile von Unternehmen, die sich dessen nicht bewusst sind. Google importiert Daten von Webseiten oder aus Branchenverzeichnissen und legt automatisch Profile an. Auf anderen Plattformen wird ein Profil erstellt, sobald eine Bewertung abgegeben wird.

Abb. 33 *Bewertungen in einem Google-Maps-Eintrag: Patienten geben positives Feedback*

3.1.5 Social-Buying-Plattformen — bessere Preise in der Gruppe

Social Buying beschreibt das Konzept von Mengenrabatten, wenn sich genug Einkäufer für einen Artikel finden. Hier kann der einzelne Verbraucher durch das Bündeln seiner Kaufinteressen mit denen anderer potenzieller Käufer einen besseren Preis erzielen. Dies war die ursprüngliche Idee von **Crowd-Plattformen** wie Groupon, DailyDeal und verschiedenen, oft länderspezifischen Konkurrenzportalen, die alle als Crowd-Plattformen einzuordnen sind. Inzwischen ist Groupon weltweit die dominierende Plattform, und das Konzept der Mindestkäuferzahl wird nur noch selten ernsthaft genutzt. Meist geht es hier nun darum, dass Unternehmen Überkapazitäten abstoßen oder bewusst durch Sonderangebote Marketing betreiben.

Wichtig ist, zu verstehen, dass Unternehmen auf solchen Plattformen in der Regel nur Marketing betreiben können, nie Vertrieb. Dies liegt daran, dass die Plattformbetreiber sehr hohe Rabatte im Einkauf von Unternehmen erwarten, die einen Vertrieb über beispielsweise Groupon besonders für Mittelständler wenig lukrativ machen.

***Abb. 34** Angebot für einen Restaurantbesuch auf Groupon*

3.1.6 Crowd-Plattformen — Wissen, Ideen und Ressourcen bündeln

Es gibt viele weitere Arten von Crowd-Plattformen, die Nutzerressourcen bündeln, um dadurch einen Mehrwert für Unternehmen zu generieren.

Crowdsourcing-Plattformen bündeln das Wissen, die Ideen und die Meinungen von Nutzern. Bekanntester Vertreter hier ist Wikipedia, ein Onlinelexikon, das durch die Nutzer laufend erweitert und korrigiert wird. Andere Anwendungsgebiete sind proprietäre Plattformen wie beispielsweise LEGO Ideas.

Ein weiteres Beispiel sind Crowdfunding- und Crowdinvesting-Plattformen wie z. B. kickstarter oder Companisto. Hier besteht das Konzept darin, Projekte auszuschreiben, die Nutzer entweder aus Idealismus gegen eine symbolische Gegenleistung (Crowdfunding) oder als Investition mit attraktiver Rendite, aber relativ hohem Risiko finanzieren (Crowdinvesting). Was diese Plattformen »social« im Sinne von Social Media macht, beruht auf der Tatsache, dass die Finanzierungen der jeweiligen Projekte nur zustande kommen, wenn sich eine bestimmte Anzahl von Investoren findet. Ist dies nicht der Fall, wird das Projekt abgebrochen, und niemand investiert. Die Finanzierung beinhaltet also eine Validierung der Geschäftsidee durch die Investoren.

Da eigene Crowdsourcing-Plattformen relativ aufwendig zu erstellen sind und Marketing eher ein Nebeneffekt von Crowdfunding ist, gehe ich auf diese Plattformen nicht weiter ein. Auch Crowdlistening-Plattformen wie Spotify oder Shazam, Social-Bookmarking-Dienste wie Delicious und andere, spezialisierte Plattformen für Nischenbranchen oder andere Anwendungsgebiete im Unternehmen sind in der Regel nicht die entscheidenden Plattformen im Bereich Marketing und werden daher von mir in diesem Buch nicht weiter thematisiert.

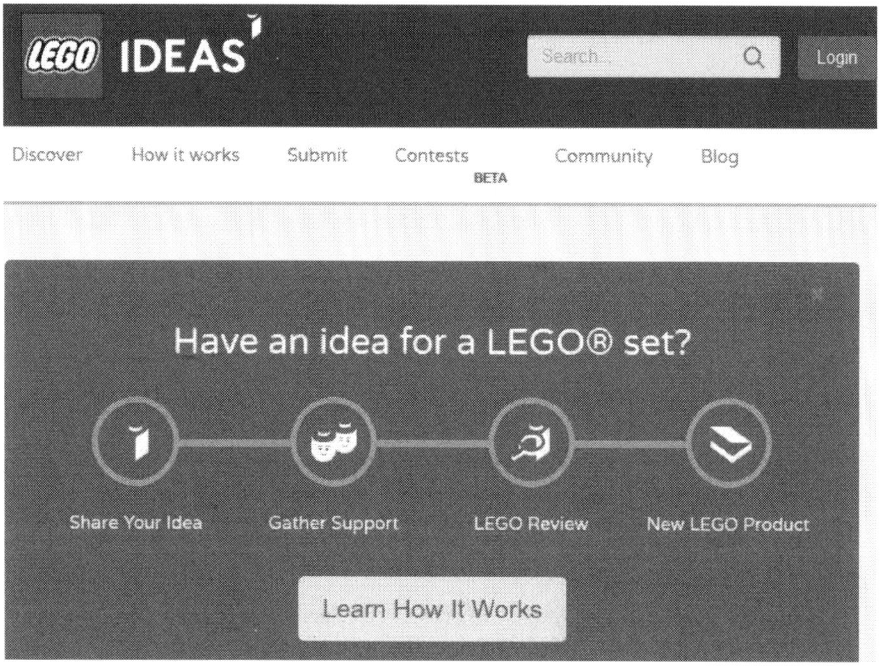

Abb. 35 *Die Startseite von LEGO Ideas*

Zusammenfassung

- Es gibt verschiedene Arten von Social-Media-Plattformen mit unterschiedlichen Dynamiken.
- Die für Unternehmen relevantesten Kategorien sind soziale Netzwerke, Blogs, Videoplattformen, Bewertungsplattformen, Social-Buying- und Crowd-Plattformen.
- Es ist wichtig, die passende(n) Plattform(en) für das Unternehmen und den Anwendungsfall sorgfältig auszuwählen.

3.2 Testen Sie Ihr Wissen!

1. Welche der Plattformen sind Crowd-Plattformen?

   Bitte ankreuzen:

   - ☐ Google Maps-Standorteinträge
   - ☐ YouTube
   - ☐ Kickstarter
   - ☐ Facebook
   - ☐ Wikipedia

2. Bei welchen der folgenden Plattformen handelt es sich um Kombinationen aus Inhaltsspeicher und Inhaltsverteiler?

   Bitte ankreuzen:

   - ☐ Instagram + Facebook
   - ☐ LinkedIn + Blog
   - ☐ Facebook + YouTube
   - ☐ YouTube + Blog
   - ☐ Twitter + Instagram

4 Facebook — das weltweit größte soziale Netzwerk

In dieser Lektion lernen Sie

- wie Facebook im Vergleich zu anderen Plattformen einzuordnen ist.
- was die Dynamik von Facebook ausmacht und was die interessantesten Funktionalitäten der Plattform sind.
- wie Sie die Erfolgsaussichten beim Einsatz von Facebook kritisch und realistisch einschätzen.
- wie das Start-up *KletterRetter* Facebook nutzt, um sich als Marke zu etablieren.

In dieser und den folgenden Lektionen beschreibe ich die derzeit größten und für KMUs im deutschsprachigen Raum relevantesten Social-Media-Plattformen. Interessante und besonders wertvolle Funktionalitäten werden hervorgehoben, wobei ich bewusst auf detaillierte technische Beschreibungen verzichte, da sich die Funktionalitäten teilweise täglich ändern. Die Plattformen sind in der Regel sehr intuitiv zu bedienen, und man muss kein Experte sein, um ein Profil anzulegen oder eine Präsenz zu pflegen. Aktuelle Informationen zu den Plattformen finden Sie über eine Google-Suche in aktuellen Blogartikeln oder auf den Hilfeseiten der jeweiligen Plattform.

Anhand eines Fallbeispiels zeige ich Ihnen in jeder Lektion, wie sich die jeweilige Plattform im Marketingkontext sinnvoll einsetzen lässt. Kleine Übungen fordern Sie auf, sich selbst auf den Plattformen umzusehen und ein Gefühl für deren Handhabung zu entwickeln. Bitte stellen Sie im Vorfeld sicher, dass Sie auf jeder Plattform ein (immer kostenfreies) Konto angelegt haben, um uneingeschränkten Zugriff auf die Funktionalitäten zu haben.

Zu Beginn eines jeden Abschnitts wird ein tabellenartiger Überblick über die Art, Göße und den Anwendungsbereich der Plattform gegeben. »Zugriffsrang weltweit« ist dabei die Position, an der die Plattform in den Statistiken für Aufrufe innerhalb der letzten drei Monate steht (Stand: Dezember 2019), »Zugriffsrang in Deutschland« ist die Position der entsprechenden Seite im deutschlandweiten Vergleich. Diese Statistiken wurden mir freundlicherweise von dem unabhängigen Webanalysedienst www.similarweb.com zur Verfügung gestellt — vielen Dank dafür an die engagierte Frau Marks![8]

4.1 Facebook auf einen Blick

Art der Plattform	soziales Netzwerk
Nutzer weltweit	2,4 Milliarden aktive Nutzer/Monat
Zugriffsrang weltweit	3
Zugriffsrang in Deutschland	5
Einsatzbereich	B2C
URL	*https://www.facebook.com*

Facebook ist die erste Plattform, die den meisten Menschen einfällt, wenn sie auf das Thema Social Media angesprochen werden. Der »blaue Riese« ist immer noch mit Abstand das führende soziale Netzwerk und wird es vorerst auch bleiben. Zum Vergleich: Das zweitgrößte soziale Netzwerk Instagram verzeichnet im Vergleich mit Facebook nur halb so viele aktive Nutzer pro Monat, sowohl in Deutschland als auch weltweit. Facebook bietet aufgrund seiner Größe und des sehr hohen Aktivitätslevels vor allem für die Kommunikation mit Endkunden und potenziellen Arbeitnehmern viele wertvolle Möglichkeiten. Die Tatsache, dass die meisten Nutzer zwischen 18 und 54 Jahren alt sind, erhöht die Relevanz für Unternehmen im Vergleich zu Newcomer-Plattformen wie beispielsweise Snapchat (Zugriffsrang weltweit: 1.301, Zugriffsrang in Deutschland: 3.223) oder TikTok (Zugriffsrang weltweit: 392, Zugriffsrang in Deutschland: 395). Solche Plattformen werden zwar in den Medien viel diskutiert, erzielen aber zum einen nur einen Bruchteil der Nutzerzahlen und ziehen zum anderen deutlich jüngere und weniger kaufkräftige Verbraucher an.

8. *https://www.similarweb.com* — Zugriffsdaten auf Webseiten werden aus vier verschiedenen Quellen ermittelt, die Ergebnisse werden kombiniert und bieten damit eine sehr gute Annährung an die Beliebtheit der jeweiligen Seite in der Realität. Mehr dazu: *https://www.similarweb.com/corp/ourdata*

4.2 Was bietet Facebook für Ihr Unternehmen?

Auf Facebook beginnt alles mit einem **Personenprofil**.

> Diese Profile sind wirklich explizit für Personen gedacht und sollten nicht von Unternehmen zu Repräsentationszwecken genutzt werden.

Für geschäftliche Aktivitäten bietet Facebook **Firmenprofile**, d. h. **Unternehmensseiten** an und schreibt deren Nutzung für Unternehmen auch explizit in den Nutzungsrichtlinien vor. Mit einem Personenprofil können Sie beliebig viele Unternehmensseiten anlegen und pflegen, ohne dass die Besucher dieser Seiten die Personenseiten der Administratoren sehen oder direkt kontaktieren können. So lassen sich private und geschäftliche Aktivitäten auf Facebook klar trennen. Für die **Administration eines Firmenprofils** können Sie verschiedene Nutzer in verschiedenen Rollen berechtigen. Je nach Rolle können diese Nutzer die Seite voll administrieren oder beispielsweise nur Beiträge verfassen, Kommentare beantworten oder Statistiken einsehen.

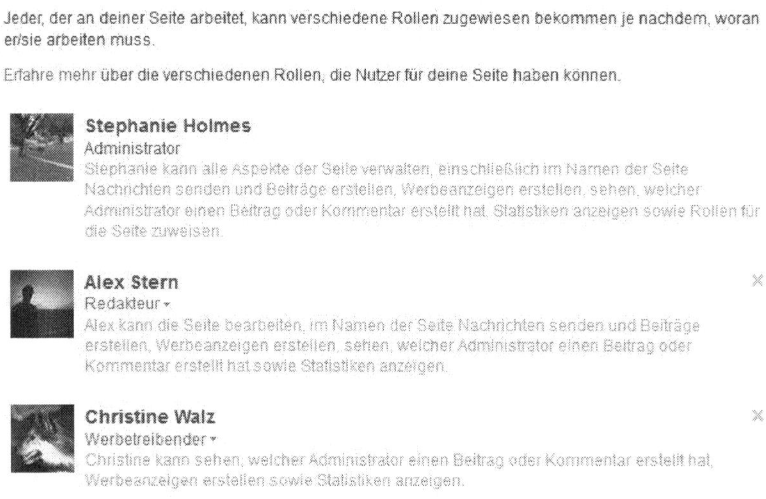

Abb. 36 *Die Rollenverwaltung erlaubt es, verschiedene Nutzerrechte auf Facebook zu vergeben*

Auf Personen- und auf Firmenprofilen können Sie grundlegende Profilinformationen wie Namen, Beschreibung, Titel- und Profilbild einpflegen. Auf Firmenprofilen haben Sie zusätzlich die Möglichkeit, Firmendaten wie Impressum, Öffnungszeiten und Produkte/Dienstleistungen anzugeben. Auch können Administratoren von Unternehmensseiten Beiträge zeitlich vorausplanen, detaillierte Statistiken abrufen und bezahlte Werbung schalten, um nur einige der Vorteile gegenüber Personenprofilen zu nennen. Ein weiterer wichtiger Punkt ist, dass Personenprofile nicht mehr als 5.000 Freunde haben können, bei Firmenprofilen hingegen ist die Anzahl von Fans unbegrenzt. »Fans« und »Freunde« sind gleichermaßen Befürworter eines

Profils, mit dem sie sich durch einen Klick auf »Gefällt mir« bzw. durch eine Freundschaftsanfrage vernetzt haben. Anders als auf allen anderen sozialen Netzwerken gibt es auf Facebook-Firmenseiten auch die Alternative des »Abonnieren«". Abonnenten erhalten die Beiträge der abonnierten Seite, ohne jedoch als Fan aufzutauchen. Umgekehrt kann ein Fan auch die Nachrichten einer Seite ausblenden und nicht mehr erhalten. Der Standardfall ist jedoch, Fan und Abonnent einer Firmenseite zu sein, d.h. als Teil der Fangemeinde gezählt zu werden und die Beiträge zu erhalten. Ein Praxistest mit ca. 20 Seiten kleiner und mittelständischer Unternehmen ergab nur geringe Abweichungen (durchschnittlich unter 5%) zwischen Fans und Abonnenten.

Zwei Einschränkungen haben allerdings auch Firmenseiten auf Facebook: Mit diesen Seiten können Sie Nutzer nicht aktiv einladen, Fan der Seite zu werden, und es ist Ihnen nicht möglich, Nutzern direkt private Nachrichten zu senden, ohne dass diese die Seite zuerst kontaktiert haben.

Ist die Unternehmensseite einmal aufgesetzt und konfiguriert, können und sollten Sie regelmäßig **Posts** (Beiträge) veröffentlichen. Facebook erlaubt es, diese zurückzudatieren oder eine automatische Veröffentlichung zu einem Zeitpunkt in der Zukunft einzuplanen. Einmal veröffentlicht, werden Beiträge von Besuchern des Profils und von **Fans** der Seite gesehen. Fans sind Facebook-Nutzer, die durch das Klicken von »Gefällt mir« auf der Seite die Posts des Profils abonnieren und dadurch auf ihrer eigenen Einstiegsseite in Facebook sehen, ohne die Firmenseite besuchen zu müssen.

Ein Beitrag ist in der Regel ein kurzer Text in Kombination mit einem oder mehreren Bildern, einem Video oder einem Link auf einen weiterführenden Inhalt. Beim Veröffentlichen eines Links lädt Facebook in der Regel eine Vorschau der Zielseite. Hier können Sie drei Elemente anpassen: Ein oder mehrere Vorschaubilder können über die Bilderleiste unter dem Beitrag ausgewählt und bei Bedarf auch neu hochgeladen werden. Den Titel und den Text der Linkvorschau können Sie anklicken und dann in einem Textfeld ändern. Für das Bearbeiten der Linkvorschau ist eine Domainverifizierung[9] notwendig, ansonsten stehen Ihnen nur die von der verlinkten Seite eingepflegten Bilder zur Verfügung, Sie können aber an- und abwählen, welche angezeigt werden.
Bilder, Videos und Links in Beiträgen werden in der Regel besser angenommen, wenn sie durch einen Beitragstext eingeleitet werden. Statistisch gesehen erzielen Beiträge mit einem kurzen Beitragstext (Faustregel: nicht länger als drei Zeilen) die besten Interaktionsraten.

9. Beschreibung und Anleitung zur Domainverifizierung: https://www.facebook.com/business/help/286768115176155

Abb. 37 *Das Verfassen eines Linkbeitrags mit Vorschaubild und -text auf Facebook*

Nutzer haben vier Möglichkeiten, mit Beiträgen zu interagieren:

1. Beiträge mit »Gefällt mir« markieren: Betrachter des Beitrags sehen, dass ein anderer Nutzer diesen Beitrag markiert hat. Ebenso sehen Facebook-Freunde dieses Nutzers auf ihrer Einstiegsseite den Beitrag mit der Anmerkung, dass der »Freund« ein »Gefällt mir« dafür vergeben hat. So entsteht die sogenannte **virale Verbreitung**.
2. Beiträge kommentieren: Auch Kommentare eines Nutzers sind für dessen Freunde und andere Betrachter des Beitrags sichtbar.
3. Beiträge teilen: Nutzer können Beiträge »teilen«. Damit kopiert der Nutzer den Beitrag auf seine eigene Seite und kann ihn vor dem Veröffentlichen mit einem einleitenden Kommentar versehen. Auch dies verbreitet den Beitrag an das Netzwerk des jeweiligen Nutzers.
4. Fortgeschrittene Funktionalitäten wie »Beiträge speichern«, »einbetten«, »Beiträge des Accounts nicht mehr anzeigen« oder »Feedback geben«: Dies funktioniert über drei kleine graue Punkte oben rechts im betreffenden Beitrag. Ein Klick hier hat keine öffentlich sichtbare Auswirkung, sondern erlaubt es, zu

beeinflussen wie sichtbar der Beitrag und zukünftige Beiträge der Seite sein werden. Über den Feedback-Button können Inhalte, die gegen die Facebook-Richtlinien verstoßen, gemeldet werden.

Eine Faktor, der den Erfolg einer Präsenz auf Facebook sehr stark beeinflusst, ist der **Newsfeed-Algorithmus**: Facebook liefert nicht etwa jeden Beitrag an alle Fans einer Seite aus, wie viele Seitenbetreiber intuitiv erwarten. Mit der Begründung, Nutzern aus der Menge von Inhalten die relevantesten präsentieren zu wollen, wendet Facebook einen Algorithmus an, der für jeden Beitrag und jeden Nutzer, der diesen Beitrag sehen könnte, einen Relevanzwert ermittelt. Vereinfacht ausgedrückt ist das entscheidende Kriterium für eine gute Bewertung die Interaktion von Nutzern mit den Beiträgen der Seite. In diesem Kontext gibt es zwei Arten von Signalen:

1. »Passive Signale« wie das Anklicken eines Beitrags, das Betrachten eines Beitrags, die Dauer, die ein Video angesehen wurde und das Alter des Beitrags. Diese Signale werden relativ schwach gewichtet.
2. »Aktive Signale« wie Kommentare, das Teilen von Beiträgen und natürlich Likes und andere Reaktionen. Da Facebook Beiträge bevorzugen möchte, die »Unterhaltungen beginnen« werden diese Signale (vor allem Kommentare) deutlich stärker gewichtet.

Je nach Bewertung durch den Newsfeed-Algorithmus werden die Beiträge für jeden Nutzer sortiert. Beiträge mit niedriger Bewertung erscheinen sehr weit unten oder gar nicht im Newsfeed des Nutzers.

Ein Beispiel: Wenn Sie morgens auf Facebook zugreifen, prüft der Newsfeed-Algorithmus alle Beiträge, die von verbundenen Seiten und Personen veröffentlicht wurden, seit Sie am Vorabend das letzte Mal auf Facebook waren. Jeder dieser Beiträge wird nach den oben erläuterten Kriterien bewertet. Ein langweiliger Werbebeitrag mit wenig Resonanz bei anderen Nutzern von einer Unternehmensseite, mit deren Beiträgen Sie selten interagieren, erhält einen niedrigen Relevanzwert und wird sehr weit unten (oder gar nicht) in Ihrem Newsfeed angezeigt. Ein Beitrag mit dem lustigen Video von der Katze Ihrer besten Freundin, mit deren Beiträgen Sie oft interagieren und das viele andere Nutzer lange angesehen, kommentiert und geteilt haben, wird als sehr interessant für Sie eingestuft und ganz oben in Ihrem Newsfeed angezeigt.

Facebook schränkt also durch das Einsetzen des Algorithmus die Reichweite von Beiträgen ganz entscheidend ein. Der weltweite Durchschnittswert lag im Jahr 2019 deutlich unter 10 % der Seitenfans. Das bedeutet, dass eine Seite mit 3.000 Fans mit jedem Beitrag nur eine Reichweite von weniger als 300 Fans erzielt. Dies ist im ersten Moment erschreckend und stellt die Attraktivität von Facebook in Frage. Ich kann Sie aber beruhigen: Nach monatlichen Analysen von Faccebook-

Seiten über die letzten 9 Jahre erreichen Seiten in Deutschland mit gutem, zielgruppenspezifischen Content durchschnittlich zwischen 15 % und 75 % ihrer Fangemeinde. Außerdem nutzen alle anderen sozialen Netzwerke auch Algorithmen, die die Reichweite einschränken, es gibt also keine Alternativen, mit denen es viel einfacher ist, eine hohe Reichweite zu erzielen.

Wichtig ist jedoch zu verinnerlichen, dass nicht nur auf Facebook, sondern auf allen sozialen Netzwerken **attraktiver Content das wichtigste Kriterium** ist, um hohe Interaktionsraten und damit eine gute Reichweite zu erzielen. Es gibt Seiten mit Zehntausenden Fans, die auf den ersten Blick groß und erfolgreich aussehen. Bei genauem Hinsehen erhalten die Beiträge kaum Interaktion und werden nur von wenigen Nutzern gesehen. Dies ist fatal, vor allem dann, wenn ein Unternehmen viel Zeit und Geld in das Erstellen von Beiträgen investiert.

Es ist also unerlässlich, Beiträge zu erstellen, die der Zielgruppe gefallen und hohe Interaktionsraten begünstigen. Tipps und Tricks für gute Beiträge finden Sie in Abschnitt 16.4.1. Statistisch gesehen optimieren Sie außerdem mit einer Veröffentlichungsfrequenz von zwei bis drei Beiträgen pro Woche auf Facebook die Interaktionsrate. Abzuraten ist von so genanntem »Clickbaiting« — von Beiträgen, die ganz offensichtlich nur auf Interaktionen ausgelegt sind (z. B. mit dem Text »Klickt auf *Like*, wenn ihr euch auch auf Weihnachten freut!«). Facebook erkennt solche Beiträge und schränkt ihre Reichweite aktiv ein.

Eine gute Möglichkeit, Beiträge über die eigene Unternehmensseite hinaus zu streuen, ist das Teilen der Inhalte in **Gruppen**. Facebook-Gruppen sind Foren, in denen sich Nutzer zusammenfinden, um sich rund um gemeinsame Interessen auszutauschen. Es gibt offene und geschlossene Gruppen, was die Leserechte angeht. Um die Beiträge einer geschlossenen Gruppe lesen zu können und um in jeder Art von Gruppe Beiträge oder Kommentare zu veröffentlichen, muss man der Gruppe mit einem Personenprofil beitreten, Unternehmensseiten ist dies nicht möglich. Die einzige Ausnahme: Unternehmen können Gruppen als Erweiterung ihrer Unternehmenseite erstellen und so Foren rund um ihre Marke oder Produkte betreiben. In diesen Gruppen kann das Unternehmen aktiv Beiträge und Kommentare veröffentlichen. Die Reichweite von Gruppenbeiträgen wird aktuell vergleichsweise wenig von dem Newsfeed-Algorithmus eingeschränkt. Beiträge von Unternehmensseiten können in Gruppen veröffentlicht werden, indem ein Nutzer (Personenprofil) den Beitrag in der Gruppe teilt.

Wichtig: Die meisten Gruppen verbieten das Veröffentlichen von Werbung. Es geht also nicht darum, Produkte und Preise in Gruppen zu veröffentlichen. Wenn Sie jedoch einen interessanten Beitrag erstellt haben, der thematisch einen echten Mehrwert für die Gruppe darstellt, spricht nichts dagegen, diesen Beitrag in einer Gruppe zu teilen. Lesen Sie auf jeden Fall die in fast jeder Gruppe veröffentlichten Gruppenrichtlinien bevor Sie in der Gruppe etwas veröffentlichen.

Abb. 38 *Hier hat ein Nutzer einen Unternehmensbeitrag in einer Gruppe geteilt. Andere Gruppenmitglieder kommentieren — interessantes Feedback für das Unternehmen*

Neben Newsfeed-Beiträgen wird auch auf Facebook das ursprünglich von Snapchat ins Leben gerufene Format der **Stories** angeboten und inzwischen auch immer häufiger genutzt. Stories sind kleine Videos oder Bilderserien, die mit Emojis, Text und anderen Elementen verziert werden können und nach 24 Stunden verfallen. Stories werden wie normale Beiträge über das Feld »Beitrag erstellen« veröffentlicht; ein farbiger Ring um das Profilfoto einer Seite zeigt an, dass es dort aktuell eine Story zu sehen gibt.

Facebook bietet auch die Möglichkeit, **bezahlte Werbung** zu schalten. Dazu gibt es auf der Plattform verschiedene Optionen. Generell sollte Werbung immer über den Werbeanzeigenmanager von Facebook geschaltet werden; die direkt unter den Beiträgen angebotene Funktionalität ist eingeschränkt und erzielt in der Regel schlechtere Ergebnisse für das gleiche Budget.

Der Werbeanzeigenmanager ist über den kleinen blauen Pfeil oben rechts in der blauen Facebook-Leiste oder über den entsprechenden Link in der linken Seitenleiste erreichbar. Hier kann man auch bei laufender Werbung oder nach Abschluss einer Werbekampagne die Ergebnisse betrachten, z. B. die Kosten pro Impression.

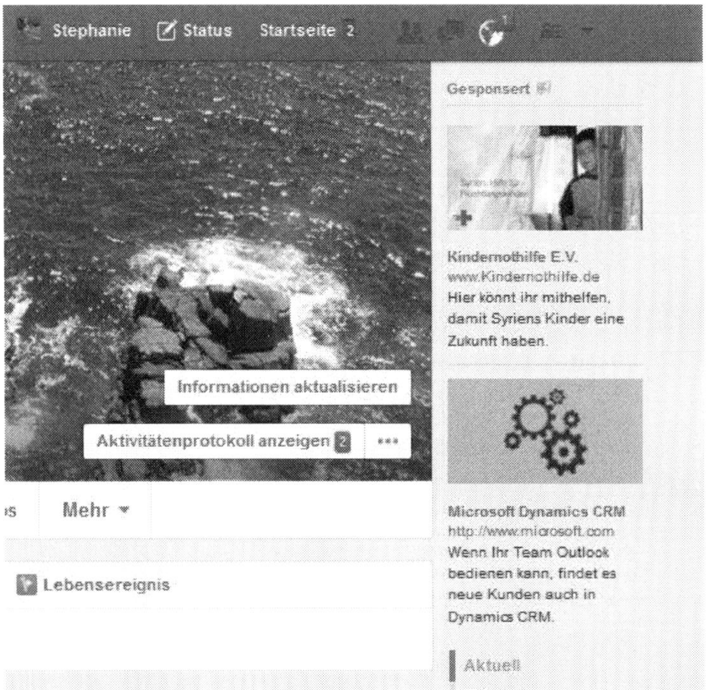

Abb. 39 *Werbeanzeigen erscheinen in der rechten Seitenleiste und im »normalen« Newsfeed mit dem Vermerk »Gesponsort«*

Wie Sie in Abb. 40 sehen, bietet der Facebook-Werbeanzeigenmanager beim Erstellen einer neuen Anzeige eine Vielzahl von eher abstrakten »Marketingzielen« an. Die für kleine und mittlere Unternehmen sinnvollsten Ziele und die dazu passenden Funktionalitäten des Werbeanzeigenmanagers erkläre ich im Folgenden kurz. Viele dieser Grundlagen sind auch für andere Plattformen relevant.

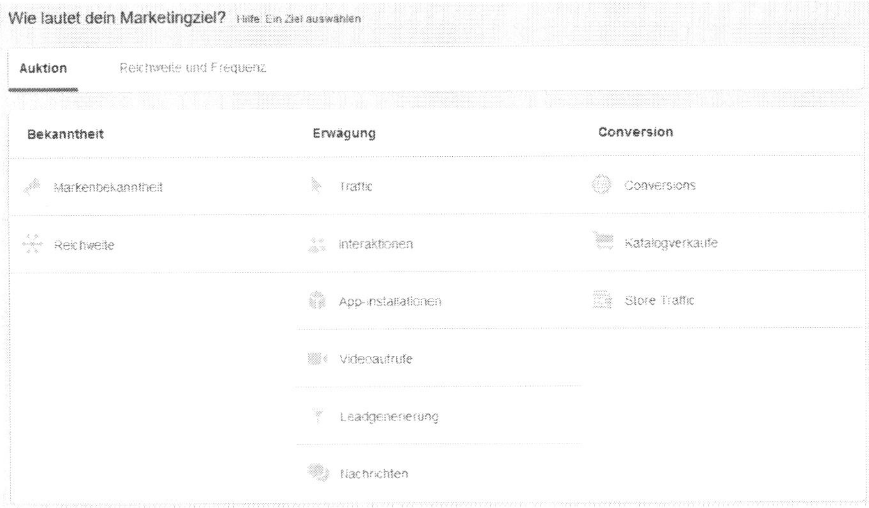

Abb. 40 *Der Werbeanzeigenmanager bietet eine Vielzahl an Zielen an.*

1. Die ersten ununmittelbarste Möglichkeit von bezahlter Werbung ist das Erzielen von Reichweite und Sichtbarkeit, was Sie über den Bereich »Bekanntheit« erreichen können. Das Ziel »Markenbekanntheit« wirkt darauf hin, dass Ihre Anzeigen oder Beiträge möglichst vielen und möglichst relevanten Nutzern angezeigt werden, die aus der Sicht von Facebook ein Interesse an Ihrer Marke haben. Das Ziel »Reichweite« hingegen liefert eine Anzeige oder einen beworbenen Beitrag wirklich an so viele Nutzer wie möglich aus.
2. Die zweite Möglichkeit ist das Erzielen von Interaktionen für Beiträge, wählbar über die Rubrik »Erwägung«. Hier können Sie unter dem Ziel »Interaktionen« gezielt für Beitragsinteraktionen wie »Gefällt-mir-Klicks«, Kommentare etc. werben.
3.

   Unter dem Ziel »Interaktionen« können auch »Gefällt-mir-Angaben«, also Fans, für eine Facebook-Seite geworben werden. So können aus einer gewünschten Zielgruppe Abonnenten gewonnen werden, die dann im Prinzip mit jedem Beitrag immer wieder erreichbar sind, was diese Werbung zu einer sehr nachhaltigen Option macht.
4. Eine weitere oft genutzte Werbeform ist das Bewerben von Links zu einer externen Webseite oder zu einem Webshop. Die ist unter »Erwägung« - »Traffic« möglich. Durch das Verlinken auf externe Webseiten oder Webshops ist es möglich, auf Produkte oder Dienstleistungen aufmerksam zu machen.

Es gibt noch viele weitere Anzeigenarten – wenn Ihnen eine Möglichkeit attraktiv und passend erscheint, klicken Sie die Option an und lesen sich die Beschreibung aufmerksam durch. Meist kann bereits mit einem mittleren zweistelligen Budget ein Test durchgeführt werden. Ein sorgfältiges Beobachten der Ergebnisse gibt Ihnen die beste Indikation, ob sich diese Art der Werbung für Ihr Unternehmen lohnt. Verwenden Sie sprechende Kampagnennamen und achten Sie beim Einstellen des Budgets darauf, ob Sie ein Tages- oder Laufzeitbudget festlegen (siehe Abb. 41).

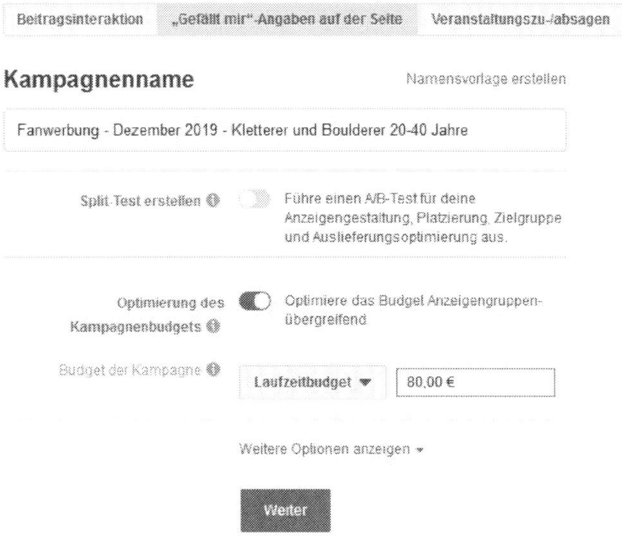

***Abb. 41** Einstellen des Werbebudgets als Laufzeitbudget*

Im weiteren Verlauf kann im Detail konfiguriert werden, welches demografische Profil (Alter, Geschlecht, Standort) und welche Interessen die Nutzer haben, denen die Werbeanzeige gezeigt werden soll. Hier lohnt es sich, etwas Zeit zu investieren und die passende Zielgruppe auszuwählen. Besonders im Bereich »Interessen« kann sehr detailliert gearbeitet werden, was die Ergebnisqualität deutlich verbessern kann. Ein Indikator in der rechten Seitenleiste (siehe Abb. 42) zeigt die Größe der Zielgruppe an. Achten Sie darauf, im grünen Bereich zu bleiben — auch das wirkt sich positiv auf die Kosten aus.

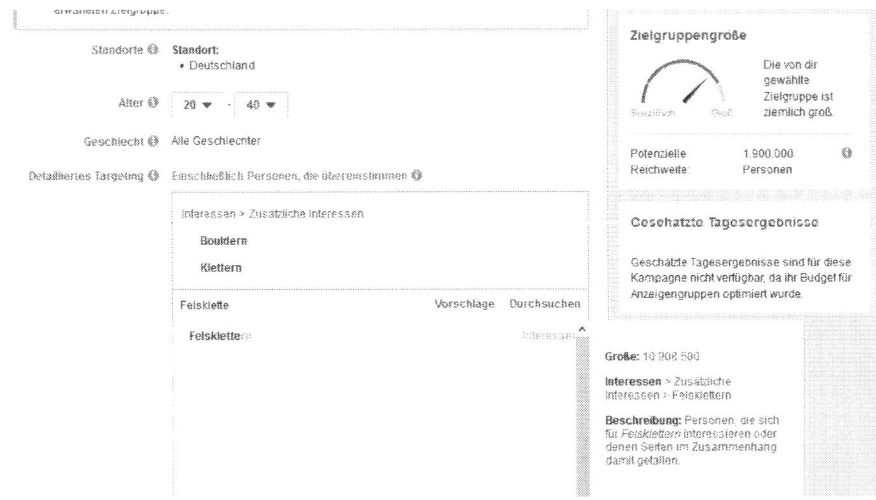

__Abb. 42__ Die Zielgruppeneinstellungen und der Indikator zur Größe der Zielgruppe

Je nach Art der Werbung können Anzeigen nicht nur im Newsfeed, sondern auch an verschiedenen anderen Stellen platziert werden: z. B. in der rechten Seitenleiste auf Facebook, im Facebook-Messenger, auf Instagram oder auch im Display-Netzwerk (als Banner in mobilen Apps außerhalb von Facebook).

Wenn Sie Ihre Werbekampagne fertig konfiguriert haben, überprüft Facebook diese und schaltet Sie in der Regel innerhalb von 5 Minuten bis 24 Stunden live. Ab diesem Zeitpunkt lohnt es sich, hin und wieder einen Blick auf die Ergebnisse zu werfen, die in einer Tabelle direkt beim Aufrufen des Werbeanzeigenmanagers gezeigt werden, was wertvolle Erkenntnisse für die Optimierung liefert. Geben Sie den Anzeigen aber 1-3 Tage, um in Schwung zu kommen und eine konsistente Performance aufzubauen. Zu frühe Rückschlüsse und zu häufige Änderungen können sich auch nachteilig auswirken.

Kampagnenname	Ergebnisse	Kosten pro Ergebnis	Ausgegebener Betrag	Impressionen	Beitragsreaktionen	Beitragsinteraktionen
Gewinnspiel Beitragsinteraktionen November 2019	128 Beitragsinteraktion	0,09 € Pro Beitragsinter...	11,30 €	528	122	128
Oster-Gewinnspiel	92 Beitragsinteraktio...	0,15 € Pro Beitragsinter...	14,21 € von 20,00 €	1.845	48	92
EBook Vorbestellungen 50% Rabatt	51 Link-Klicks	1,26 € Pro Link-Klick	79,65 € von 100,00 €	6.385	—	51

__Abb. 43__ Ergebnisübersicht drei kleiner Facebook-Werbekampagnen

Facebook bietet außerhalb des Werbeanzeigenmanagers für normale Beiträge über die **Insights** umfangreiche Statistiken an, die es erlauben, den Erfolg einer Seite und der einzelnen Beiträge zu überwachen. Hier wird genau aufgeschlüsselt, welcher Beitrag wie vielen Nutzern angezeigt wurde (Reichweite), wie viele Nutzer auf einen Link, ein Bild oder ein Video im Beitrag geklickt haben (Beitragsklicks/eingebundene Nutzer) und wie viele Nutzer »Gefällt mir« geklickt, den Beitrag kommentiert oder geteilt haben (Interaktionen/Personen die darüber sprechen).

Diese Statistiken sollten Sie in jedem Fall nutzen, um zu sehen, welche Beiträge wie beliebt sind. So können Sie lernen, wie Sie die Inhalte für Ihre Zielgruppe und den Newsfeed-Algorithmus optimieren.

Aber auch andere Informationen können über die Statistiken abgefragt werden: zum Beispiel Alter, Geschlecht und Standort sowohl der Fans als auch der tatsächlich erreichten Personen, Fangewinne und -verluste, an welchen Tagen und zu welchen Zeiten wie viele Fans online sind und von welchen Seiten Nutzer auf die Facebook-Seite gekommen sind.

Eine sehr nützliche Anwendung der Statistiken ist die Überprüfung, ob die Fans einer Unternehmensseite auch mit der gewünschten Zielgruppe übereinstimmen.

Diese Überprüfung bereitete einem Modeunternehmen aus Bayern mit der Zielgruppe »Damen im Alter ab 40 Jahren mit großen Budget« ein Aha-Erlebnis. Man hatte sich gewundert, dass die 14.000 Fans der Facebook-Seite nur wenig Umsatz brachten. Ein Blick auf die Statistiken zeigte, dass 53 % der ca. 14.000 Fans auf der Unternehmensseite unter 18 Jahre alt waren und somit weder von der Kaufkraft noch vom Stil her der Zielgruppe des Unternehmens entsprachen. Es wurden zwei Maßnahmen ergriffen, um die Diskrepanz zu beheben: Zum einen wurde die laufend geschaltete Werbung auf die richtige demografische Zielgruppe angepasst, um das Werbebudget in Zukunft zielgerichtet einzusetzen. Zum anderen wurde auf der Seite selbst ein Tochterunternehmen mit junger und günstigerer Mode wiederholt empfohlen. So konnte die demografische Zusammensetzung der Fans langsam an die gewünschte Zielgruppe angenähert werden, und die jüngeren, weniger kaufkräftigen Fans bekamen ein passendes Alternativangebot.

Über den Statistik-Karteireiter bietet Facebook Übersichtsstatistiken an, es kann aber auch nach Zeiträumen und Kriterien gefiltert werden. Ein Excel-Export erlaubt das Herunterladen von Statistiken und fortgeschrittene Methoden der Auswertung. Durch eine regelmäßige Auswertung der Statistiken haben Sie Kontrolle über den Erfolg der Seite.

Abb. 44 *Eine Übersicht der Beitragsstatistiken — Beachten Sie die unterschiedliche Reichweite und die unterschiedliche Anzahl von Interaktionen pro Beitrag*

Oft spricht man auch von **Apps** auf Facebook. Apps oder Applikationen sind kleine Anwendungen, die sich in Facebook-Seiten einbetten lassen. Sichtbar sind die Apps als Navigationspunkt in der linken Spalte der Seite.

Apps werden verwendet, um Funktionalitäten anzubieten, die durch die Facebook-Kernfunktionalität nicht abgedeckt sind. Der bekannteste Anwendungsfall sind Gewinnspiele, aber auch für Videos, Stellenangebote, interaktive Dialoge, einen direkten Link zu einer Webseite (der immer verfügbar ist und nicht als Beitrag von neueren Beiträgen verdrängt wird) oder für Formulare werden Apps gerne benutzt (vgl. Abb. 45).

***Abb. 45** Apps werden in der linken Seitenleiste angezeigt. In diesem Beispiel wurden ein Instagram-Feed und eine Händlerübersicht eingebunden*

4.3 Ein kritischer Blick auf Facebook

Viele Unternehmen sind auf Facebook aktiv, und viele dieser Unternehmen haben das Gefühl, dass Social Media keinen Mehrwert für sie bringt. Um die bekannteste

Social-Media-Plattform erfolgreich zu nutzen, muss man genau prüfen, ob diese Plattform für die Zielgruppe und den Anwendungsfall passend ist. Gerade Unternehmen, die erklärungsbedürftige oder unter Privatsphäre-Gesichtspunkten sensible Dienstleistungen anbieten wie z. B. Ärzte, und Firmen, die mit gewerblichen Kunden kommunizieren möchten, werden häufig auf anderen Plattformen mehr Nutzen finden.

Auch ist Facebook, genau wie alle anderen Social-Media-Plattformen, kein Vertriebskanal. Trotz der Shop-Funktion wird eine Präsenz auf der Plattform gerade für deutsche KMUs nur in wenigen Fällen große direkte Umsätze bringen. Wertvoll ist die Möglichkeit, eine Marke aufzubauen und Kunden stärker zu binden, indem das Unternehmen immer wieder bei der Zielgruppe sichtbar werden kann, ohne dass die Kunden aktiv auf die Seite des Unternehmens navigieren müssen.

Weiterhin ist es essenziell, zu verstehen, dass viele Fans eine Seite nicht unbedingt erfolgreich machen. Sicherlich ist eine große Fanbasis nützlich, viel wichtiger aber ist es, den Newsfeed-Algorithmus zu verstehen und dafür zu sorgen, dass Beiträge auch tatsächlich von der Zielgruppe gesehen werden. Daher gilt die Devise: lieber eine kleine, passende und aktive Fangemeinde als viele Fans, die wenig interagieren und ein Interesse an dem Angebot Ihres Unternehmens haben.

Schließlich ist Facebook eine der Social-Media-Plattformen, die sich am schnellsten ändern. Funktionalitäten werden angepasst, hinzugefügt und abgeschafft, ohne dass dies für den Nutzer immer transparent ist. Seien Sie also darauf gefasst, dass sich diese Plattform im ständigen Wandel befindet.

Und ein letzter Punkt: Facebook steht oft in der Kritik, was den Umgang mit hochgeladenen Bildern und Videos angeht. Seien Sie sich bewusst, dass Personen und Unternehmen Facebook fast uneingeschränkte Nutzungsrechte an hochgeladenem Material einräumen, und das ohne zeitliche Begrenzung. Dieser Regelung können Sie sich nur entziehen, indem Sie Facebook nicht nutzen.

4.4 Fallbeispiel: *KletterRetter* — Ein Start-up baut auf Facebook eine Marke auf

KletterRetter ist ein Start-up, das Handcreme und andere Produkte rund um das Klettern vertreibt. Der Inhaber nutzt Facebook (*https://www.facebook.com/KletterRetter*), um das Unternehmen bekannt zu machen und in Kontakt mit (potenziellen) Kunden zu bleiben. *KletterRetter* veröffentlicht circa dreimal pro Woche einen Beitrag auf der Unternehmensseite. Dabei handelt es sich überwiegend um Themen rund um das Klettern, Trainingstipps, Bilder und Informationen zu berühmten Kletterern oder Events. Hin und wieder werden auch Produkte vorgestellt oder Fragen gestellt, die dem Unternehmen helfen, die Produkte und die Produktauswahl weiterzuentwickeln. Dabei liegt das Augenmerk immer darauf, dass die Zielgruppe der Kletterer und Boulderer sich mit den Beiträgen identifizieren kann und zur Interaktion angeregt wird.

Abb. 46 *Ein Beitrag auf der Seite von KletterRetter: Fans kommentieren und teilen*

Übung 6:

Besuchen Sie die Facebook-Seite von *KletterRetter* unter *https://www.facebook.com/KletterRetter* und betrachten Sie die Beiträge.

- Finden Sie die Themen passend für die Zielgruppe?
- Gibt es auf die Beiträge Reaktionen?
- Empfinden Sie die Seite als vertriebslastig oder als interessante und informative Plattform für Kletterer?

Passende Beiträge werden in Gruppen geteilt, um interessante und wertvolle Inhalte sowie den Markennamen weiter sichtbar zu machen.

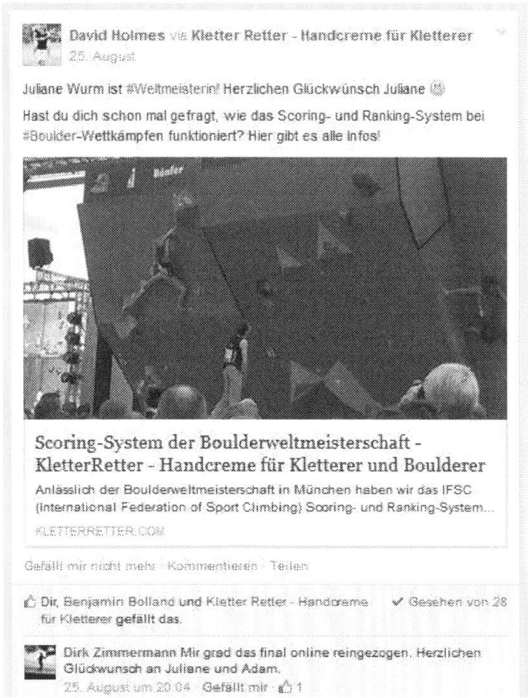

Abb. 47 *Ein in der Gruppe »Bouldern« geteilter Beitrag*

Weiterhin stellt *KletterRetter* immer wieder Fragen an seine Zielgruppe. In Abb. 48 sieht man eine Frage nach Events, bei denen Werbegeschenke und Gratisproben der *KletterRetter*-Handcreme verteilt werden können. Dies ist für das Unternehmen ein zeitsparender Weg, Veranstaltungen zu finden, in deren Rahmen die Produkte beworben werden können. Gleichzeitig wird der Markenname in den Köpfen der Zielgruppe etabliert, sodass die Werbung auf dem Event besser angenommen wird.

Abb. 48 *KletterRetter fragt nach Events (links), und Fans antworten (rechts)*

Etwa sechsmal im Jahr werden Sonderangebote veröffentlicht, um Facebook-Fans auch einen materiellen Mehrwert zu bieten.

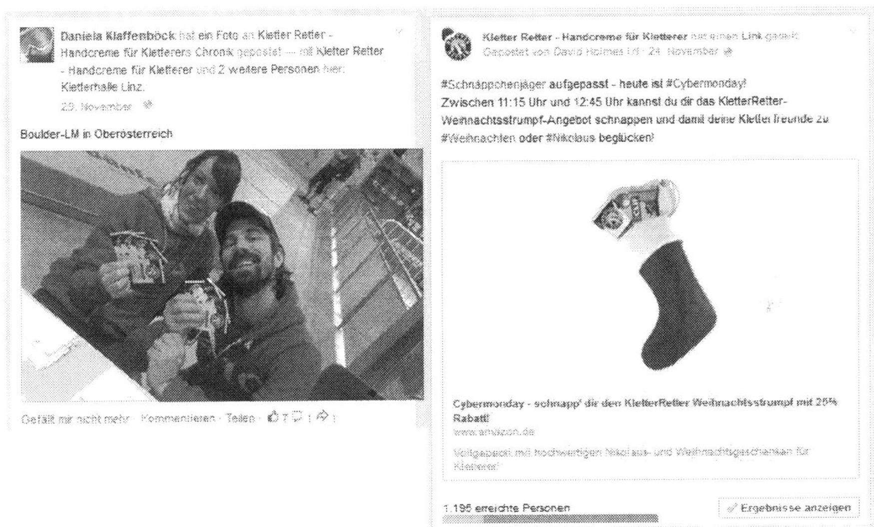

Abb. 49 *Links: Fans veröffentlichen Fotos von Gratis-Produktproben auf einem Event. Rechts: Sonderangebot für Facebook-Fans*

Ein- bis zweimal pro Jahr führt *KletterRetter* ein Gewinnspiel durch, um Fans zu binden und neue Fans zu gewinnen. Dabei legt das Unternehmen Wert darauf, das Gewinnspiel nicht bei der breiten Masse zu bewerben. Es fokussiert sich auf seine Zielgruppe: Facebook-Nutzer, die in Gruppen rund um Kletterthemen aktiv sind oder die Klettern, Bouldern oder ähnliche Begriffe als Interessen in ihrem Facebook-Profil stehen haben. Die *KletterRetter* wollen eben lieber eine kleinere, aber am Thema interessierte Fangemeinde haben als eine große Fangemeinde, die jedoch nicht interagiert und so die Bewertung durch den Newsfeed-Algorithmus negativ beeinflusst.

Das Start-up *KletterRetter* ergänzt seine Facebook-Präsenz durch einen gut gepflegten Instagram-Account.

Zusammenfassung

Allein die Nutzerzahlen machen Facebook bereits zu einer attraktiven Plattform. Die Vielzahl von Funktionalitäten und Gestaltungsmöglichkeiten erlauben es Unternehmen, individuell und zielgruppenorientiert zu agieren. Elementar ist es, Seiten mit wirklich guten Inhalten zu pflegen, den Newsfeed-Algorithmus zu verstehen und den Erfolg der Seite zu überwachen. Nur so können Sie sicherstellen, dass die Aktivitäten auch bei der Zielgruppe ankommen und ein Mehrwert für Ihr Unternehmen entsteht.

4.5 Testen Sie Ihr Wissen!

Wozu dient der Facebook-Newsfeed-Algorithmus?

Bitte ankreuzen:

- ☐ Um Beiträge nach dem Zufallsprinzip zu filtern
- ☐ Um Beiträge nach Relevanz für Nutzer zu filtern
- ☐ Um Beiträge an die jeweils richtige Zielgruppe auszuliefern
- ☐ Um Beiträge gezielt je nach Nutzerfeedback zu löschen

LinkedIn — das größte soziale Business-Netzwerk weltweit

5

In dieser Lektion lernen Sie

- wie LinkedIn im Vergleich zu anderen Plattformen einzuordnen ist.
- was die Dynamik von LinkedIn ausmacht und was die interessantesten Funktionalitäten der Plattform sind.
- wie Sie die Erfolgsaussichten beim Einsatz von LinkedIn kritisch und realistisch einschätzen.
- wie die Firma *Hellma* LinkedIn zur Kommunikation rund um ein Experten-Event nutzt.

5.1 LinkedIn auf einen Blick

Art der Plattform	soziales Netzwerk
Nutzer weltweit	ca. 260 Millionen aktive Nutzer/Monat[10]
Zugriffsrang weltweit	25
Zugriffsrang in Deutschland	71
Einsatzbereich	B2B
URL	*https://www.linkedin.com*

LinkedIn ist wie Facebook ein soziales Netzwerk, das allerdings speziell auf das Vernetzen von **Geschäftskontakten** und deren Interaktion ausgelegt ist.

LinkedIn ist mit weltweit circa 645 Millionen registrierten Nutzern das größte soziale Netzwerk im B2B-Bereich, wobei von diesen Nutzern monatlich ca. 260 Mil-

10. Quelle: Fortune: *https://fortune.com/2017/04/24/linkedin-users*, abgerufen am 30.12.2019

lionen auf der Plattform aktiv sind[11]. Im deutschsprachigen Raum führt Konkurrent XING momentan noch mit circa 16,4 Millionen Nutzern[12] gegenüber 13 Millionen Nutzern bei LinkedIn[13]. Es ist jedoch abzusehen, dass LinkedIn in absehbarer Zeit XING überholen wird. Der SimilarWeb-Zugriffsrang von LinkedIn in Deutschland war im Jahre 2019 konstant besser (Ende 2019: Rang 71) als der von XING (Rang 95), d. h., obwohl XING in Deutschland mehr Nutzer hat, wird LinkedIn häufiger aufgerufen.

LinkedIn kann sowohl mit einem kostenlosen Basis-Profil als auch mit verschiedenen kostenpflichtigen Premium-Profilen (ab ca. 10 Euro pro Monat mit dem neuen »Premium Essentials«-Paket bis hin zu dem »Recruiter«-Profil ab ca. 75 Euro pro Monat) genutzt werden. Die bezahlten Profile bieten je nach Preis einen bestimmten Umfang an erweiterten Funktionalitäten, die hier im Überblick erklärt sind: *https://www.linkedin.com/premium/products.*[14]

5.2 Was bietet LinkedIn für Ihr Unternehmen?

Vom Prinzip her funktioniert LinkedIn ähnlich wie Facebook: Man legt ein Personenprofil an, das mit anderen Nutzern, in der Regel Kollegen, Kunden, Lieferanten oder Bekannten aus der Branche, vernetzt werden kann. Anders als auf Facebook spielt hier auch im professionellen Kontext das Personenprofil eine große Rolle: In der Regel ist es wichtiger als ein Firmenprofil. Firmenprofile sind nützlich, aber mit ihnen kann man primär Informationen zur Verfügung stellen. Nachrichten, Kontaktanfragen und Interaktionen gehen immer von Personenprofilen aus.

LinkedIn erlaubt es, Status-Updates in Form von Texten, Bildern, Videos oder Links zu veröffentlichen, Stellenanzeigen einzustellen und mit den Beiträgen anderer Nutzer durch »Gefällt mir«-Klicks und Kommentare zu interagieren. So verbreiten sich Informationen viral, und es können neue Kontakte geknüpft werden, wenn man Inhalte dieser Person oder dieses Unternehmens interessant findet. Dies geschieht über das Versenden von Kontaktanfragen und Nachrichten (»InMail«), die von LinkedIn mit gewissen Einschränkungen belegt sind, um Spam zu vermeiden. Zum Beispiel kann je nach Profiltyp nur eine bestimmte Anzahl von Direktnachrichten versendet werden.

---

11. Quelle: Fortune *https://fortune.com/2017/04/24/linkedin-users*, abgerufen am 30.12.2019
12. Quelle: Statista,*https://de.statista.com/themen/746/xing (https://de.statista.com/themen/746/xing/)* , abgerufen am 30.12.2019
13. Quelle: Statista, *https://de.statista.com/statistik/daten/studie/628657/umfrage/linkedin-mitglieder-in-der-dach-region*, abgerufen am 30.12.2019
14. *https://www.linkedin.com/premium/product*

Wichtig zu wissen ist, dass auch LinkedIn einen Mechanismus einsetzt, um jedem Nutzer möglichst relevante Beiträge anzuzeigen. Dabei handelt es sich jedoch nicht um einen reinen Algorithmus wie bei Facebook, sondern um einen vierstufigen Prozess[15], der Beiträge bewertet und die Reichweite entsprechend beeinflusst:

1. Der Beitrag wird durch einen Algorithmus in die Qualitätskategorien »Spam«, »Low Quality« oder »Clear« eingestuft.
2. Der Beitrag wird an eine kleine Gruppe von Nutzern ausgeliefert, die mit dem Autor des Beitrags verlinkt sind.
3. Je nach Reaktion dieser Nutzergruppe wird die Reichweite des Beitrags entweder erweitert oder eingeschränkt.
4. Sind die Reaktionen auf den Beitrag weiterhin sehr gut, prüfen menschliche Editoren, ob es sich lohnt, den Beitrag auch Nutzern anzuzeigen, die nicht mit dem Autor vernetzt sind.

Es ist also auch auf LinkedIn wichtig, auf eine hohe Qualität der Beiträge zu achten und diese für Interaktion zu optimieren.

Neben dem Anlegen von Firmen- und Personenprofilen mit Lebenslauf, Qualifikationen und Referenzen, dem Veröffentlichen von und Interagieren mit Status-Updates sowie dem Vernetzen mit anderen Nutzern bietet LinkedIn folgende für Unternehmen sehr nützliche Funktionalitäten:

---

15. Siehe auch *https://www.ynovation.de/erfolgreich-auf-linkedin-wie-der-algorithmus-filtert-und-was-das-fuer-unternehmen-bedeutet (https://www.ynovation.de/erfolgreich-auf-linkedin-wie-der-algorithmus-filtert-und-was-das-fuer-unternehmen-bedeutet/)*

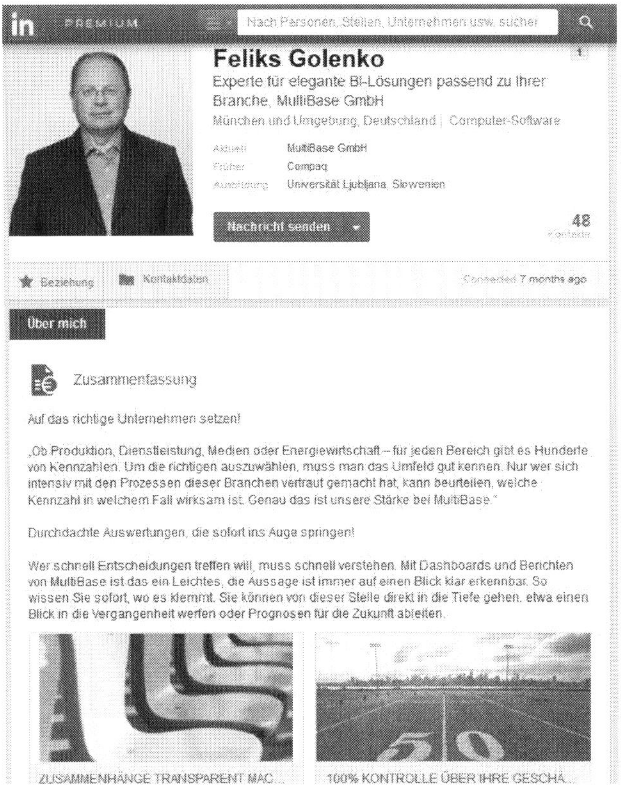

Abb. 50 *Ein Nutzerprofil auf LinkedIn*

- Optimieren des eigenen Profils: Dies ist keine Funktionalität an sich, aber eine wichtige Voraussetzung für eine erfolgreiche Nutzung von LinkedIn. Wenn andere Nutzer mit Ihnen auf LinkedIn interagieren, muss ein klarer Mehrwert für sie erkennbar sein, und folgende Fragen sollten ansprechend und präzise beantwortet werden:

  - Welche Qualifikationen haben Sie/Ihr Unternehmen?
  - Was bieten Sie/Ihr Unternehmen **konkret** an?
  - Welchen Mehrwert können Sie für Ihre Zielgruppe generieren?
  - Welche Anknüpfungspunkte gibt es?

  Wenn Sie sich Netzwerkpartnern in mehreren Sprachen präsentieren möchten, so haben Sie auf LinkedIn die Möglichkeit, mehrere Versionen Ihres Profils in verschiedenen Sprachen anzulegen. Allerdings deckt LinkedIn hier leider die Bereiche "Kenntnisse" und "Sprachen" nicht ab, sodass diese für alle Sprachversionen des Profils gleich gepflegt werden müssen.

  Als Erstes sehen andere Personen in der Regel das sogenannte »Kurzprofil« eines Nutzers, zum Beispiel, wenn dieser Nutzer als Kontakt anderer Nutzer oder als Kontaktempfehlung von LinkedIn angezeigt wird. Das Kurzprofil ist eine Kurzansicht des Profils mit Bild, Namen, Unternehmen und Position in den Suchergebnissen. Vergleichen Sie Abb. 51 und Abb. 52 . Welches Kurzprofil ist aussagekräftiger, welches Foto ansprechender? Welches der Profile würden Sie sich nun lieber in seiner Gesamtheit ansehen?

Folgende drei Punkte helfen Ihnen, das Kurzprofil optimal zu gestalten:

1. Verwenden Sie ein ansprechendes, klar erkennbares und dem Betrachter zugewandtes Profilbild.
2. Formulieren Sie Ihre Position so, dass klar wird, was Sie für Ihre Zielgruppe tun können.
3. Fügen Sie dem Firmennamen nach Möglichkeit eine Information über Ihr Angebot hinzu.

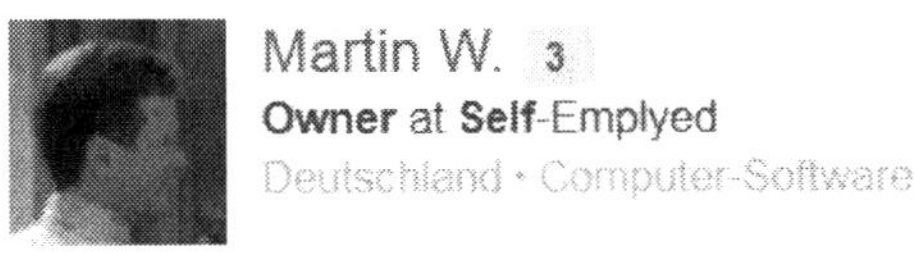

Abb. 51 *LinkedIn Kurzprofil: Beispiel 1*

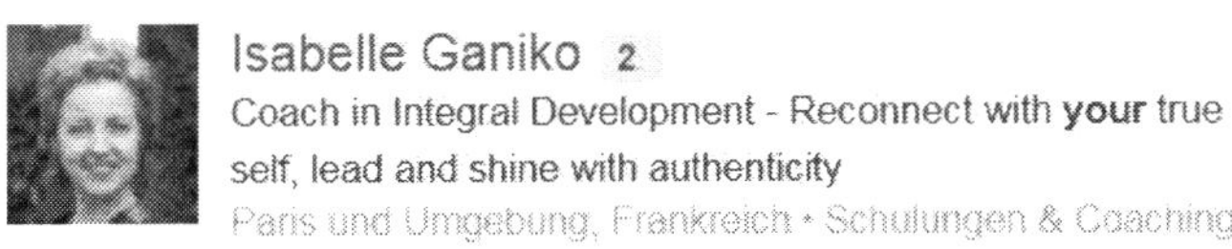

Abb. 52 *LinkedIn Kurzprofil: Beispiel 2*

Bitte beachten Sie: Die deutsche Impressumspflicht gilt auf LinkedIn sowohl für Firmen- als auch für Personenprofile, die mit »Gewinnerzielungsabsicht« erstellt und genutzt werden — also für fast alle Profile. Am besten arbeiten Sie mit einem Link, der auf das entsprechend angepasste Impressum auf der Firmenwebseite verweist. Für Personenprofile können Sie den Link manuell im Freitextfeld »Info« einpflegen, für Firmenprofile im Feld »Über Uns«. LinkedIn stellt kein eigenes Feld für rechtliche Hinweise zur Verfügung.

- Die **erweiterte Suche** erlaubt es, nach Position, Unternehmen und Standort, mit dem kostenpflichtigen Premium-Profil auch nach Postleitzahl, Jahren der Berufserfahrung, Karrierestufe und vielen anderen Kriterien zu suchen. Diese Suche ermöglicht es, interessante Nutzer zu finden und gezielt zu kontaktieren. Die Nutzer können mit einer Vernetzungsanfrage direkt angeschrieben werden oder kommen eventuell auf Sie zu, wenn sie sehen, dass Sie das Profil besucht haben. So können interessante potenzielle Kunden oder Arbeitnehmer identifiziert und kontaktiert werden. Sie können Suchläufe speichern, sodass Sie automatisch über neue Mitglieder mit passenden Profilen benachrichtigt werden.

Das Recruiter-Profil bietet zusätzlich eine optimierte Profilansicht, eine Pipeline-Verwaltung für interessante Kandidaten und eine Recruiter-iPhone-App.

- **Profilbesucher sehen**: Mit einem kostenpflichtigen Profil erhält man alle Informationen zu Besuchern des eigenen Profils: Datum, Name, Foto und Link zu deren Profil. So kann man sehen, wer die eigenen Daten interessant fand, und diese Nutzer kontaktieren, wenn ein Austausch oder ein Vernetzen interessant erscheint. Diese Besucher sollten auf jeden Fall regelmäßig überprüft werden — sie zu ignorieren, wäre ein wenig so, als würde man potenzielle Kunden ignorieren, die das eigene Geschäft besucht haben.

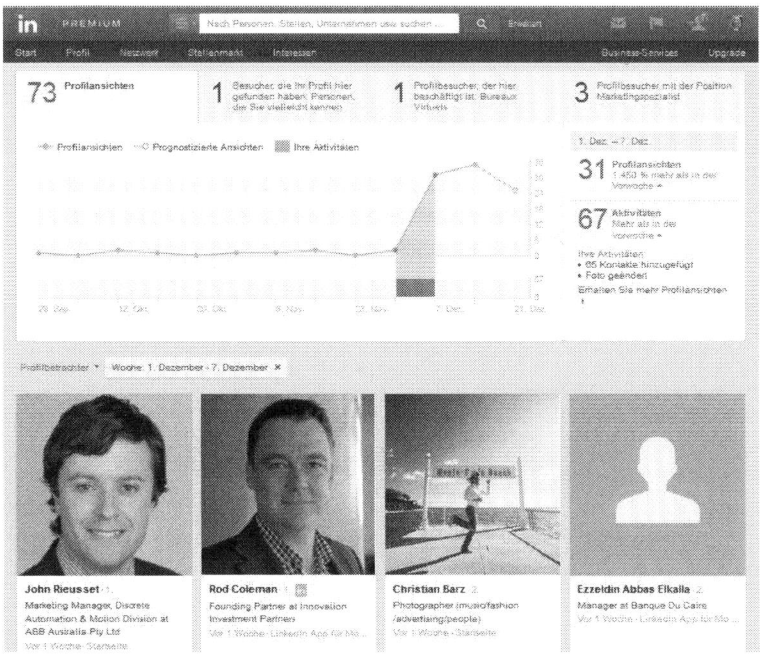

Abb. 53 *So zeigt LinkedIn Premium-Nutzern an, wer ihr Profil besucht hat*

- **Foren**, auf LinkedIn **Gruppen** genannt: Analog zu Foren auf anderen Internetplattformen werden in LinkedIn-Gruppen verschiedenste Themen öffentlich oder in »Gruppen für Mitglieder« halböffentlich diskutiert. Besonders beliebt sind Themen, die in einem beruflichen Kontext stehen. Es gibt jedoch auch Gruppen rund um Hobbys, Sport und Haustiere.

Jeder LinkedIn-Nutzer kann kostenlos Gruppen gründen und diese (optional auch gemeinsam mit anderen Administratoren) pflegen und moderieren. Sowohl die Teilnahme an Diskussionen in Gruppen als auch das Betreiben einer eigenen Gruppe sind eine wertvolle Möglichkeit, Kompetenz zu demonstrieren und sich mit Gleichgesinnten auszutauschen. Gruppenbeiträge tauchen auch automatisch in den Neuigkeiten der auf, sodass man nicht jede Gruppe immer wieder besuchen muss, um Neuigkeiten zu sehen.

Da eine wirklich aktive Teilnahme an Gruppen mit einem gewissen Zeitaufwand verbunden ist, empfiehlt sich ein strategisches Vorgehen. Prüfen Sie, welche Gruppen zu den richtigen Themen auch genügend Mitglieder und Aktivität aufweisen, um die Teilnahme effektiv zu machen. Planen Sie Aktivitäten in Gruppen, in denen die richtige Zielgruppe aktiv ist.

Ein Beispiel: Ihr Unternehmen bietet Buchhaltungssoftware für mittelständische Unternehmen an. Anstatt einer Gruppe zum Thema »Software und IT« beizutreten, in der sich sicherlich viele Gleichgesinnte, aber damit auch viele Wettbewerber und wenige potenzielle Kunden aufhalten, bietet eine Gruppe zum Thema »Best Practice im Mittelstand« deutlich bessere Akquiseaussichten.

Prüfen Sie im Vorfeld genau, ob das Anlegen einer eigenen, neuen Gruppe sinnvoll ist oder ob Sie vom Beitreten und Mitdiskutieren in einer bestehenden Gruppe mehr erwarten können: Im zweiten Falle profitieren Sie von einer größeren, existierenden Mitgliedergemeinde. Bei der Suche nach Gruppen wird Ihnen auffallen, dass es viele Gruppen mit wenigen Mitgliedern und geringer Aktivität gibt. Das liegt daran, dass das Aufbauen einer großen Mitgliedergemeinde und das Anstoßen von Diskussionen den Betreibern doch zu viel Arbeit war, die Bemühungen eingestellt wurden und die Gruppe stagnierte. So zum Beispiel die Gruppe in Abb. 54, die nur ein einziges Mitglied hat: den Gründer. Zudem könnte der Name Interessenten davon abhalten, der Gruppe beizutreten: Manchen Unternehmen ist es sicherlich unangenehm, zuzugeben, dass sie es nötig haben, sich über neue (unkonventionelle) Kapitalbeschaffungsmöglichkeiten zu informieren.

Abb. 54 *Eine eher ungeschickt benannte LinkedIn-Gruppe, die keine Resonanz findet*

- Ein **Stellenmarkt**, in dem Unternehmen Stellenanzeigen veröffentlichen können (kostenpflichtig für Inserenten): Hier können Sie Stellenanzeigen einstellen. Diese lassen sich auch mit dem Unternehmensprofil verknüpfen, sodass Profilbesucher dort offene Stellen sehen (vgl. Abb. 55).

Abb. 55 *Eine Stellenanzeige auf LinkedIn*

- **Kostenpflichtige Anzeigen und das Hervorheben von Beiträgen**, mit denen Unternehmen zielgruppenspezifisch Angebote und Neuheiten besser sichtbar machen können. In Abb. 56 ein Beispiel für eine Anzeige, die zum Karriereportal experteer verlinkt:

Abb. 56 *Eine Anzeige auf LinkedIn, die auf eine externe Webseite verlinkt*

Ein Beispiel für einen beworbenen Beitrag sehen Sie in Abb. 57. Sowohl beworbene Beiträge als auch Anzeigen können nach geografischen Kriterien, Branche, Unternehmen und Karrierestufe auf eine Zielgruppe ausgerichtet werden. Wichtig ist allerdings zu beachten, dass die Filtermöglichkeiten im Vergleich zu Facebook weniger detailliert und nicht so hochwertig sind. So sind beispielsweise nicht alle geografischen Standorte in Deutschland gepflegt, und auch die Branchenstruktur erlaubt es nicht immer, eine Zielgruppe klar abzugrenzen. Generell ist das Schalten von Werbeanzeigen teurer als auf Facebook, und es sollte genau geprüft werden, ob sich die Investition lohnt.

Abb. 57 *Ein beworbener Beitrag auf LinkedIn*

Die normale und logische Nutzung von LinkedIn im Unternehmenskontext würde so aussehen:

- Anlegen eines Unternehmensprofils.
- Anlegen von optimierten Profilen für alle Mitarbeiter, die sich nach außen zeigen sollten. Verlinken der Mitarbeiterprofile mit dem Unternehmensprofil.
- Regelmäßiges Veröffentlichen von Statusmeldungen, die einen echten Mehrwert für die Zielgruppe bieten — sowohl über das Unternehmensprofil als

auch über die Personenprofile. Dies könnten zum Beispiel Verweise auf eigene oder fremde Blogartikel sein, kurze Impulse zum eigenen Fachthema oder interessante Informationen zu Neuigkeiten in der Branche.

- Veröffentlichen von passenden Inhalten in interessanten Foren. Ein Blogartikel beispielsweise kann als Statusmeldung, aber auch in passenden Foren bekannt gemacht werden.
- Teilnahme an relevanten Diskussionen in Foren und im Netzwerk, um Fachkompetenz zu demonstrieren.
- Regelmäßige Überprüfung der Besucher des eigenen Profils, persönliche Nachricht an interessante Besucher senden und eine Vernetzung anbieten.
- Regelmäßige Nutzung der erweiterten Suche und von Suchaufträgen; Profile interessanter Nutzer besuchen und eventuell individuelle, nicht vertriebsorientierte Nachrichten und Kontaktanfragen senden.
- Veranstaltungen und Events können über eine seit 2019 neu verfügbare Funktionalität veröffentlicht werden. Diese Funktionalität ist aktuell noch nicht für alle Mitglieder verfügbar und (noch) recht beschränkt, wird aber vermutlich ausgebaut werden, um in diesem Bereich XING gegenüber konkurrenzfähig zu sein.
- Gegebenenfalls besonders wertvolle Beiträge durch Bezahlung hervorheben oder auch bezahlte Werbung für Profile, Stellenanzeigen oder Links zu externen Seiten schalten.

5.3 Ein kritischer Blick auf LinkedIn

Die Plattform LinkedIn ist in den letzten Jahren immer relevanter für den deutschen Markt geworden und ist gerade dabei, XING (siehe Lektion 6) zu überholen. Beide Plattformen arbeiten aktiv daran, ihren Funktionsumfang und ihre Preisstruktur zu optimieren, um den Kampf um die B2B-Netzwerker zu gewinnen. Daher ist immer wieder mit Änderungen von Funktionalitäten zu rechnen. Bei LinkedIn ist dabei auf eine visuelle Überarbeitung der aktuell etwas unübersichtlichen Oberfläche zu hoffen. XING wirkt eindeutig aufgeräumter und lässt sich intuitiver bedienen. Je nach Nutzungsziel muss genau abgewogen werden, welche Plattform eingesetzt wird. Auf LinkedIn wird viel auf Englisch und in wachsendem Maße auf Deutsch kommuniziert, wohingegen XING eine fast rein deutschsprachige Plattform ist. Schließen Sie LinkedIn jedoch auch bei der Planung einer Social-Media-Strategie für kleine oder mittlere Unternehmen im deutschsprachigen Raum auf keinen Fall aus: In absehbarer Zeit wird das Netzwerk voraussichtlich auch in Deutschland das größte und aktivste soziale Netzwerk für geschäftliches Netzwerken sein.

Halten Sie sich immer vor Augen, warum die meisten Nutzer auf LinkedIn aktiv sind: Es ist ein soziales Netzwerk, das auf das Vernetzen von Geschäftskontakten ausgelegt ist. Hier geht es um die Arbeit. Stellen Sie daher sicher, dass Sie in einem passenden Tonfall kommunizieren und auch die Themen so wählen, dass diese Beachtung finden. Behalten Sie dabei auch den Mechanismus im Hinterkopf, der die Reichweite von Beiträgen erweitert oder einschränkt.

Wenn Sie in Gruppen aktiv werden, wägen Sie Aufwand und Nutzen genau ab: Sie können dort sehr viel Zeit verbringen, ohne wirklich einen Nutzen für das Unternehmen zu erzielen. Testen Sie hier, was gut funktioniert, und sortieren Sie Gruppen und Aktivitäten klar aus, wenn der Mehrwert fehlt.

Ein Fallstrick, den Sie bei der Verwendung von LinkedIn im Auge haben sollten, ist die Trennung von privaten und geschäftlichen Interessen: Wenn Mitarbeiter im Namen der Firma auf LinkedIn aktiv sind und die Firma verlassen, muss klar sein, was mit dem Konto geschieht, das unter Umständen geschäftliche Kommunikation und Kontakte enthält. Planen Sie dies im Vorfeld und erstellen Sie idealerweise eine schriftliche Abmachung, in der Sie regeln, dass der Account für das Unternehmen betrieben wird. So ist klar geregelt, dass das Konto oder zumindest relevante Daten an den Arbeitgeber übergeben werden müssen.
Auch ist die Gefahr eines Abwerbens von Mitarbeitern durch Konkurrenzunternehmen auf LinkedIn nicht auszuschließen: Hier kann man sehr komfortabel genau die Fachkräfte suchen, die im Unternehmen benötigt werden, und sie dann auch kontaktieren. Allerdings können Sie dieses Risiko nicht ausschließen, indem Sie die Plattform nicht für Ihr Unternehmen nutzen: Ihre Mitarbeiter können jederzeit privat eigene Personenprofile anlegen und sich auf dem Arbeitsmarkt umsehen. Daher wirkt eine gute interne Personalpolitik dieser Gefahr am besten entgegen.

Was die Rechte an Inhalten angeht, ist LinkedIn deutlich zurückhaltender als Facebook: In den Nutzungsbedingungen der Plattform wird die klare Aussage getroffen, dass keinerlei Nutzerinhalte weiterverwendet werden, ohne dass der Nutzer vorher um Erlaubnis gebeten wird.

5.4 Fallbeispiel: Wie die Firma *Hellma* LinkedIn als Event- und Image-Plattform nutzt

Der Hellma-Konzern (*https://www.hellma.com*) mit Sitz in Müllheim bei Freiburg ist der deutschlandweit führende Hersteller für optische Präzisionsprodukte aus Glas, Quarzglas, optischen Kristallen sowie unabhängiger Anbieter von Gesamtlösungen für die optische Analytik. Das mittelständische Unternehmen mit über 450 Beschäftigten bedient weltweit Kunden und verfügt über ein internationales Vertriebsnetzwerk.

LinkedIn ist für das Unternehmen ein sehr wertvolles Werkzeug, da die Produkte vor allem für hochspezialisierte Nischenzielgruppen interessant sind. Auf einem sozialen Business-Netzwerk untereinander vernetzte fachlich versierte Zielgruppen ansprechen zu können, ist deutlich attraktiver als eine breite Kommunikation in den Massenmedien.

Dem Hellma-Unternehmensprofil auf LinkedIn folgen knapp 700 Nutzer; ein sehr guter Wert für ein Unternehmen dieser Größe. 90 Mitarbeiter des Unternehmens sind auf LinkedIn registriert und unterstützen mit unterschiedlicher Intensität die Aktivitäten des Unternehmens, indem sie mit Beiträgen des Firmenprofils interagieren oder diese auf dem eigenen Profil teilen, was die Themen in ihre eigenen Netzwerke multipliziert.

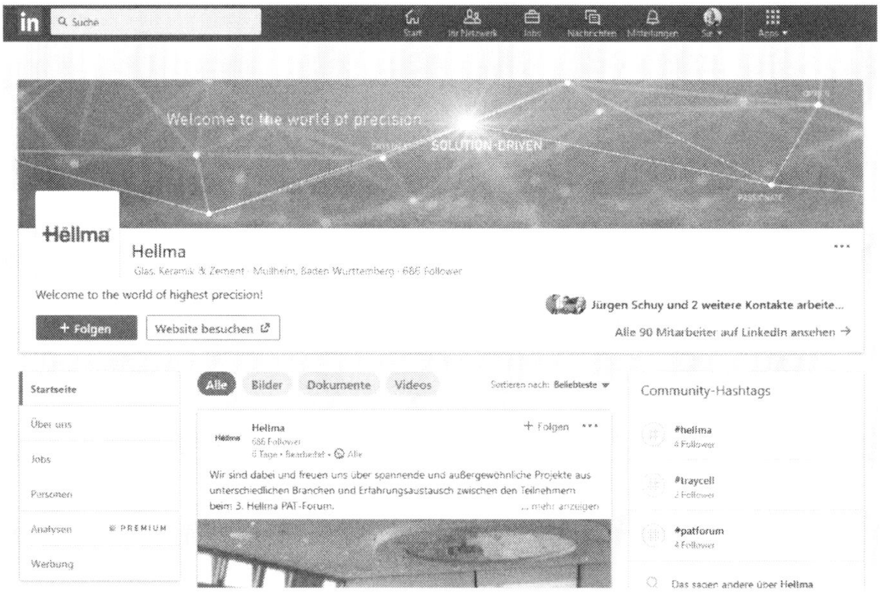

Abb. 58 *Die Unternehmensseite von Hellma auf LinkedIn*

Neben der laufenden Nutzung von LinkedIn setzt das Marketing-Team bei Hellma die Plattform einmal im Jahr ganz gezielt ein, um das PAT[16]-Forum zu bewerben. Dieses Forum ist eine eintägige Veranstaltung auf fachlich höchstem Niveau für Spezialisten im Bereich der Prozessanalysentechnik. Ziel ist neben einem intensiven fachlichen Austausch das Vorstellen von Best-Practise-Anwendungsbeispielen aus Unternehmen und Forschung durch Experten.

16. Prozessanalysetechnik

Abb. 59 *Ein Beitrag, in dem das PAT-Forum angekündigt wird*

In den 12 Wochen vor und kurz nach der Veranstaltung macht Hellma immer wieder durch Beiträge auf das Event, die Speaker und die Themen aufmerksam und erreichte damit im Jahr 2019 insgesamt 9.870 Impressionen rund um das Event – ganz ohne bezahlte Werbung. Die Interaktionsrate pro Beitrag lag bei durchschnittlich 3,38% der Abonnenten: ein sehr guter Wert im Gesamtvergleich auf LinkedIn.

Besonders schön sind Fälle, in denen Teilnehmer an dem Forum mit Beiträgen interagieren, so ihr Netzwerk auf das Thema aufmerksam machen und diese Netzwerkpartner ihrerseits auch wieder auf die Beiträge reagieren, siehe Abb. 60.

Übung 7:

Schauen Sie sich das Firmenprofil der Firma Hellma an:
https://www.linkedin.com/company/hellma

- Finden Sie das Profil professionell und ansprechend?
- Würden Sie sich als fachlich versierter Experte von den Beiträgen rund um das PAT-Forum (August - Oktober 2019) angesprochen fühlen?
- Welche zusätzlichen Inhaltskategorien können Sie sich rund um das Forum vorstellen?
- Wie viel Mehrwert hat die Social-Media-Kommunikation rund um das PAT-Forum aus Ihrer Sicht für Hellma als Unternehmen geschaffen?

Die Ergebnisse, die Hellma verzeichnete, waren für das Unternehmen auf mehreren Ebenen sehr wertvoll: Durch eine Verschiebung des Marketing-Fokus von Branchen-Newsletter- und Print-Werbung auf Social-Media sparte das Unternehmen im Vergleich zum Vorjahr einen mittleren vierstelligen Betrag im Marketing-Budget ein – bei gleichen Ergebnissen im Bereich Buchungen und Teilnehmer. Als viel wertvoller jedoch empfindet Jürgen Schuy, Marketingleiter bei Hellma, die Dynamik, die über die langfristige Kommunikation rund um das seit 2017 stattfindende Event entsteht. Sie unterstützt den Wandel des Unternehmensimages von einem reinen Produktanbieter hin zu einem Lösungsanbieter. Kurzfristig und unmittelbar gedacht, konnte über LinkedIn im Jahr 2019 eine signifikante Anzahl neuer Teilnehmer für das Forum gewonnen werden. Dabei waren 15 % der Eventteilnehmer nicht nur neue Kontakte sondern real hochinteressante potenzielle Geschäftspartner. Tatsächlich rief einer dieser neuen Teilnehmer am Morgen des Events aus dem Auto an, nachdem er einen Beitrag zum PAT-Forum auf LinkedIn gesehen hatte: Er sei auf dem Weg zu dem Event und wolle unbedingt teilnehmen – könnte er sich noch anmelden? Natürlich war das möglich, und der Tag war für beide Seiten sehr wertvoll.

Abb. 60 *Ein Netzwerkpartner des angekündigten Speakers interagiert mit einem Beitrag zum Forum*

Und der Aufwand?

»Rund um das PAT-Forum investieren wir ca. 3-4 Stunden pro Woche in das Social-Media-Marketing« berichtet Madeleine Eilert, Digital-Marketing-Managerin bei Hellma. Der Prozess ist professionell und strukturiert: Die Beiträge werden auf dem Unternehmensprofil veröffentlicht, und die Mitarbeiter werden benachrichtigt, um den Multiplikationseffekt zu fördern. Über die letzten Jahre wurde intern eine wachsende Nutzungsrate von LinkedIn beobachtet, nachdem das Marketing-Team konstant aktiv ist, und das Projekt von der Geschäftsführung unterstützt wird. Zum Teil zeigen Mitarbeiter bereits Eigeninitiative und steuern so Mehrwert für das Unternehmen bei. So zum Beispiel Collin Hucklesby, Market Development Manager bei Hellma, der nach dem Event einen eigenen Beitrag dazu auf seinem LinkedIn-Profil veröffentlichen wollte und dies im Vorfeld mit dem Marketing-Team abstimmte (siehe Abb. 61.)

Zusammenfassend lässt sich sagen, dass LinkedIn für Hellma ein wertvolles Werkzeug bei der Kommunikation rund um eine wichtige Veranstaltung und das Knüpfen neuer wertvoller Geschäftskontakte ist. Nach einem solchen Event — das auch immer einen gewissen Follower-Zuwachs mit sich bringt — kann der Schwung auf der Plattform genutzt werden, um stetig weiter zu kommunizieren und Hellma immer wieder als interessanten Anbieter in den relevanten Spezialgebieten zu positionieren.

Abb. 61 *Ein Mitarbeiterbeitrag nach der Veranstaltung*

Dieses Fallbeispiel illustriert sehr schön, wie LinkedIn eingesetzt werden kann, um rund um Events zu kommunizieren. Es zeigt, wie ein lebendiger Dialog sowohl mit (potenziellen) Kunden als auch mit Mitarbeitern angestoßen werden kann, um das Unternehmen sichtbar zu machen, es als Spezialist in einem Fachgebiet zu positionieren und so einen echten Mehrwert für alle Seiten zu generieren.

Zusammenfassung

Auch wenn die Nutzerzahlen von LinkedIn deutlich geringer sind als die von Facebook, so ist diese Plattform doch gerade im B2B-Umfeld oft deutlich sinnvoller als eine Facebook-Präsenz.

Von elementarer Bedeutung ist ein professioneller Auftritt und die proaktive Nutzung der Plattform. Das Anlegen eines Profils allein bringt nur wenig Mehrwert. Überlegen Sie im Vorfeld gut, wie Sie diesen Inhaltsverteiler optimal für Ihr Unternehmen nutzen können, und planen Sie das Erstellen wertvoller Inhalte für andere Plattformen (z. B. Inhaltsspeicher wie ein Blog oder YouTube) mit ein.

Sollten Sie als Unternehmen nur Kontakte im deutschsprachigen Raum suchen, ist momentan XING gegebenenfalls noch die attraktivere B2B-Plattform. Prüfen Sie dies für Ihre Branche und Zielgruppe individuell. Behalten Sie LinkedIn jedoch immer im Auge, da sich dieses Netzwerk in absehbarer Zeit als das größte Business-Netzwerk auch in der DACH-Region[17] durchsetzen wird.

5.5 Testen Sie Ihr Wissen!

Welche Elemente enthalten Kurzprofile auf LinkedIn?

Bitte ankreuzen:

☐ Name

☐ Foto

☐ Unternehmensname

☐ Position

17. DACH steht für: Deutschland — Österreich — Schweiz.

XING — das größte Business-Netzwerk im deutschsprachigen Raum

6

In dieser Lektion lernen Sie

- wie XING im Vergleich zu anderen Plattformen einzuordnen ist.
- was die Dynamik von XING ausmacht und was die interessantesten Funktionalitäten der Plattform sind.
- wie Sie die Erfolgsaussichten beim Einsatz von XING kritisch und realistisch einschätzen.
- wie die mittelständische Firma *Konrad Knoblauch GmbH* XING für ihr Personalmarketing nutzt.
- wie das Technologieunternehmen *MultiBase GmbH* XING zur Akquise nutzt.

6.1 XING auf einen Blick

Art der Plattform	soziales Netzwerk
Nutzer weltweit	ca. 16,4 Millionen (D-A-CH)
Zugriffsrang weltweit	1.895
Zugriffsrang in Deutschland	95
Einsatzbereich	B2B
URL	*https://www.xing.com*

XING (früher openBC) ist mit circa 16,4 Millionen Nutzern im deutschsprachigen Raum das soziale Business-Netzwerk mit den meisten Nutzern. Weltweit ist LinkedIn mit circa 645 Millionen Nutzern die deutlich größere Plattform. Interessant ist, dass XING in den letzten Jahren die Anzahl der Nutzer nur noch für den »DACH-Kernmarkt« kommuniziert und keine weltweiten Nutzerzahlen mehr veröffentlicht. Dies ist ein klares Signal für die Positionierung der Plattform. Allerdings lag LinkedIn im Jahr 2019 trotz der leicht geringeren registrierten Nutzer im deutschsprachigen Raum (13 Millionen) mit dem SimilarWeb-Zugriffsrang 71 auch in Deutschland konstant vor XING (SimilarWeb-Rang 95).

XING kann mit einem kostenlosen Basis-Profil, einem günstigen, kostenpflichtigen Premium-Profil (ab ca. 5 € pro Monat) oder einem Pro-Jobs-Profil speziell für die Stellensuche (ab ca. 8 € pro Monat) genutzt werden. Zusätzlich gibt es ein »Pro-Business«-Profil ab ca. 70 € pro Monat, das sich aber nur in Einzelfällen lohnt. Eine Übersicht der Pakete und Funktionalitäten finden Sie auf der XING-Website unter: *https://www.xing.com/upsell/premium_offers#feature_table*. Für Recruiter bietet XING ein sehr umfangreiches Paket an, mehr Informationen dazu gibt es unter *https://recruiting.xing.com*.

6.2 Was bietet XING für Ihr Unternehmen?

XING ähnelt LinkedIn in seiner Funktionsweise sehr, auch wenn die Oberflächen relativ unterschiedlich aussehen. Daher empfehle ich Ihnen, nun Lektion 5 zu lesen, falls dies noch nicht geschehen ist, da ich hier nicht alle Funktionalitäten eines Business-Netzwerks noch einmal beschreibe.
Zentral ist auf XING ebenfalls das Personenprofil, in dem man seine Qualifikationen (»Ich biete«) und seinen Bedarf (»Ich suche«) sowie den beruflichen Werdegang, akademische Titel und andere relevante Informationen darstellen kann. Auch auf XING lohnt es sich, ein attraktives Kurzprofil (Name, Foto, Position und Unternehmen) zu pflegen um in Suchergebnissen und Kontaktempfehlungen positiv aufzufallen.

Auch auf XING gilt die Impressumspflicht: In Personenprofilen gibt es ganz unten im Profil einen Link »Rechtliche Hinweise«, unter dem Impressum und ggf. andere rechtliche Hinweise eingepflegt werden können. Im Firmenprofil geschieht dies am besten unten im »Über uns«-Text. Mit einem Personenprofil kann man sich aktiv vernetzen und Status-Updates erstellen, die dann andere Nutzer kommentieren oder an ihr Netzwerk weiterleiten können. Foren (auch hier »Gruppen« genannt) zum Diskutieren von Fachthemen können ebenfalls nur mit einem Personenprofil besucht werden.

Beiträge können auf XING als Text, Links und seit Ende 2019 auch Bilder sein. Die Plattform erlaubt es (noch) nicht, Videos zu veröffentlichen. Auch ein zeitliches Vorausplanen für eine automatische Veröffentlichung zu einem späteren Zeitpunkt ist weder auf XING noch mit Drittanbietertools möglich. Auch auf XING gibt es die Möglichkeit, über eine erweiterte Suche sehr gezielt nach Mitgliedern mit einem fein definierten Profil zu suchen.

XING bietet im Vergleich zu LinkedIn eine weitere Funktionalität zur Selbstdarstellung an: Nutzer können auf ihrem Profil ein sogenanntes »Portfolio« anlegen, in dem sie ihre Person, ihre Expertise und ggf. ihr Angebot optisch ansprechend in einer Kombination aus Bildern, Freitext, Linkes und Downloads (z.B. pdf-Dateien) darstellen (Abb. 62).

Stellen Sie beim Verschieben der Elemente in Ihrem Portfolio sicher, dass das Zoom-Level des Browsers auf 100% steht. Sonst ist die Handhabung sehr unzuverlässig.

- Veranstaltungen lassen sich auf XING kostenfrei einpflegen und übersichtlich und attraktiv darstellen. Nach dem Fertigstellen einer Veranstaltung kann man diese komfortabel mit ausgewählten Nutzern oder mit seinem gesamten Netzwerk teilen. (Vorsicht! Hier sollten wirklich nur relevante Kontakte informiert werden: Es ist eine Unart, sein Netzwerk pauschal mit solchen Einladungen zu überschütten.) Eingeladene Nutzer und andere Interessenten können per Klick zu- oder absagen. Die Teilnehmer werden anderen Betrachtern des Events angezeigt. Das Beispiel in Abb. 63 zeigt ein professionell gestaltetes Event. Durch Klick auf »Gästeliste« wird die komplette Teilnehmerliste angezeigt, unter »Interessante Teilnehmer« werden Gäste angezeigt, die zum eigenen Profil passen.

Abb. 62 *Beispiel für das Portfolio einer Coaching-Anbieterin*

Über die angeschlossene Ticketing-Plattform **XING Events** (*https://www.xing-events.com/*) lassen sich Ticketing, Zahlungsabwicklung und weitere organisatorische Aspekte rund um Events bequem erledigen.

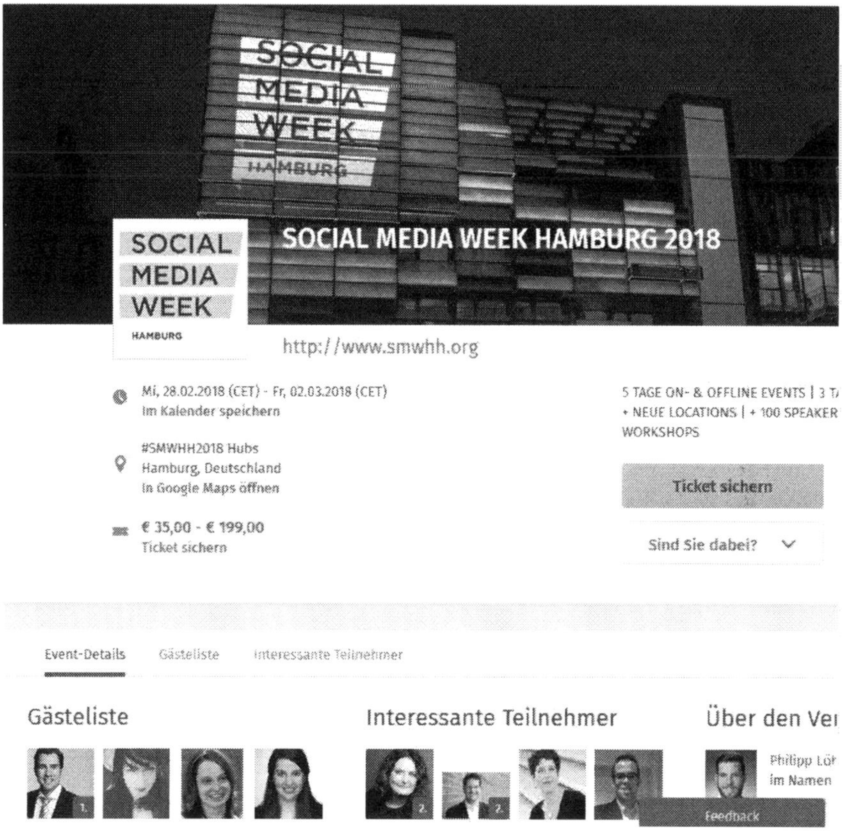

Abb. 63 *Beispiel für eine Veranstaltung: XING zeigt an, welche Mitglieder sich bereits für eine Teilnahme registriert haben*

Um ein Event noch sichtbarer zu machen, kann bezahlte Werbung für die Veranstaltung geschaltet werden, die als Beiträge und in der rechten Seitenleiste angezeigt werden. Über solche Anzeigen ist auch das Bewerben von Stellenanzeigen, Unternehmensprofilen, Personenprofilen, Gruppen (Foren), News-Seiten oder sogar externen Webseiten auf XING schon ab einstelligen Eurobeträgen pro Anzeige und Tag möglich. Beim Erstellen kann komfortabel nach Branche, Karrierestufe, Standort, Unternehmensmerkmalen und anderen relevanten Kriterien gefiltert werden. Tendenziell sind Anzeigen auf XING noch einmal teurer als Anzeigen auf LinkedIn, auch hier sind die Daten zum Filtern im Vergleich zu Facebook deutlich weniger umfangreich. XING bietet weiterhin »Display-Anzeigen«, d.h. Bannerwerbung und »exklusive Kooperationen« an. Letztere spielen sich im preislichen Rahmen von 4.000 Euro aufwärts ab. Mehr Informationen zu allen Möglichkeiten finden Sie unter *https://werben.xing.com*.

Das XING-Vorteilsprogramm bietet Premium-Mitgliedern Rabatte und andere Vergünstigungen wie günstigere Mietwagen- oder Hotelpreise bei der Buchung über bestimmte Anbieter an. Über das neue "Benefits Plus"-Programm können weitere Angebote und Rabatte hinzugebucht werden — für ca. 3 Euro pro Monat. Mehr dazu unter: *https://www.xing.com/upsell/benefits_plus_offers*

Neben Personenprofilen können auf XING selbstverständlich auch — ähnlich wie auf LinkedIn — Unternehmensprofile erstellt werden. In der kostenlosen Basisversion kann ein Unternehmenslogo und eine Unternehmensbeschreibung eingepflegt, Kontaktdaten angegeben und z. B. auf die Firmenwebsite verlinkt werden. Ist man bereit, monatlich mindestens 395 Euro für ein Premium-Firmenprofil zu investieren, kann man das Profil mit mehr Bildern, Videos und weiteren Informationen wie Branche, Produkte und Dienstleistungen und einem attraktiveren Design ausbauen. Auch auf Firmenprofilen können Neuigkeiten veröffentlicht werden, die Nutzer abonnieren können. Abgesehen davon sind Firmenprofile eher Aushängeschilder und können z. B. nicht verwendet werden, um aktiv Kontakte zu knüpfen, zu interagieren oder in Gruppen zu posten.

Seit 2016 gibt es »XING Coaches«, seit Mitte 2018 »HalloFreelancer«. Auf XING Coaches können sich Coaches und Trainer sich je nach ausgehandelten Bedingungen für mittlere dreistellige Beträge ein oder zwei Jahre lang präsentieren, HalloFreelancer erlaubt Unternehmen, Freelancer zu verwalten und Freelancern, sich mit einem Fähigkeitsprofil zu positionieren. Das Angebot ist für Freelancer kostenfrei, für Unternehmen aktuell in der Testphase noch gratis, wird aber in Zukunft kostenpflichtig sein. XING versucht mit diesen Plattformen, sich in Nischen zu positionieren, in denen Selbstmarketing und das Verwalten von externen Mitarbeitern sehr wichtig ist. Die Plattformen sind eher Stellenmärkte als Social-Media-Plattformen und deshalb für das Social-Media-Marketing nur periphär relevant.

An dieser Stelle soll noch **kununu** (*http://www.kununu.de*) erwähnt werden, eine Plattform, auf der Arbeitnehmer ihre Arbeitgeber bewerten können. Das Bewertungsportal wurde im Jahr 2014 von XING gekauft und in XING integriert. Wer das kostenpflichtige Premium-Firmenprofil auf XING bucht, erhält automatisch auch Pflegerechte für das kununu-Profil seines Unternehmens. Diese Plattform wird immer relevanter für das Arbeitgeber-Branding von Unternehmen: Hier informieren sich Bewerber über die attraktivsten Arbeitsplätze Deutschlands. Es zahlt sich aus, zumindest zu überwachen, ob und wie das eigene Unternehmen auf kununu erwähnt wird, denn auch ohne Premium-Profil können Bewertungen zumindest kommentiert werden. Das englischsprachige Äquivalent zu kununu ist *http://glassdoor.com*.

6.3 Ein kritischer Blick auf XING

Auch bei XING muss beachtet werden, dass es sich um ein Business-Netzwerk handelt. Die angebotenen Inhalte sollten also einen Mehrwert im geschäftlichen Kontext bieten. Katzenfotos, Herzchen und allzu private Themen haben hier nichts zu suchen.

XING verliert trotz der deutlich besseren Bedienbarkeit seit Jahren Nutzer an LinkedIn, das im deutschsprachigen Raum stetig an Bedeutung gewinnt und international schon klar dominiert. Daher müssen Sie beim Integrieren von XING in eine langfristige Social-Media-Strategie damit rechnen, dass XING über kurz oder lang durch LinkedIn ersetzt wird. Aktuell kann ich pauschal nicht mehr dazu raten, XING einzusetzen ohne zumindest parallel auf LinkedIn ein Profil aufzubauen.

Seit der Einführung der neuen Startseiten-Optik im Jahr 2018 nutzt nun auch XING einen Algorithmus, der Beiträge auf der Startseite jedes Nutzers sortiert. Dabei ist das Hauptkriterium die Interaktionswahrscheinlichkeit, welche durch das bevorzugte Beitragsformat des Nutzers, die Reichweite des Beitrags bei anderen Nutzern und deren Interaktionen mit dem Beitrag sowie die Wichtigkeit des Autors für den potenziellen Leser bestimmt wird. XING achtet auch darauf, wie alt der Beitrag ist und ob er dem Nutzer schon einmal angezeigt wurde.

Wie bereits oben angedeutet, ist eine proaktive Nutzung von XING nur mit Personenprofilen möglich. Besonders für Unternehmen, bei denen die Personen im Mittelpunkt stehen wie Coaching, Beratung aller Art und generell Einzelunternehmen, ist XING daher ein wertvolles Instrument. Größere Unternehmen müssen genau planen, wie sie XING einsetzen: Von Arbeitgeber-Branding bis hin zu vertrieblichen Aktivitäten bieten sich hier vielfältige Möglichkeiten, aber Unternehmensprofil, Mitarbeiterprofile und Website müssen gut aufeinander abgestimmt sein, um echten Erfolg zu erzielen. Auch die bereits in Lektion 5 erwähnten Risiken der Rechte an Kontakten und des Abwerbens von Mitarbeitern sollten aktiv kontrolliert werden.

Was die Nutzungsbedingungen angeht, ist XING — ähnlich wie LinkedIn — deutlich mehr als Facebook darauf bedacht, die Rechte von Nutzern an ihren veröffentlichten Inhalten zu schützen, und verwendet keine Inhalte weiter, ohne vorher die Erlaubnis einzuholen.

Die Impressumspflicht gilt auf XING nicht nur für Firmenprofile, sondern auch für Personenprofile, die mit »Gewinnerzielungsabsicht« erstellt wurden. XING bietet eine Funktion an, mit der sich ohne Weiteres ein Impressum in das eigene Personenprofil einpflegen lässt. Im Firmenprofil hinterlegt man ein Impressum bzw. einen Link zum angepassten Website-Impressum am besten in der Unternehmensbeschreibung.

6.4 Fallbeispiel: Arbeitgeber-Branding mit XING bei der *Konrad Knoblauch GmbH*

Wie der Name schon verrät, sind Business-Netzwerke vor allem für die Interaktion mit Arbeitnehmern oder im B2B-Bereich interessant. Das Auftreten hier ist weniger privat und eher professionell, im Gegensatz zu beispielsweise Facebook. Die zwei interessantesten Anwendungsfälle für Business-Netzwerke sind daher das Arbeitgeber-Branding und die Kontaktaufnahme mit potenziellen B2B-Kunden.

Sehr schönes Arbeitgeber-Branding im Ganzen betreibt die *Konrad Knoblauch GmbH*, ein Design- und Ladenbau-Unternehmen mit circa 130 Mitarbeitern. Das XING-Profil der Firma ist ein Teil des Auftritts (*https://www.xing.com/company/knoblauch*). Beachten Sie die automatische Integration der kununu-Bewertungen und des kununu-Gütesiegels.

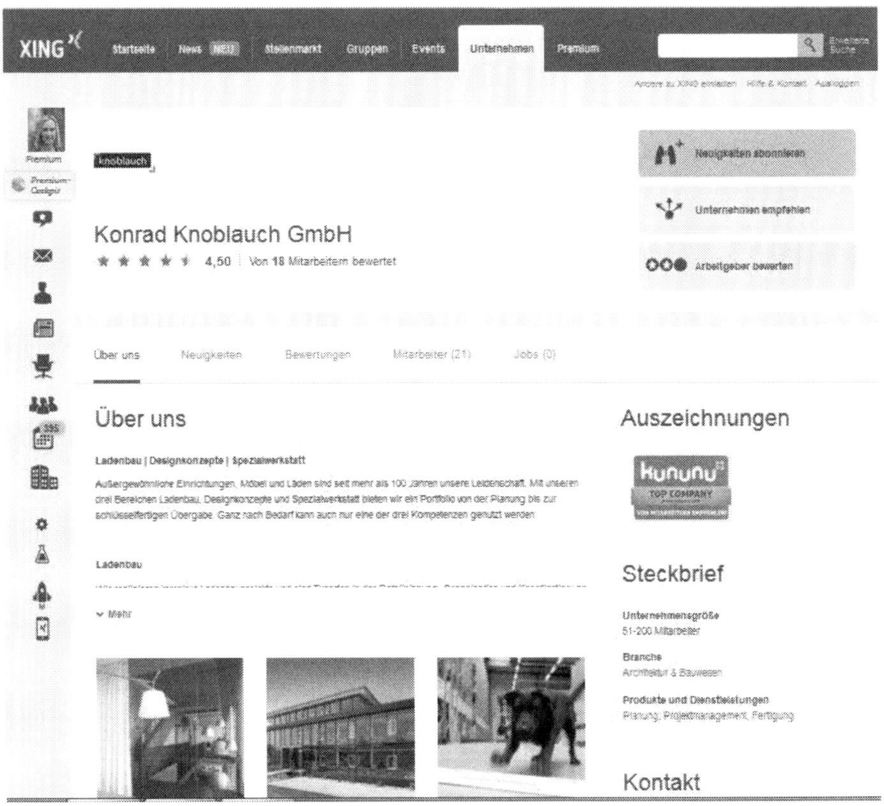

***Abb. 64** Die Unternehmensseite der Konrad Knoblauch GmbH auf XING*

Die *Konrad Knoblauch GmbH* ergänzt das pragmatisch gepflegte Premium-Firmenprofil durch ein ebenfalls gut gepflegtes Profil auf kununu. Hinzu kommen regelmäßige Beiträge auf XING, in denen das Unternehmen über interessante Projekte, gewonnene Preise und auch interne Themen berichtet. Auch offene Stellen, die unter dem Karteireiter »Jobs« verfügbar sind, werden hier noch einmal veröffentlicht. Die Beiträge sind für alle Besucher des Profils sichtbar und erscheinen bei den Abonnenten der Unternehmensneuheiten auf deren eigener XING-Startseite. So ruft sich das Unternehmen bei Nutzern immer wieder in Erinnerung, baut sein Image als erfolgreiches Unternehmen und interessanter Arbeitgeber auf und hält Kontakt mit potenziellen Arbeitnehmern.

Beachten Sie auch, dass die Beiträge auf XING auf weitere Seiten verweisen: bei Stellenanzeigen auf die entsprechende Anzeige auf XING, bei Projektberichten auf das Blog auf der firmeneigenen Website. So leitet das Unternehmen interessierte Nutzer ähnlich wie die Firma *PostcardMania* (vgl. Lektion 5) auf weiterführende Ressourcen. Auch hier wird der Inhaltsverteiler XING mit den Inhaltsspeichern Firmenblog auf der Website und YouTube ergänzt.

Abb. 65 *Die Konrad Knoblauch GmbH berichtet von Erfolgen*

Abb. 66 *Aktuelle Stellenanzeigen werden im XING-Firmenprofil veröffentlicht*

6.5 Fallbeispiel: Kundenakquise bei der *MultiBase GmbH*

Wie Unternehmen Kundenakquise im B2B-Bereich betreiben, betrachten wir anhand eines Fallbeispiels der *MultiBase GmbH* aus München, die im Bereich Business Intelligence aktiv ist. Abb. 67 zeigt das XING-Firmenprofil der *MultiBase GmbH* (*https://www.xing.com/companies/multibasegmbh*).

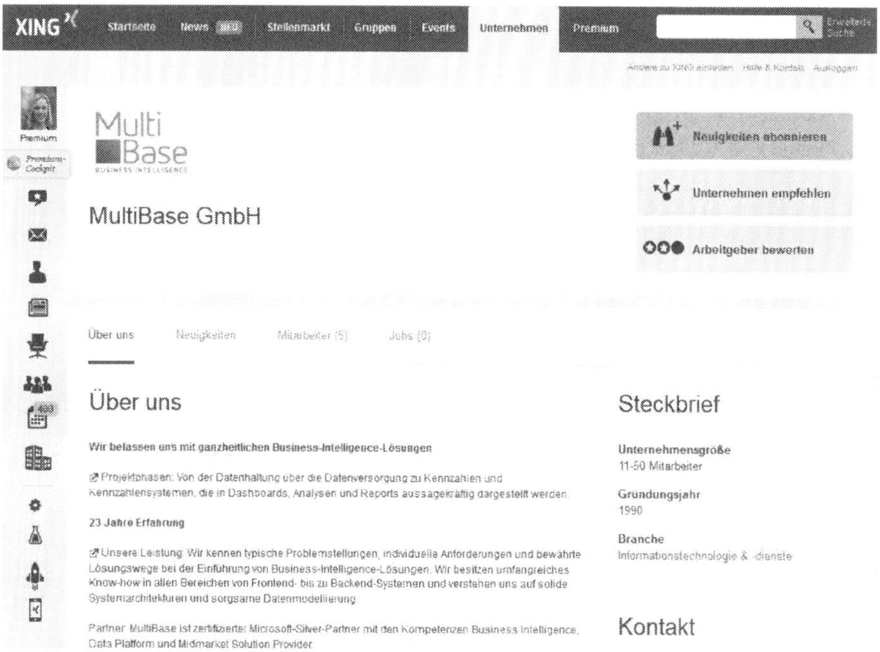

Abb. 67 *Das Firmenprofil der MultiBase GmbH auf XING*

Über Beiträge mit Links auf interessante Blogartikel, Veranstaltungshinweise und andere fachspezifische Informationen positioniert sich die *MultiBase GmbH* als Experte im Bereich Business Intelligence. Webinare zu Fachthemen werden auf XING veröffentlicht und beworben. Den Teilnehmern dieser Events werden andere nützliche und teils exklusive Events und Ressourcen (z.B. Blogartikel) angeboten. So werden Nutzer langsam durch den Vertriebstrichter geführt mit dem Ziel, sie als Kunden zu gewinnen. Erste Erfolge zeigten sich bei *MultiBase* bereits im zweiten Monat der Aktivitäten. Neben XING wurden andere Plattformen wie ein Blog und eine Webinar-Lösung verwendet. Bereits aus der ersten Webinar-Veranstaltung konnte die *MultiBase GmbH* einen Kunden gewinnen.

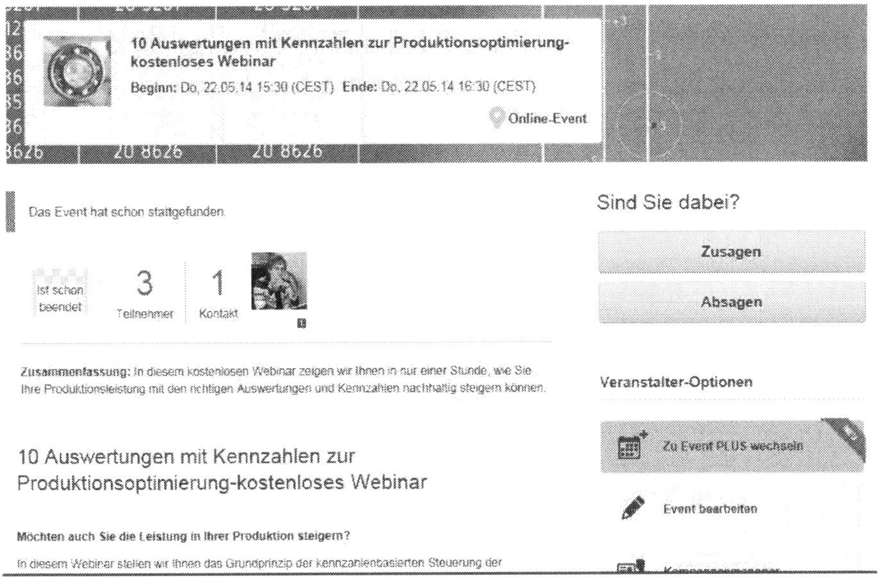

***Abb. 68** Ein von MultiBase durchgeführtes Webinar auf XING*

Auch auf XING wird das Firmenprofil der *MultiBase GmbH* durch die Personenprofile der Mitarbeiter ergänzt. So hat der Geschäftsführer Feliks Golenko ein aussagekräftiges Profil (*https://www.xing.com/profile/Feliks_Golenko*) mit gutem Kurzprofil und professionellem Portfolio. Immer wieder veröffentlicht er über sein Profil Beiträge zu Fachthemen.

Weiterhin hat *MultiBase* eine Reihe interessanter Foren identifiziert, in denen über das Profil von Herrn Golenko Blogartikel veröffentlicht werden. Darüber hinaus wird regelmäßig eine Suche nach Schlüsselwörtern durchgeführt, die es Herrn Golenko erlaubt, sich in relevante Diskussionen einzuschalten und Expertenwissen zu demonstrieren und beizutragen.

Übung 8:

Besuchen Sie das Personenprofil von Herrn Golenko unter *http://www.xing.com/profile/Feliks_Golenko* und betrachten Sie das Portfolio.

- Sprechen Sie die Informationen dort an?
- Gefällt Ihnen die Mischung aus Bildern und Text?
- Würden Sie Herrn Golenko als professionellen Dienstleister in Betracht ziehen?

Ein kleiner Trick ist das Erstellen eines optisch ansprechenden Direktlinks zu Personenprofilen auf XING. Die von den Plattformen automatisch erstellten Links

Abb. 69 *Die Portfolio-Seite eines Nutzers auf XING*

wie »https://www.xing.com/profile/Magdalena_Maier73« sind relativ lang und erschweren es, Besucher auf das Profil zu locken. Auf der Seite *https://xing.to* können Sie kostenlos Links im Format »https://xing.to/<Wunschname>« erstellen. Sie lassen sich einfacher auf Visitenkarten und andere Printmaterialien drucken und sind insgesamt besser zu kommunizieren.

Zusammenfassung

XING ist derzeit für Arbeitgeber-Branding und Akquise von B2B-Kunden in der DACH-Region ungefähr gleichzusetzen mit LinkedIn.

Um Erfolg zu erzielen, sollte die Präsenz mit großer Sorgfalt aufgebaut werden. Regelmäßige Beiträge mit echtem Mehrwert für die Zielgruppe werden langfristig den gewünschten Erfolg bringen, aber stellen Sie beim Planen der Social-Media-Strategie sicher, dass Sie entsprechende Ressourcen dafür einplanen.

Wichtig ist, die Nutzung von XING immer mit dem Gedanken anzugehen, sich fachlich auszutauschen und einen Mehrwert für die Zielgruppe zu schaffen — Aufträge und Umsätze folgen mittelfristig. Wer jedoch bereits zu Beginn sehr vertriebsorientiert kommuniziert, wird häufig als Spammer wahrgenommen und nur wenig Erfolg haben.

6.6 Testen Sie Ihr Wissen!

Welche der folgenden Punkte müssen beim Einsatz von XING beachtet werden?

Bitte ankreuzen:

- ☐ XING-Firmenprofile sind schon in der Basisversion kostenpflichtig.
- ☐ Auf XING können Beiträge nicht zu einem bestimmten Zeitpunkt automatisiert veröffentlicht werden.
- ☐ Firmenprofil und Personenprofile sollten kombiniert werden.
- ☐ Auf XING schränkt ein Algorithmus die Reichweite von Beiträgen ein.
- ☐ XING verwendet laut Nutzungsbedingungen hochgeladene Inhalte außerhalb der Plattform nicht weiter.

7 Instagram — das bildbasierte Netzwerk für mobile Endgeräte

In dieser Lektion lernen Sie

- wie Instagram im Vergleich zu anderen Plattformen einzuordnen ist.
- was die Dynamik von Instagram ausmacht und was die interessantesten Funktionalitäten der Plattform sind.
- wie Sie die Erfolgsaussichten beim Einsatz von Instagram kritisch und realistisch einschätzen.
- wie das deutsche Start-up *mymuesli* Instagram nutzt, um seine Marke zu stärken.

7.1 Instagram auf einen Blick

Art der Plattform	soziales Netzwerk, bildbasiert
Nutzer weltweit	1 Millarde aktive Nutzer pro Monat
Zugriffsrang weltweit	6
Zugriffsrang in Deutschland	12
Einsatzbereich	B2C
URL	*https://www.instagram.com*

Instagram ist das derzeit beliebteste soziale Netzwerk, das primär auf Bilder und Videos ausgelegt ist. Weltweit loggen sich monatlich über 1 Milliarde Nutzer auf Instagram ein, in Deutschland sind es ca. 15 Millionen.[18] Täglich werden über 100 Millionen Bilder auf der Plattform veröffentlicht sowie bis zu 4,2 Milliarden

»Gefällt mir«-Klicks vergeben.[19] Instagram eignet sich im Vergleich zu anderen Plattformen vor allem für junge Zielgruppen.

Instagram beweist, dass Bilder und kurze Videos der in Social Media beliebteste und erfolgreichste Content sind — ein Fakt, den sich Unternehmen auch zunutze machen können. Zurzeit ist die Plattform noch weniger von Unternehmen frequentiert als Facebook. Sie haben also die Chance, hier der Konkurrenz einen Schritt voraus zu sein. Für den Erfolg auf Instagram gibt es allerdings eine zwingende Voraussetzung: Es muss ein stetiger Strom an interessanten und optisch ansprechenden visuellen Inhalten produziert werden. Optimal ist eine Veröffentlichungsfrequenz von einem oder mehreren Beiträgen pro Tag.

Instagram ist auf die Nutzung durch mobile Endgeräte (Smartphones und Tablets) ausgelegt. Mit der entsprechenden App auf Windows 10 oder meist kostenpflichtigen Drittanbieter-Lösungen können jedoch auch Beiträge über den Computer veröffentlicht werden. Ohne spezielle Software ist für registrierte Nutzer im Browser des Laptops oder PCs immerhin das Betrachten von Beiträgen möglich. Instagram wird allerdings langsam desktopfreundlicher. Es wird interessant sein, zu beobachten, ob diese Mobilgeräte-App nach und nach für Desktop-Computer weiterentwickelt wird. Dies würde die Nutzung von Instagram durch Unternehmen (die Instagram Werbeeinnahmen bringen) begünstigen, da die Pflege leichter in die meist desktopzentrierten Arbeitsabläufe von Unternehmen eingebunden werden kann.

7.2 Was bietet Instagram für Ihr Unternehmen?

Um sich für Instagram zu registrieren, müssen Sie die App aus dem entsprechenden Store für das Betriebssystem Ihres Mobilgeräts (Smartphone oder Tablet) herunterladen. Bei der ersten Nutzung kann man sich mit einem Facebook-Konto einloggen oder neu registrieren. Vermeiden Sie das Einloggen mit einem Facebook-Konto: Hier muss Ihr Personenkonto angegeben werden, was für die Nutzung von Instagram im Unternehmenskontext nicht sinnvoll ist. Geben Sie stattdessen im Registrierungsprozess eine Firmen-E-Mail-Adresse an und wählen Sie als Instagram-Nutzernamen und -Namen (beide auf 30 Zeichen begrenzt) den Unternehmens- oder Markennamen.

Parallel zu den Personenprofilen bietet Instagram auch Unternehmensprofile an. Die folgenden Schritte beschreiben, wie Sie ein solches Profil anlegen und pflegen:

---

18. Quelle: AllFacebook, *https://allfacebook.de/instagram/instagram-nutzer-deutschland*, abgerufen am 19.12.2019
19. Quelle: Omnicore,*https://www.omnicoreagency.com/instagram-statistics*, abgerufen am 19.12.2019

- **Account in Unternehmensprofil umwandeln:** Es ist aktuell auf Instagram nicht möglich, ein Unternehmensprofil direkt anzulegen. Stattdessen müssen Sie wie oben beschrieben ein Personenprofil anlegen und dieses im Nachgang in ein Unternehmensprofil umwandeln. Die Möglichkeit dazu haben Sie in den Account-Einstellungen unter dem Menüpunkt »In Business-Profil umwandeln«.[20] Beim Umwandeln in ein Firmenprofil müssen Sie dieses Profil mit einer Facebook-Unternehmensseite verknüpfen. Über »Konto hinzufügen« können Sie bis zu vier weitere private Konten oder Unternehmenskonten zur App hinzufügen. Zwischen den Accounts wechseln können Sie über eine einfache Auswahl oben in der App.
- **Profil pflegen:** Für Unternehmensprofile können Sie ein Profilbild hochladen (sinnvoll ist hier das Unternehmenslogo), die Branche, Anschrift, Websiteadresse und eine maximal 150 Zeichen lange »Biografie« eintragen. Anbieten würde sich dafür beispielsweise der Firmenslogan. Zusätzlich gibt es bei Firmenprofilen die Möglichkeit, einen »Kontakt«-Button zu konfigurieren, der es Nutzern ermöglicht, das Unternehmen per E-Mail oder Telefon zu kontaktieren.

20. Eine Schritt-für-Schritt-Anleitung für die Umwandlung finden Sie unter: *https://www.facebook.com/business/help/502981923235522*

Bitte denken Sie auch daran, einen Impressumslink einzupflegen. Dies ist wie bei allen gewerblichen Profilen auch auf Instagram für Firmenprofile Pflicht. Da ein Link in der Profilbeschreibung nicht klickbar ist und somit streng genommen nicht den rechtlichen Anforderungen genügt, besteht die derzeit einzige rechtssichere Option darin, einen Link, der den Begriff »Impressum« enthält, in das Feld für den Link zur Website einzutragen.

***Abb. 70** Das Instagram-Konto von mymuesli (ohne Impressumslink!)*

- **Bilder und Videos aufnehmen:** Der schnellste Weg, Beiträge auf Instagram zu veröffentlichen, ist das Aufnehmen und direkte Veröffentlichen von Bildern und Videos mit der Kamera eines Mobilgeräts, auf dem die App installiert ist. Aber Vorsicht! Gerade im Unternehmenskontext zahlt es sich aus, professionelle Bilder und Videos zu erstellen und diese in die Galerie des Mobilgeräts zu importieren, um sie dann von dort aus zu veröffentlichen.

- **Bilder und Videos bearbeiten:** Instagram erlaubt es, Bilder zu bearbeiten. Es stehen Filter mit klangvollen Namen wie »Lark«, »Crema« oder »Lo-Fi« zur Verfügung. Diese Filter verändern die Bildmerkmale wie Belichtung, Kontrast und Farbbalance, um das Bild stimmungsvoller erscheinen zu lassen oder bestimmte Aspekte hervorzuheben. Versierte Nutzer können diese Attribute auch manuell anpassen.

  Videos, die als Beitrag im Newsfeed veröffentlicht werden, dürfen zwischen drei und sechzig Sekunden lang sein. Instagram erlaubt das Kürzen am Anfang und am Ende (es können auch längere Video hochgeladen und auf maximal eine Minute gekürzt werden) sowie das Entfernen der Tonspur. Auch hier stehen Filter zur Verfügung, und ein Frame des Videos kann als Vorschaubild festgelegt werden. Für das Veröffentlichen längerer Videos kommt die eigenständige Video-Plattform **Instagram TV (IGTV)** in Frage.

Abb. 71 *Beispiel für Instagram-Filter*

- **Bilder und Videos veröffentlichen:** Wenn ein Bild oder Video veröffentlicht wird, kann man es um eine Beschreibung ergänzen, mit »Hashtags« versehen, einen Standort eingeben und andere Nutzer im Kommentartext markieren (»taggen«). **Hashtags** dienen dazu, Beiträge in eine Stichwortkategorie einzuordnen. Dies geschieht ganz einfach, indem man einem Wort das Rautezeichen voranstellt, also zum Beispiel #Rezepte. Instagram stellt diesen Begriff dann automatisch als Link dar. Beim Klick auf ein Hashtag werden aktuelle Beiträge

aller Accounts mit diesem Hashtag angezeigt. Auch in der Instagram-Suche können Hashtags eingegeben werden. Eine Studie zeigt, dass auf Instagram sieben bis acht Hashtags pro Beitrag die besten Interaktionsraten erzielen,[21] wobei hier die Qualität und Relevanz der Hashtags natürlich eine große Rolle spielen. Viele Nutzer verwenden Hashtags, um andere, verwandte Posts zu finden. Die richtigen Hashtags sind also von großer Bedeutung für die Sichtbarkeit und Reichweite eines Accounts.
Beim Veröffentlichen eines Beitrags kann dieser automatisch auf anderen Social-Media-Plattformen (Facebook, Twitter und Tumblr) veröffentlicht werden, die Sie durch Angabe der Zugangsdaten dauerhaft mit Ihrem Instagram-Konto verbinden können. Davon ist aber abzuraten, da die Nutzererwartungen auf diesen Plattformen anders sind und automatisch geteilte Beiträge in der Regel weniger Interaktion erhalten, was der Performance des Accounts im Gesamten eher schadet.

Im Normalfall wird ein Beitrag an die »Follower« (Abonnenten) des eigenen Kontos ausgeliefert. Er ist aber auch für fremde, nicht verbundene Nutzer sichtbar, wenn sie das Profil beuschen. Auch Instagram nutzt inzwischen einen Algorithmus, der Beiträge nach Relevanz filtert und die Reichweite von Beiträgen einschränkt. Die Einschränkung ist auf Instagram jedoch (noch) nicht so extrem wie auf Facebook. Es bleibt abzuwarten, wie sich dies in den nächsten Jahren entwickelt, besonders, weil Instagram schon seit Längerem der *Facebook Inc.* gehört.

In den Kontoeinstellungen können Konten als »privat« gekennzeichnet werden. Dann sind Beiträge nur für Follower sichtbar, die auf eine Kontaktanfrage hin explizit zugelassen wurden. Dies ist für eine Unternehmensseite jedoch nicht sinnvoll, weil diese Einstellung die Sichtbarkeit des Kontos und somit die des Unternehmens einschränkt.

Eine weitere Beitragsart sind **Instagram Stories**, mit denen man ähnlich wie auf Snapchat Bilder oder Videos teilen kann, die im Fall von Instagram nach 24 Stunden verschwinden und nicht im Profil auftauchen. Beim Erstellen von Instagram Stories können die Bilder mit Text und grafischen Elementen wie z. B. Smileys ergänzt werden. Instagram Stories können nicht mit »Gefällt mir« markiert oder kommentiert werden. Die einzige Möglichkeit, ein Feedback an den entsprechenden Nutzer zu senden, ist eine private Nachricht. Instagram Stories können auch auf einem verknüpften Facebook-Konto veröffentlicht werden.
Rund um Instagram Stories gibt es weitere Features: Das **Stories-Archiv** ist ein privater Bereich, der dem Archiv für normale Instagram-Beiträge ähnelt:

21. Quelle: Ayres, Scott: How Many Hashtags on Instagram get the Most Likes?, *https://www.agorapulse.com/social-media-lab/hashtags-instagram-likes*, abgerufen am 22.01.2018

Hier werden Stories automatisch gespeichert, sodass sie nach dem Ablauf von 24 Stunden für den Betreiber des Kontos nicht verloren sind. Aus dem Archiv können Stories neu veröffentlicht, zu neuen Stories kombiniert oder in den Stories Highlights gepostet werden. Die **Stories Highlights** erlauben es, Besuchern bis zu 100 Stories dauerhaft im oberen Bereich des Profils anzuzeigen. Mit der Funktionalität **Instagram Type** können innerhalb von Stories auf Standardhintergründen oder auf selbst aufgenommenen Hintergründen Texte geschrieben und formatiert werden.

- **Bilder und Videos von anderen Nutzern sehen, kommentieren und liken:** Nutzer können, wie auch auf anderen sozialen Netzwerken, die Beiträge eines Instagram-Accounts über den »Follow«-Button abonnieren und mit geposteten Bildern interagieren. Dazu bietet Instagram ein Herz-Symbol an, das die gleiche Funktion wie der »Gefällt mir«-Button auf Facebook hat. Über den Klick auf eine Sprechblase können Kommentare geschrieben werden. Funktionalitäten für das optisch geordnete direkte Beantworten von Kommentaren und für das Teilen von Inhalten gibt es auf Instagram nicht. Durch das Nennen eines Nutzers mit vorangestelltem @-Symbol ist es aber möglich, einen Kommentar auf einen Nutzer zu beziehen. Das System benachrichtigt diesen darüber, dass er erwähnt wurde.
- **Optional: Produkte über »Instagram Shopping« zum Kauf anbieten:** Die Funktionalität »Instagram Shopping« erlaubt es, Produkte direkt auf der Plattform zum Kauf anzubieten. Dafür müssen mehrere Bedingungen erfüllt sein: Das Instagram-Konto muss ein Unternehmens-Konto und mit einem Facebook-Produktkatalog verbunden sein. Es dürfen nur Produkte (keine Dienstleistungen) angeboten werden, und die Produkte müssen den Richtlinien von Instagram entsprechen. Instagram Shopping ist nur für Instagram-Profile aus gewissen Ländern[22] verfügbar, darunter auch Deutschland, Österreich und die Schweiz. Aktuell läuft die Kaufabwicklung über die Webseite des anbietenden Unternehmens, lediglich in den USA ist ein Kauf direkt auf Instagram bzw. Facebook möglich. Mehr Informationen zum Einrichten von Instagram Shopping finden Sie hier:*https://www.facebook.com/business/instagram/shopping/guide*
  Bevor Sie sich mit dieser Thematik befassen, bedenken Sie, dass Social Media kein reines Vertriebstool ist. Prüfen Sie sorgfältig, ob diese Funktionalität einen echten Mehrwert für Ihr Unternehem und die Zielgruppe bietet, oder ob ein Konto mit begeisternden Inhalten Ihrer Marke mehr Nutzen bringt.
- **Statistiken auswerten:** Unternehmensprofile bieten eine Statistikfunktionalität, die Einblicke in die Demografie der Follower und in die Performance von Beiträgen und Hashtags gibt. Nutzen Sie diese sogenannten »Insights«, um die

22. Liste aller Länder: https://www.facebook.com/help/instagram/321000045119159

Performance Ihres Accounts und der Beiträge zu überwachen und Ihre Aktivitäten optimieren. Darüber hinaus gibt es auch Tools von Drittanbietern wie z. B. *http://iconosquare.com*[23], die es erlauben, weitere Statistiken auszulesen, falls die Daten in Instagram Insights für Ihre Zwecke nicht ausreichend sein sollten. Es ist jedoch zu erwarten, dass diese Funktionalität auf Instagram weiter ausgebaut wird und in Zukunft ähnlich wie Facebook alle wünschenswerten Daten liefert.

Instagram bietet auch die Möglichkeit an, bezahlte Werbung zu schalten. Es ist möglich, Foto-, Video- oder Karussell[24]- und weitere Arten von Anzeigen zu schalten, mit dem Ziel, eine höhere Reichweite oder mehr Klicks für Beiträge zu erhalten. Die Platzierung von Anzeigen ist sowohl im Instagram-Newsfeed als auch innerhalb von Instagram Stories möglich. Nicht möglich ist es aktuell, Werbung für mehr Follower zu schalten, daher geht der Aufbau einer Followergemeinde in der Regel langsamer vonstatten als auf Facebook. Das Schalten von Werbung geschieht entweder über das direkte Hervorheben von Beiträgen in Instagram oder über den Facebook[25]-Werbeanzeigenmanager, der noch etwas mehr Möglichkeiten bietet als Instagram. Hier wird eine Werbeanzeige erstellt und Instagram als Platzierung gewählt. In beiden Fällen können Sie detaillierte Einstellungen zur Demografie der gewünschten Zielgruppe vornehmen. Die Abrechnung erfolgt immer über den Facebook-Werbeanzeigenmanager. Mehr Informationen zu Werbeanzeigen auf Instagram finden Sie unter *https://business.instagram.com/advertising*.

7.3 Ein kritischer Blick auf Instagram

Instagram ist ohne Zweifel eine Social-Media-Plattform mit Zukunft. Erwiesenermaßen sind Bilder und kurze Videos der erfolgreichste Content in Social Media, was die Resonanz bei den Nutzern angeht. Hinzu kommt, dass Unternehmen erst nach und nach auf Instagram aktiv werden, was die Plattform für viele Nutzer zu einer attraktiven Facebook-Alternative macht. Dies wiederum bietet Unternehmen die Chance, sich hier aus Zielgruppensicht attraktiv zu präsentieren. Folgende Punkte sollten Sie jedoch bedenken, bevor Sie Instagram zur zentralen Plattform einer Social-Media-Strategie machen:
Instagram hat nach wie vor nur halb so viele aktive Nutzer pro Monat — in Deutschland und weltweit. Daher ist die Bildplattform dem alteingesessenen Facebook keineswegs von Grund auf überlegen. Wägen Sie sorgfältig ab, welche Platt-

23. *http://iconosquare.com/*
24. Eine Karussell-Anzeige besteht aus mehreren Bildern, durch die der Nutzer klicken/scrollen kann.
25. Ja, Sie haben richtig gelesen, der Facebook-Werbenanzeigenmanager wird auch für Instagram-Anzeigen genutzt.

form im Hinblick auf die Zielgruppe und die Themen einen höheren Mehrwert verspricht.

Instagram lebt von kontinuierlich veröffentlichten Bildern und Videos, die begeistern. Vielen kleinen Unternehmen und Selbstständigen fehlt die Möglichkeit, laufend professionelle, ansprechende Bilder oder Videos zu produzieren. Gründe dafür können das mangelnde kreative Potenzial sein, was Ideen und Bildmotive angeht, die technischen Gegebenheiten, oder es fehlt schlicht an Zeit und Geld.

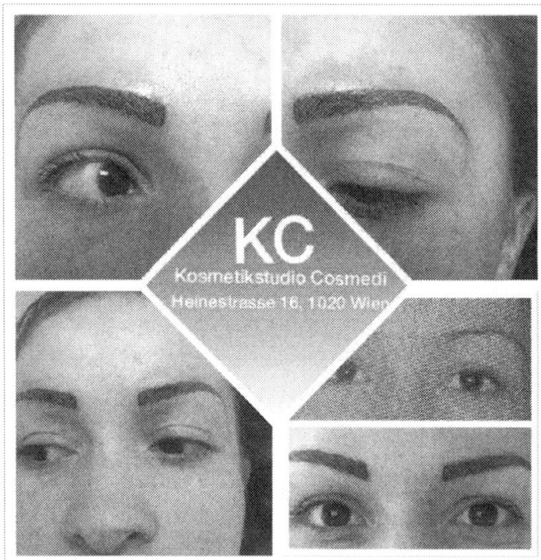

Abb. 72 *Eine prinzipiell gute Idee für einen Instagram-Beitrag, die jedoch nicht sehr professionell umgesetzt wurde*

Weiterhin ist es auf Instagram nicht einfach, einen echten, intensiven Dialog mit Nutzern zu führen. Die Aussagen in den Beiträgen sind, bedingt durch die Natur der Plattform, relativ simpel, was eingehende Diskussionen von vornherein unmöglich macht. Vor diesem Hintergrund ist es schwieriger, auf Instagram komplexere Anwendungsfälle wie Kundensupport oder Arbeitgeber-Branding umzusetzen. Instagram ist vor allem für Unternehmen interessant und wertvoll, die in einer visuell geprägten Branche ihr Image oder ihre Marke aufbauen und pflegen möchten. Beispiele sind die Mode-, Kosmetik- und Sportbranche.
Instagram hat einen weiteren großen Nachteil gegenüber anderen Plattformen: Man kann in Beiträgen nicht direkt auf eine Webadresse verlinken. Im Text kann zwar eine (sinnvollerweise kurze) URL angegeben werden, aber es ist nicht möglich, auf bestimmte Produkte oder Blogartikel zu verlinken. Dies ist ein großesr Nachteil, wenn es darum geht, Nutzer auf eine Webseite oder einen Webshop weiterzuleiten — es ist eine deutlich größere Hürder, eine URL abzutippen oder in den Browser zu kopieren als auf einen Link zu klicken. Ab 10.000 Followern können in Instagram Stories klickbare Links eingefügt werden, allerdings ist der Weg dorthin weit.

Instagram ist auch nur bedingt eine Alternative zu Facebook, denn die Plattform wurde 2012 von der *Facebook Inc.* aufgekauft. Mit der Registrierung bei Instagram stimmt man Nutzungsbedingungen zu, die, genau wie auf Facebook, eine Klausel enthalten, welche dem Plattformbetreiber weitreichende Rechte an den von Nutzern hochgeladenen Bildern und Videos verleiht. So gilt auch hier besondere Vorsicht, was die Verwendung von Bildern aus Drittquellen angeht! Stellen Sie sicher, dass Sie eine Lizenz besitzen, die diesen Anwendungsfall abdeckt.

Eine abschließende, wichtige Überlegung bezüglich der Nutzung von Instagram für Unternehmen betrifft die technische Seite. Wie oben beschrieben, ist die Plattform für Mobilgeräte ausgelegt. Dies wird in den meisten Unternehmen nicht in den täglichen Arbeitsablauf passen. Hier muss eine pragmatische Lösung geschaffen werden, um die Kosten und den Zeitaufwand für die Pflege überschaubar zu halten. Drittanbieter-Software oder Windows 10 mit der entsprechenden App machen dies möglich, müssen aber von der IT-Infrastruktur des Unternehmens möglich gemacht werden.

Eine Anmerkung am Rande: Pinterest ist neben Instagram eine weitere sehr erfolgreiche Bildplattform. Da das Konzept hier jedoch ist, Bilder anderer Nutzer an die eigene Pinnwand zu »pinnen«, ist die rechtliche Grundlage einer Nutzung im deutschsprachigen Raum sehr unsicher. Aus diesem Grund gehe ich auf diese Plattform nicht weiter ein.

7.4 Fallbeispiel: *mymuesli* — Wie das Start-up seine Marke auf Instagram immer wieder zeigt

Das im Jahr 2007 gegründete deutsche Unternehmen *mymuesli* bietet individuell zusammenstellbare Müslis und andere Produkte rund um ein gesundes Frühstück an. Dadurch lebt das Unternehmen das Social-Media-Motto »Stelle den Kunden in den Mittelpunkt« schon alleine durch seine Produkte. Instagram ist für *mymuesli* eine sehr interessante Plattform: Wo ließe sich besser zeigen, welche leckeren Produkte es gibt und welchen Mehrwert der Käufer davon hat? Unter *https://instagram.com/mymuesli*[26] veröffentlicht das Unternehmen vor allem Bilder von schön angerichteten Produkten, Rezepten, Fotos von Fitness-Models und Kreativem. Viele Beiträge werden von Texten, die die Zielgruppe in den Mittelpunkt stellen, und Links mit echtem Mehrwert für die Nutzer, z. B. Fitness-Tipps, Rezepte o. Ä., ergänzt.

26. *https://instagram.com/mymuesli/*

Abb. 73 *Post zum »Schlanker leben«-Plan von mymuesli*

Das Unternehmen *mymuesli* veröffentlicht auf Instagram vor allem Produkte und vermittelt ein Lebensgefühl, das die Zielgruppe der Marke anspricht. Durch die Arbeit mit Fitness-Models zeigt *mymuesli* Markenbotschafterinnen, denen die überwiegend weibliche Kundschaft gerne nacheifert. Kommentare unterhalb der Bilder bestehen vor allem aus positiven Aussagen zu den Produkten und zu den Vorschlägen für ein gesünderes Leben sowie aus Aussagen zu den eigenen sportlichen Aktivitäten, die *mymuesli* sehr schön moderiert. Beachten Sie, wie *mymuesli* das @-Symbol nutzt, um Antworten auf Kommentare an Nutzer zu richten. Diese werden von Instagram dann benachrichtigt, dass sie direkt angesprochen wurden.

mymuesli Konntet Ihr Euch dieses Wochenende zum #Sport aufraffen? Damit es nicht langweilig wird, haben wir verschiedene #Fitness Übungen, leckere Rezepte und praktische Alltagstipps für einen figurbewussteren Lebensstil in unserem #SchlankerLebenPlan zusammengestellt
Tipp von @caromareike #ballpushups

#mymuesli #Fitin6Wochen #motivation

mymuesli #schlankerleben #fitnessjunkie #fitnessmodel #healthylifestyle #abnehmen #fitfam #fitlife #fitgirl #abs #training #sportsaddict #pushups #gesundabnehmen #exercise #active #activewear #fitwerden #figurbewusst

positivemvmt

light_love_bliss

lauravanhulle

prettyfit_08

dannyblondi011284 Logo immer

anna_yay Na klar

nessymissbutterfly Ja eine kleine Yoga Session war drin heute

mymuesli @nessymissbutterfly Super! Yoga ist wirklich großartig für Körper und Geist

dance_out_ Montags, Dienstags und Mittwoch sind momentan meine Trainingstage. Allerdings konnte ich es gestern nicht lassen ein paar Übungen aus dem SchlankerLebenPlan zu machen und mich anschließend noch etwas zu dehnen.

mymuesli @dance_out_ sehr vorbildlich!

dance_out_ @mymuesli Dank euch bin ich jetzt ein Trainingsjunkie im Vergleich zu vorher

Abb. 74 *Kommentare zum Beitrag in Sachen Sport am Wochenende*

Übung 9:

Besuchen Sie das Instagram-Konto von *mymuesli* unter *https://www.instagram.com/mymuesli/* und betrachten Sie die Beiträge.

- Repräsentieren die Inhalte die Marke authentisch und ansprechend für die Zielgruppe von *mymuesli*? Was könnte *mymuesli* besser machen?
- Wie häufig werden neue Beiträge veröffentlicht? (Tipp: Wenn Sie einen Beitrag aufrufen, finden Sie das Alter des Beitrags links unten in der Detailansicht.)
- Wie viel Zeit investiert *mymuesli* Ihrer Schätzung nach in die Pflege des Accounts?
- Welche Kommentare erhalten die Beiträge? Was, denken Sie, ist der konkrete Mehrwert für *mymuesli*?

Social Media ist für *mymuesli* als emotionale, moderne und »hippe« Marke für Verbraucher generell ein sehr attraktiver Kommunikationskanal. Insbesondere Instagram ermöglicht es dem Unternehmen, seine Produkte durch schöne, emotionale Bilder mit einem Lebensgefühl zu verknüpfen, das die Identifikation der Zielgruppe mit der Marke stärkt. *mymuesli* zeigt, teils durch Stars aufgewertet, wie sich Fitness und Gesundheit mit Genuss verbinden lassen.

Die nutzerfokussierte Kommunikation in Social Media passt ideal zu den zielgruppenzentrierten Produkten und zu der Positionierung von *mymuesli*. Mit dem Instagram-Auftritt wird die Marke gestärkt und den Followern Lust gemacht, online oder in den Geschäften vor Ort leckere Müslis zu kaufen und damit das Gefühl zu verbinden, etwas für die eigene Gesundheit zu tun. Aufwerten könnte *mymuesli* seine Aktivitäten sicherlich noch durch kurze Videos und häufigere Beiträge, die sich nicht auf Produkte beziehen. Empfehlenswert wären auch etwas kürzere Texte, die den Erwartungen von Nutzern der Plattform Instagram eher entsprechen.

Sicher investiert *mymuesli* großzügig in den Instagram-Account, denn die Erstellung der Bilder für die Beiträge ist aufwendig. Andererseits lassen sich diese auch in anderen Medien gut weiter verwenden. Die Posting-Frequenz von circa einem Beitrag pro Tag zeigt eine gute Balance zwischen der von Instagram-Nutzern erwarteten Kontinuität und einem Deckeln der Aufwände.

Über Statistikauswertungen kann das Unternehmen leicht messen, wie groß die Resonanz auf die einzelnen Beiträge und Produkte ist. Hier lernt das Unternehmen viel über seine Zielgruppe und kann kostenlose Marktforschung betreiben, was neben der verstärkten Markenbekanntheit und damit gesteigertem Umsatz ein bedeutender Mehrwert für das Unternehmen ist.

Zusammenfassung

Instagram wächst stark und ist momentan die beliebteste Plattform für visuelle Inhalte und Mobilgeräte — zwei der stärksten Trends, wenn man die Entwicklung von Social Media betrachtet. Wenn Ihr Unternehmen in einer Branche tätig ist, in der ansprechende Bilder und Videos produziert werden können, kann Instagram ein wertvolles Instrument für die Unternehmenskommunikation sein.

Berücksichtigen Sie jedoch entsprechende Aufwände, um professionelles Material zu produzieren, das die Zielgruppe begeistert. Seien Sie sich bewusst, dass auf Instagram noch ein wenig indirekter agiert wird als auf anderen Plattformen und dass Sie im ersten Schritt eher die Stärkung einer Marke erzielen werden als direkten Umsatz.

7.5 Testen Sie Ihr Wissen!

1. Welche Besonderheiten müssen Unternehmen bei einer Nutzung von Instagram berücksichtigen?

   Bitte ankreuzen:

   - ☐ Der zeitliche und finanzielle Aufwand für die Produktion qualitativ hochwertiger Bilder/Videos kann beträchtlich sein.
   - ☐ Die Tiefe des Dialogs ist begrenzt.
   - ☐ Da Instagram zu Facebook gehört, gibt man die Nutzungsrechte für veröffentlichte Inhalte an Facebook weiter.
   - ☐ Da in Instagram keine direkte Verlinkung auf Produkte möglich ist, kann der Vertrieb nicht direkt unterstützt werden.
   - ☐ Instagram ist für mobile Endgeräte optimiert. Die Infrastruktur im Unternehmen muss darauf ausgelegt sein.

2. Welche Funktionalitäten stellt Instagram zur Verfügung?

   Bitte ankreuzen:

   - ☐ Bezahlte Werbung
   - ☐ Das Veröffentlichen von Beiträgen mit Hyperlinks
   - ☐ Das Veröffentlichen von Fotos
   - ☐ Die Nutzung von Hashtags
   - ☐ Das Anbieten von Produkten zum Kauf

3. Wie lang dürfen Videos maximal sein, wenn sie als Beitrag auf Instagram veröffentlicht werden?

   Bitte ankreuzen:

   - ☐ 3 Sekunden
   - ☐ 30 Sekunden
   - ☐ 60 Sekunden
   - ☐ 3 Minuten

4. Was ist in Bezug auf die Schaltung von bezahlter Werbung auf Instagram zutreffend?

   Bitte ankreuzen:

   - ☐ Werbung kann über den Facebook-Werbeanzeigenmanager geschaltet werden.
   - ☐ Werbung kann bei Firmenprofilen direkt auf Instagram geschaltet werden.

- ☐ Ziel der bezahlten Werbung kann die Steigerung der Followerzahl sein.
- ☐ Ziel der bezahlten Werbung kann die Steigerung der Reichweite sein.
- ☐ Ziel der bezahlten Werbung kann die Erhöhung der Interaktionsrate (Klicks für Beiträge) sein.

Twitter — Microblog und soziales Netzwerk im Ticker-Stil

In dieser Lektion lernen Sie

- wie Twitter im Vergleich zu anderen Plattformen einzuordnen ist.
- was die Dynamik von Twitter ausmacht und was die interessantesten Funktionalitäten der Plattform sind.
- wie Sie die Erfolgsaussichten beim Einsatz von Twitter kritisch und realistisch einschätzen.
- wie der Malerfachbetrieb *Heyse* Twitter zur Imagepflege nutzt.
- Wie die *Deutsche Telekom* Twitter als Supportkanal nutzt.

8.1 Twitter auf einen Blick

Art der Plattform	soziales Netzwerk/Microblog
Nutzer weltweit	ca. 330 Millionen aktive Nutzer pro Monat[27]
Zugriffsrang weltweit	5
Zugriffsrang in Deutschland	16
Einsatzbereich	B2C
URL	*https://www.twitter.com*

27. Quelle: Statista, https://www.statista.com/statistics/282087/number-of-monthly-active-twitter-users, abgerufen am 30.12.2019

Twitter als eine der alteingesessenen, am häufigsten genannten Social-Media-Plattformen ist ein soziales Netzwerk und ein Microblog, das kurze Beiträge mit maximal 280 Zeichen (früher 140 Zeichen) erlaubt. Besonders beliebt sind Themen rund um berühmte Personen, Politik und große Events. Kommunikationsaffine Zielgruppen, die sich mit digitaler Technologie auskennen (z. B. Journalisten, ITler, Blogger etc.), sind auf Twitter am häufigsten anzutreffen.

8.2 Was bietet Twitter für Ihr Unternehmen?

Die Funktionsweise von Twitter ist schnell erklärt: Man legt ein Konto an, vernetzt sich wie in anderen sozialen Netzwerken (hier heißt das »Folgen«) und tauscht so kurze, öffentliche Nachrichten, sogenannte **Tweets**, aus. Diese Tweets dürfen inklusive Links und **Hashtags** (Erklärung folgt) maximal 280 Zeichen lang sein. Beginnt man einen Tweet mit einem »@«-Zeichen, wird dieser Beitrag an einen anderen Nutzer adressiert und ist nur für Nutzer sichtbar, die sowohl dem veröffentlichenden als auch dem adressierten Account folgen. Nutzt man ein oder mehrere andere Zeichen vor dem »@«-Zeichen, beispielsweise die als ungeschriebene Konvention geltende Kombination ».@« zu Beginn eines Tweets, so ist dieser öffentlich.

Follower, also Nutzer, die anderen Konten folgen, sehen deren Tweets automatisch auf ihrer Startseite, wobei auch hier ein Algorithmus die Reichweite einschränkt, ähnlich wie auf Facebook und Instagram. Nutzer können auf einen Beitrag **antworten**, ihn **retweeten**, d. h. an ihre eigenen Follower weiterleiten, oder ihn über einen Klick auf ein Herz-Icon als **Favoriten** kennzeichnen. Dieses positive Feedback erscheint unterhalb des Beitrags. Dieses »Favorisieren« kann einem »Gefällt mir«-Klick auf Facebook gleichgesetzt werden.

Beim Verfassen eines Tweets können ein Bild, ein Link oder der eigene Standort einbezogen werden, um die kurze Nachricht anzureichern. Über die App können mit Mobilgeräten auch Videos aufgenommen und direkt eingebunden werden. Andere Twitter-Nutzer können erwähnt werden, indem man ihren Nutzernamen mit einem vorangestellten **@-Zeichen** im Tweet nennt.

Hashtags dienen dazu, Tweets in eine Stichwortkategorie einzuordnen. Dies geschieht ganz einfach, indem man einem Wort das Rautezeichen voranstellt, also zum Beispiel #WM2018. Twitter macht diesen Begriff dann automatisch zu einem Link. Beim Klick auf diesen werden aktuelle Tweets aller Accounts mit diesem Hashtag angezeigt. Auch in die Twitter-Suche können Hashtags eingegeben werden. Gerade für große Events oder aktuelle Themen gibt es häufig einen Hashtag, den alle Event-Teilnehmer für ihre entsprechenden Tweets verwenden. So entsteht ein facettenreiches Bild aus vielen kleinen Tweets zu einem Thema, das sich von jedem Nutzer schnell aufrufen lässt.

Abb. 75 *Ein Tweet mit den Symbolen zum Antworten, Retweeten, Favorisieren; das letzte Zeichen rechts steht für »als Nachricht versenden«*

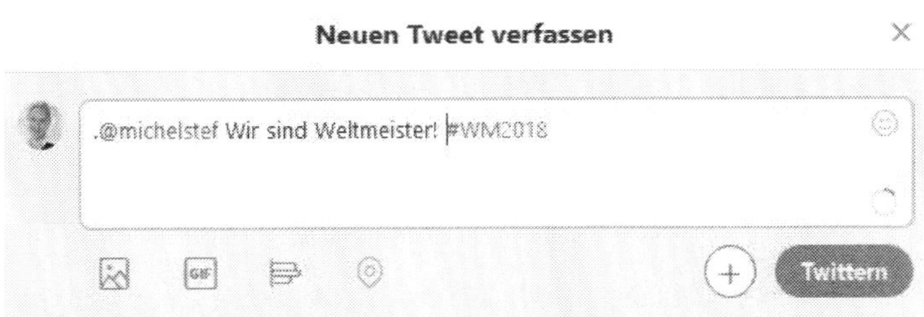

Abb. 76 *Das Verfassen eines öffentlichen Tweets mit Erwähnung eines Nutzers und einem Hashtag*

»Twitter Trends« ist eine Kurzübersicht der je fünf aktuell meist verwendeten oder, wie Twitter es formuliert, »interessantesten« Hashtags und Begriffe in Tweets, die je nach Kontoeinstellung für die weltweite Kommunikation, standortbezogen oder für die persönlichen Nutzervorlieben angezeigt werden können. Für Unternehmen ist es höchst wertvoll, in den Twitter Trends zu erscheinen und so noch mehr Nutzer auf sich aufmerksam zu machen. Erreicht wird dies meistens von großen, internationalen Konzernen mit umfangreichen Marketingkampagnen.

Abb. 77 *Die aktuellen Twitter Trends für Deutschland*

Durch die Begrenzung der Tweetlänge auf 280 Zeichen bietet Twitter eine Plattform, auf der im Newsticker-Stil kommuniziert wird, d.h. es geht um eine hohe Veröffentlichungsfrequenz (durchaus mehrmals täglich) und kompakte Beiträge. Oft wird Twitter verwendet, um auf andere Inhalte, zum Beispiel News- oder Blogartikel, zu verweisen. Die vorgegebene Kürze erfordert ein besonders sorgfältiges Texten der Tweets, um die Zielgruppe erfolgreich anzusprechen und zu einer Aktion zu motivieren, zum Beispiel zum Retweeten oder zum Klicken auf einen weiterführenden Link.

Über direkte Nachrichten ist es möglich, private Unterhaltungen mit einem Follower oder einer Gruppe von Followern zu führen.

Auf Twitter ist es bereits seit 2015 möglich, Tweets gegen Bezahlung hervorzuheben. Hier können verschiedenste Ziele ausgewählt werden. Mehr Informationen dazu finden Sie unter *https://ads.twitter.com*.

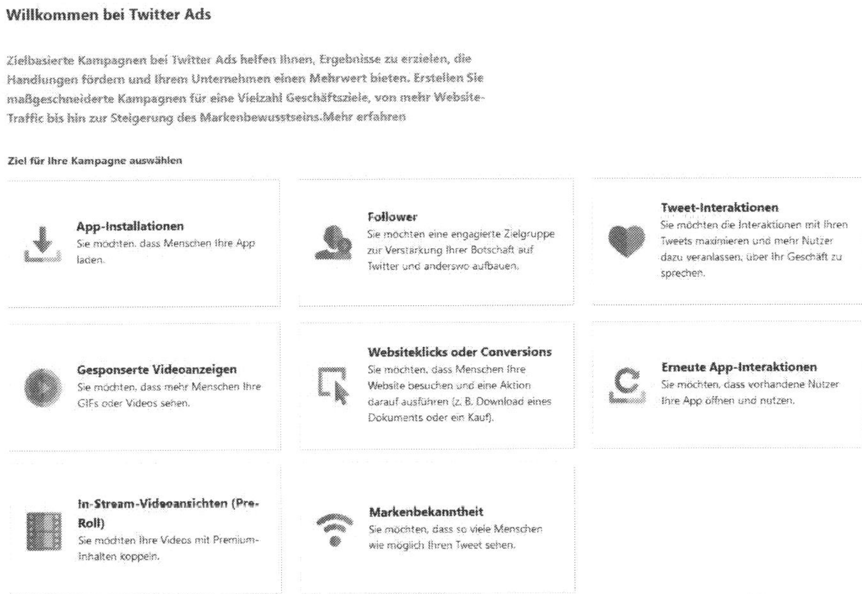

Abb. 78 *Die Zielauswahl beim Erstellen einer Twitter-Anzeige*

8.3 Ein kritischer Blick auf Twitter

Die Funktionalität von Twitter hat sich in den letzten Jahren schrittweise an andere Social-Media-Plattformen angenähert. Zu Beginn war Twitter eine rein textbasierte Plattform, auf der mit maximal 140 Zeichen sehr kurz getextet werden musste. Durch die Erweiterung des Zeichenlimits auf 280 Zeichen und die Möglichkeiten, Bilder oder kurze Videos in Tweets einzufügen, ist Twitter deutlich vielfältiger geworden. Die Plattform vollführt hier eine Gratwanderung: Auf der einen Seite muss und will die Plattform ein schlanker Dienst bleiben, um ihr Alleinstellungsmerkmal gegenüber anderen Plattformen zu behalten. Andererseits muss sich Twitter dem Nutzergeschmack anpassen und auch wirtschaftlich denken.

Interessant ist, dass die Nutzerzahlen von dem Höchststand seit Gründung der Plattform von 336 Millionen aktiven Nutzern pro Monat im 1. Quartal 2018 bis zum 1 Quartal 2019 auf 330 Millionen aktive Nutzer pro Monat gefallen sind. Ist das der Anfang des Abstiegs von Twitter? Das wird sich nur über ein genaues Beobachten in den nächsten Jahren zeigen, da Twitter die Methodik der Nutzermessung im 1. Quartal 2019 auf »monetisierbare aktive Nutzer pro Monat« umgestellt hat; ein unmittelbarer Vergleich ist also nicht möglich — was vielleicht auch gewollt ist.

Bilder und Videos sind erwiesenermaßen der bei Weitem erfolgreichste Inhalt in Social Media. Hier bedient Twitter den Trend, um nicht als rein textbasierte Plattform auf dem Abstellgleis zu landen. Auch folgt Twitter dem von Facebook und

LinkedIn begonnenen Trend, bezahlte Werbung bzw. das bezahlte Hervorheben von Beiträgen anzubieten.

Es wird interessant, zu beobachten, inwieweit Twitter es langfristig schafft, sich treu zu bleiben. Die Plattform bot durch ihre ursprüngliche Funktionsweise eine einzigartige Möglichkeit, minimalistisch, schnell und dynamisch Millionen von Nutzermeinungen zu einem Thema auszutauschen und zu bündeln. Wenn Twitter es schafft, dieses Alleinstellungsmerkmal zu erhalten, wird die Plattform sicherlich noch lange erfolgreich sein. Passt sie sich zu sehr an, riskiert sie, durch ein unklares Profil an Bedeutung zu verlieren.

Beim Planen einer Social-Media-Strategie muss kritisch betrachtet werden, für welche Unternehmen Twitter wirklich einen Mehrwert bringen kann. Wer hat Bedarf, seine Zielgruppe mehrmals pro Stunde oder zumindest mehrmals täglich im Nachrichtenticker-Stil zu informieren? Wer möchte Vertreter der Presse aktiv regelmäßig ansprechen? Dies ist für die meisten kleinen und mittleren Unternehmen kein echter Anwendungsfall: Welche Informationen müssen auf diese Art verteilt werden, und wer hat die Kapazität, sie zu verteilen? Außerdem ist zu bedenken: Welche Zielgruppe hat Zeit und Interesse, die Nachrichten auch zu lesen?

Ein guter Anwendungsfall war die Aktion der europäischen Flugsicherung, die 2010 nach dem Vulkanausbruch in Island Twitter nutzte, um Kunden über die Hashtags #ashtag und #euva auf dem Laufenden zu halten, und so auch Feedback von betroffenen Fluggästen einsammelte.

Abb. 79 *Ein Beitrag über Vulkanausbrüche in Island u. a. mit dem Hashtag #ashtag*

8.4 Fallbeispiel: Malerfachbetrieb *Heyse* auf Twitter

Einer der wenigen kleinen mittelständischen Betriebe in Deutschland, die auf Twitter sehr aktiv sind, ist der *Malerfachbetrieb Heyse*[28]: Der Geschäftsführer Matthias Schulze ist bereits seit Jahren mit viel Enthusiasmus auf mehreren Social-Media-Plattformen aktiv und als Botschafter des Handwerks in Social Media inzwischen deutschlandweit bekannt. Dadurch bekommt er nach eigener Aussage auch deutlich mehr Aufträge für seinen Betrieb.

Neben Themen rund um Handwerk und Social Media kommuniziert Herr Schulze auf Twitter natürlich auch Dinge, die mit dem Malerfachbetrieb selbst zu tun haben. Das Profil hat inzwischen über 2.800 Follower und knapp 32.000 veröffentlichte Tweets. Diese Zahlen bauen natürlich automatisch Glaubwürdigkeit auf.

Abb. 80 *Das Twitter-Profil des Malerfachbetriebs Heyse*

Um aber zu verstehen, wie schwierig es tatsächlich ist, Twitter kontinuierlich mit relevanten Informationen zu füllen, besuchen Sie in der folgenden Übung das Profil des Malerfachbetriebs:

28. *https://twitter.com/HEYSE_News24*

Übung 10:

Besuchen Sie das Twitter-Profil der Malerfachbetriebs *Heyse*: *http://www.twitter.com/HEYSE_News24.*

- Betrachten Sie die letzten Tweets: Um welche Themen drehen sich die Tweets?
- Wie viele Favoriten-Herzchen (die Zahl neben dem Herzchen unter dem Tweet) und wie viele Retweets (die Zahl neben dem Symbol mit zwei Pfeilen) erreichen die Tweets?
- Welchen Mehrwert sehen Sie für die Zielgruppe und für den Malerfachbetrieb in den Tweets?

Ihnen wird auffallen, dass die Tweets zum Teil fachspezifisch sind, zum Teil aber auch ganz andere Themen behandeln. Die Resonanz (Favoriten-Klicks und Retweets) ist im Vergleich zu der Follower-Anzahl jedoch sehr gering. Die niedrigen Interaktionsraten deuten darauf hin, dass durch die gemischten Themen keine Zielgruppe wirklich gut bedient wird. Hier wäre es sinnvoll, den Kanal klar auf eine Zielgruppe zu fokussieren, z. B. auf Kunden, andere Handwerksbetriebe, die im Bereich Social Media gecoacht werden, oder Vertreter der Presse. Das Unternehmen profitiert zwar von seiner allgemeinen Bekanntheit auch bei der Kundensuche, jedoch ist das Profil nicht zielgerichtet genug um eine saubere Content-Strategie zu verfolgen.

8.5 Fallbeispiel: Twitter als Supportkanal der Deutschen Telekom

Immer mehr Unternehmen nutzen Twitter als Supportplattfom. Dazu zählen beispielsweise der Versanddienst *Hermes* und die *Deutsche Telekom*. Unter dem Nutzernamen @Telekom_hilft (*https://twitter.com/Telekom_hilft*[29]) arbeitet ein auf verschiedene Standorte verteiltes, über hundertköpfiges Team daran, Fragen von Kunden zu beantworten und Probleme zu lösen. Wie Sie in Abb. 81 sehen können, wird dieses Angebot gerne angenommen: Anfang 2019 hatte das Konto knapp 62.000 Follower.

29. *https://twitter.com/Telekom_hilft/*

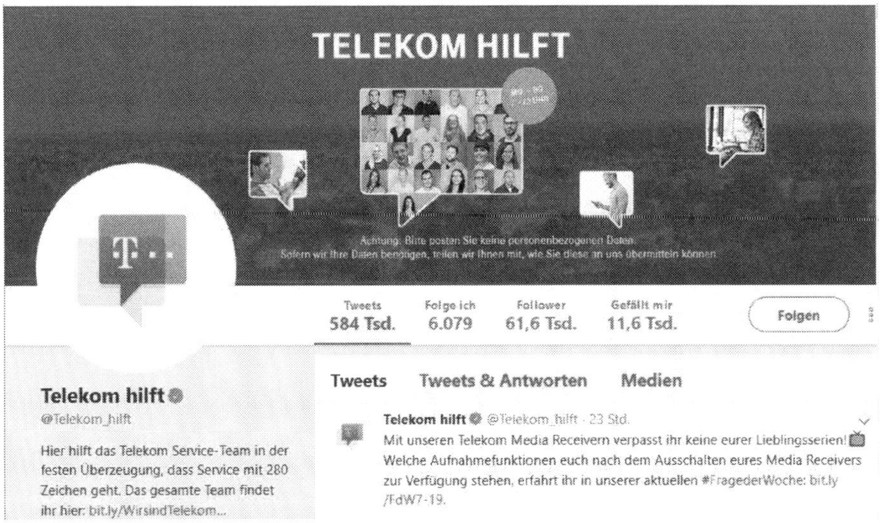

Abb. 81 *Die Twitter-Seite von Telekom_hilft*

Die Herangehensweise ist durchdacht: Im Profilbild werden die Servicezeiten klar kommuniziert und über einen im Profil angegebenen Link werden die Supportteams auf der Unternehmenswebseite[30] vorgestellt. Jeder Mitarbeiter unterschreibt seine Tweets mit seinem Vornamen und abgekürzten Nachnamen. So kann der Kunde seine Ansprechpartner identifizieren und weiß mit wem er kommuniziert. Die Verantwortlichkeiten sind klar getrennt. Jedes Team kommt aus einem anderen Fachbereich und bringt bestimmte fachliche Qualifikationen mit. Bei Problemen, die sich nicht auf der Plattform Twitter lösen lassen, oder in Fällen, wo personenbezogene Daten benötigt werden, verweisen die Supportmitarbeiter auf ein Onlineformular, über das Daten sicher ausgetauscht und die Fälle weiterbearbeitet werden können.

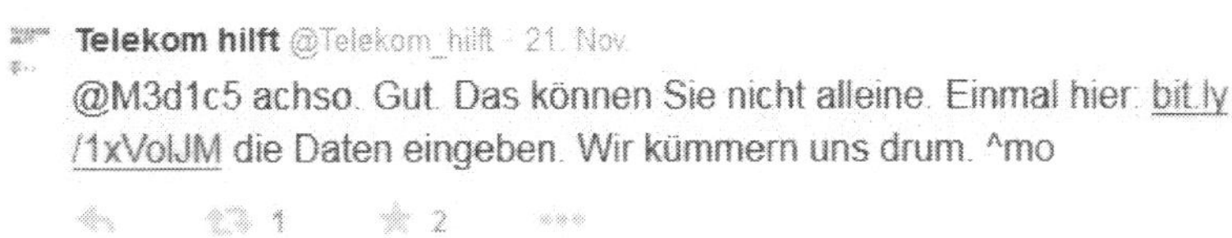

Abb. 82 *Ein Telekom-Mitarbeiter bei Twitter verweist auf das Onlineformular*

Neben dem Beantworten von Supportanfragen werden allgemeine technische Themen kommuniziert, neue Produkte und Services vorgestellt und auch mal etwas Nettes oder Lustiges veröffentlicht. So wird Twitter zu einem sehr nützlichen Tool, mit dem die Telekom täglich Tausende Kunden erreicht und Themen erklärt, bevor Fragen aufkommen. Natürlich haben die Nutzer wenig Interesse daran, die

30. *https://telekomhilft.telekom.de/t5/Blog/Wir-sind-Telekom-hilft/ba-p/3112149*

individuellen Supportanfragen anderer Nutzer mitzulesen, daher antwortet die Telekom hier meist mit privaten Nachrichten.

Abb. 83 *Ein für die breite Masse interessanter Tweet*

Zusammenfassung

Twitter eignet sich besonders für Themen, die für die breite Öffentlichkeit von Interesse sind: große Marken, Stars, Politiker und große Veranstaltungen. Hier schätzt die Zielgruppe regelmäßige kurze Updates.

Für alle anderen Anwendungsfälle muss ganz genau geprüft werden, ob von einer Twitter-Nutzung ein echter Mehrwert für das Unternehmen erwartet werden kann, der den einer anderen Social-Media-Plattform übersteigt. Folgende vier Fragen können dabei helfen:

1. Gibt es genug Themen rund um das Unternehmen, um mindestens zweimal am Tag einen Tweet zu veröffentlichen?
2. Können diese Themen mit maximal 280 Zeichen ausgedrückt werden, oder wären Blogartikel hier eine bessere Lösung?
3. Bewegt sich die Zielgruppe normalerweise auf Twitter?
4. Hat die Zielgruppe genug Interesse am Unternehmen, um mindestens einen unserer Tweets pro Tag zu lesen und damit zu interagieren?

Nur wenn Sie alle vier Fragen bejahen können, ist eine Nutzung von Twitter uneingeschränkt empfehlenswert.

8.6 Testen Sie Ihr Wissen!

1. Welche Funktionalitäten stellt Twitter zur Verfügung?

   Bitte ankreuzen:

   - ☐ Bezahlte Werbung
   - ☐ Das Veröffentlichen von Beiträgen ab 500 Zeichen
   - ☐ Das Veröffentlichen von Fotos
   - ☐ Die Navigation über Hashtags
   - ☐ Das Veröffentlichen von Beiträgen mit Hyperlinks

2. Wie lang darf ein Tweet maximal sein?

   Bitte ankreuzen:

   - ☐ 140 Zeichen, inklusive Links und Hashtags
   - ☐ 140 Zeichen, zuzüglich Links und Hashtags
   - ☐ 280 Zeichen, inklusive Links und Hashtags
   - ☐ 280 Zeichen, zuzüglich Links und Hashtags

9 Google My Business, Google+ und Google-Maps-Standorteinträge

In dieser Lektion lernen Sie

- wie die Funktionalität von Google My Business im Vergleich zu anderen Plattformen einzuordnen ist
- was die Dynamik und interessante Funktionalitäten rund um Google My Business ausmacht
- warum Google+ in Social-Media-Strategien nicht mehr verwendet werden sollte
- wie der amerikanische Friseursalon *Lance Lappin* seinen Google-Maps-Eintrag nutzt.

9.1 Google My Business: Google-Maps-Standorteinträge auf einen Blick

Art der Plattform	Crowd-/Bewertungsplattform
Nutzer weltweit	Google-Maps-Nutzer
Zugriffsrang weltweit	1 (als Bestandteil von Google)
Zugriffsrang in Deutschland	1 (als Bestandteil von Google)
Einsatzbereich	B2C
URL	*https://www.google.com/business*

Unter dem Begriff »Google My Business« fasst die Firma Alphabet (ehemals Google) mehrere Angebote für Unternehmen zusammen: Unternehmen können auf der Plattform ein Profil anlegen, das als ortsbezogener Eintrag (»Standort«) in

Google Maps (ehemals Google Places) erscheint, gleichzeitig aber auch Anzeigen über Google Ads schalten.

Gleich vorweg: Im Oktober 2018 erklärte die Firma Alphabet nach dem Bekanntwerden eines Datenlecks, dass Google+ abgeschaltet wird. Ab Februar 2019 verschwanden die ersten Funktionalitäten, ab April 2019 wurden die Daten auf den Servern des Unternehmens gelöscht. Damit ist Google+ im Jahr 2020 kein verfügbares soziales Netzwerk mehr und kann in Social-Media-Strategien nicht mehr verwendet werden.

Wir betrachten nun den ortsbezogenen Aspekt der »Google My Business«-Funktionalität: Standorteinträge auf Google Maps. Diese Einträge sind »social« in dem Sinne, dass jeder Nutzer mit einem Google-Konto auf Standorteinträgen Produkte und Dienstleistungen des jeweiligen Unternehmens bewerten kann, wir haben es also mit einer Bewertungsplattform zu tun.

9.2 Was bietet der Standorteintrag für Ihr Unternehmen?

Vorab: Diese Funktionalität von Google My Business bringt den größten Mehrwert für lokale Unternehmen, die Kunden in ihr Geschäft lenken möchten. Für andere Unternehmen schadet ein Eintrag nicht, hat aber deutlich geringeren Nutzen.

Im Wesentlichen ist es mit diesem Angebot von Google möglich, kostenlos einen Unternehmenseintrag auf Google Maps an einer bestimmten Adresse zu pflegen und Bewertungen zu Produkten oder Dienstleistungen zu erhalten. Viele Unternehmen haben bereits einen Eintrag, ohne sich dessen bewusst zu sein. Google erstellt selbstständig laufend Einträge aus Webseiten und aus Einträgen des Branchenverzeichnisses *Gelbe Seiten*, die allesamt öffentlich sichtbar sind und bewertet werden können.

Wird in der Google-Suche ortsbezogen gesucht, z.B. »Friseur Frankfurt« werden solche Standorteinträge in der Regel unter den ersten Suchergebnissen angezeigt. Natürlich kann auch direkt in Google Maps gesucht werden. Google sortiert die Suchergebnisse nach Relevanz, Entfernung und Bekanntheit.Das bedeutet in der Praxis, dass lückenlos gepflegte Profile, die nah am Suchort liegen sowie viele und gute Rezensionen haben, weiter oben in der Liste angezeigt werden. Auch werden große Marken mit gut vernetzten Webseiten beim Ranking bevorzugt. Am effektivsten ist daher die Nutzung von Google-Maps-Standorteinträgen für große, bekannte Unternehmen, die in der Stadtmitte liegen. Als Trost für kleinere Unternehmen außerhalb der Innenstädte: viele und gute Bewertungen können durchaus eine Auswirkung auf die Ergebnisliste haben, wie das Beispiel der *Linn Hairstyle GmbH* in Abb. 84 zeigt. Mit dem Google-Maps-Standorteintrag kann also sowohl

Suchmaschinenoptimierung (SEO) als auch Social-Media-Marketing durch das Einsammeln von positiven Nutzerbewertungen betrieben werden.

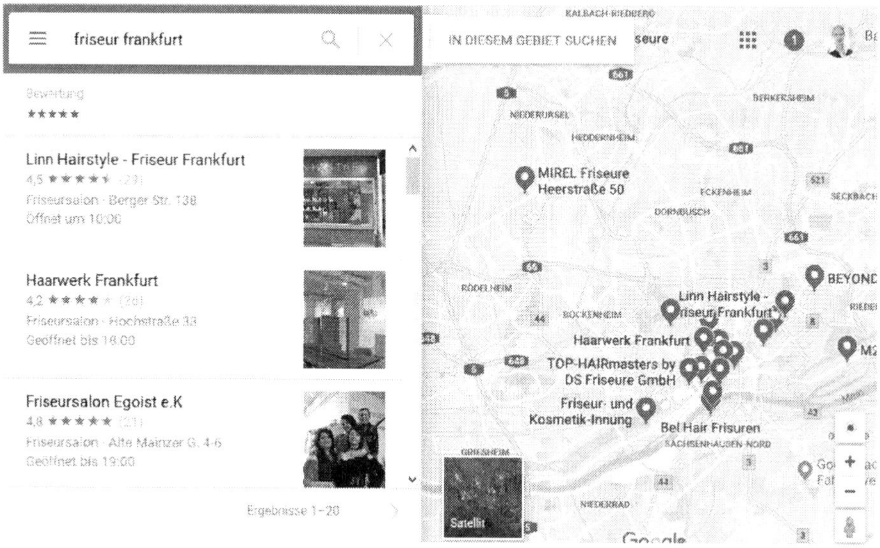

Abb. 84 *Google-Maps-Standorteinträge in den Suchergebnissen der Google-Suche*

Die Nutzung von Google-Maps-Standorteinträgen (und anderen Bewertungsportalen) ist deutlich weniger zeitintensiv als die Pflege eines sozialen Netzwerks, eines Blogs oder einer Videoplattform und daher sehr interessant für lokale Unternehmen mit wenig Zeit. So legen Sie ein Profil an und nutzen es ideal:

1. Auf Google My Business (*https://www.google.com/business*) suchen, ob der Unternehmensstandort bereits angelegt ist. Ist dies der Fall, so kann das Unternehmen Administrationsrechte für den bestehenden Eintrag anfordern. Darauf sendet Google einen PIN-Code per Postkarte an die Adresse des Eintrags. Mit der Eingabe des Codes bestätigt das Unternehmen, dass der Administrator es an der angegebenen Adresse vertritt. Besteht noch kein Profil, lässt sich ein neuer Eintrag erstellen, der ebenfalls per PIN verifiziert wird (manchmal wird auch die Möglichkeit einer Verifizierung per Telefon angeboten). Existieren mehrere Einträge, empfiehlt es sich, diese zu konsolidieren, indem Administrationsrechte angefordert und doppelte Profile gelöscht werden.

2. Haben Sie die Administrationsrechte für einen Eintrag erhalten, kann dieser mit Informationen über das Unternehmen befüllt werden. Dazu eignen sich eine kurze Vorstellung des Unternehmens, der Produkte und Dienstleistungen sowie Öffnungszeiten, Kontaktdaten und Fotos. Vorsicht: Momentan führt die umständliche Navigation nur über Umwege zum Profil. Daher sehen nur wenige Nutzer Informationen über die Kontaktdaten, Öffnungszeiten und Bewertungen hinaus. Konzentrieren Sie sich also darauf, diese Daten zu befül-

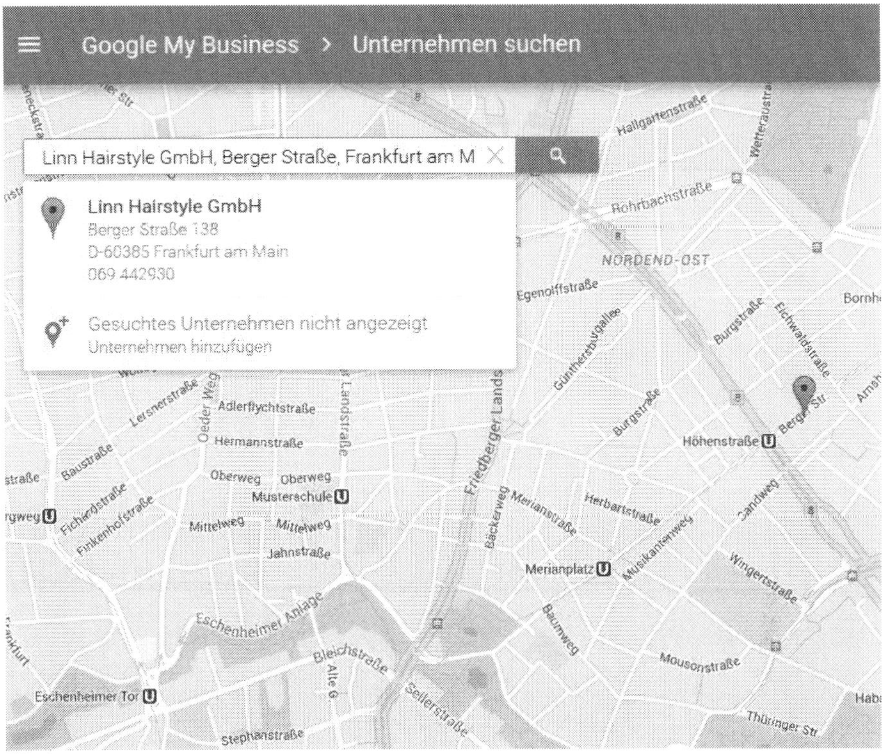

Abb. 85 *Suche nach einem Standorteintrag mit der Option, einen neuen Unternehmenseintrag anzulegen*

len. Besonders wichtig sind ein Link zu Ihrer Website und die Öffnungszeiten Ihres Geschäfts.

3. Ist der Eintrag nun professionell erstellt, sollten proaktiv Bewertungen angefordert werden. Bitten Sie Kunden darum, eine kurze Bewertung zu hinterlassen. Dafür bietet sich ein Link auf Ihrer Website an, kleine Karten, die im Ladengeschäft ausliegen, oder eine E-Mail, in der Sie auf die Seite verlinken. Da der Direktlink zu Google-Maps-Profilen sehr lang und schwer lesbar ist, sollten Sie ihn **nicht** auf Printmaterial drucken. Verwenden Sie stattdessen URL-Verkürzungs-Tools (siehe Abschnitt 14.3), um ihn einfacher lesbar und eintippbar zu machen — das macht es Ihren potenziellen Rezensenten einfacher.
4. Neu seit 2019 ist die Funktionalität verfügbar, Beiträge (»Updates«) als Teil von Google-Maps-Standorteinträgen zu veröffentlichen. Eine Interaktion mit den Beiträgen ist nicht möglich. Je nach Endgerät und Betrachtungsmodus ist meist nur der neueste Beitrag sichtbar, ältere Beiträge sind entweder komplett verborgen oder müssen per Klick aufgerufen werden. Beiträge, die älter als eine Woche sind (und die kein späteres Enddatum haben, wie z.B. eine längere Veranstaltung) werden von Google automatisch archiviert. Daher ist

wichtig zu verstehen, dass diese Beiträge einen anderen Charakter als Beiträge in sozialen Netzwerken haben.

5. Überwachen Sie die abgegebenen Bewertungen. Kritische oder negative Bewertungen sollten Sie unbedingt kommentieren, um Sachverhalte klarzustellen und als dialogbereit und kundenorientiert wahrgenommen zu werden. Die Kommentarfunktionalität steht Ihnen kostenlos zur Verfügung wenn Sie Administrator eines Profils sind.
6. Gegebenenfalls können Sie die im Google My Business-Startbildschirm angebotene Funktionalität nutzen, um den Standorteintrag mittels Google Ads zu bewerben und so sichtbarer zu machen.

9.3 Ein kritischer Blick auf Google-Maps-Profile

Bewertungsplattformen werden oft dafür kritisiert, viele gefälschte Bewertungen zu enthalten. Erinnern Sie sich an das Beispiel aus Abschnitt 3.1.4? Schauen wir uns dieses in einer Übung einmal genauer an.

Übung 11:

Suchen Sie auf Google Maps *https://maps.google.com* die Seite der zahnmedizinischen Praxis Dr. Broede mit dem Suchbegriff »Dr. Broede Nürnberg « und schauen Sie sich die Bewertungen kritisch an.

Was fällt Ihnen auf?

Folgende Aspekte sind hier auffällig:

- Viele der Rezensenten haben nur eine Bewertung verfasst, sind also keine regelmäßigen Rezensenten auf Google.
- Viele Nutzer haben sich sehr viel Zeit genommen und sehr lange Beiträge geschrieben, was für »echte« Bewertungen eher untypisch ist.
- Die meisten Rezensionen vergeben fünf Sterne, was sehr unecht wirkt.
- Immer wieder werden zwei Aspekte erwähnt: Kronen/Implantate und der besonders fürsorgliche Umgang von Dr. Broede mit älteren Patienten und mit Angstpatienten.

Vermutlich wurden diese Bewertungen von der Praxis stark motiviert und beeinflusst. Letzteres könnte eventuell mit den Google-Richtlinien kollidieren, die solche Praktiken untersagen. Dennoch sind die Bewertungen interessant: Anscheinend legt Dr. Broede auf die zwei oben genannten Aspekte viel Wert. Er ist also wohl eher nicht der richtige Zahnarzt für die Behandlung von Kindern, könnte aber durchaus ein kompetenter Ansprechpartner für die Überkronung eines Zahns oder für die Betreuung von ängstlichen Patienten sein. Damit hat die Praxis sich klar positioniert und aus der Plattform das Optimum herausgeholt!

Es gibt viele Bewertungsplattformen, die zueinander in Konkurrenz stehen. Daher haben die Betreiber der Plattformen ein großes Interesse, das Fälschen von Bewertungen zu unterbinden, und führen immer mehr und engere Kontrollmechanismen ein. Auf Google zum Beispiel können nur Nutzer mit einem registrierten Google-Konto eine Bewertung schreiben. Die Plattform jameda prüft anhand von Qualitätsmerkmalen, wie echt die Einträge auf der Plattform wirken, und vergibt gegebenenfalls ein Gütesiegel. Viele Plattformen werten auch IP-Adressen aus. Zusätzlich werden Nutzer immer versierter darin, Bewertungen kritisch zu betrachten. Es lohnt sich also, als Unternehmen der Versuchung zu widerstehen, Bewertungen selbst zu verfassen oder sogar zu kaufen. Langfristig tun Sie sich damit keinen Gefallen.

Ein weiterer kritisch zu bewertender Aspekt ist, dass Standorteinträge auf Google Maps dem ständigen Wandel der »My Business«-Suite von Google unterworfen sind. Die Navigation ändert sich häufig, Features werden überarbeitet, und es kann sogar sein, dass große Funktionalitäten wie Google+ komplett verschwinden.

9.4 Fallbeispiel: Das Kosmetikstudio *feelgoodsalon* auf Google Maps

Wie bereits erwähnt, sind Google-Maps-Standorteinträge besonders für lokale Unternehmen mit Kundenverkehr im Geschäft sehr nützlich. Für diese Fallstudie suchen wir auf Google Maps nach einem Beautysalon in München (vgl. Abb. 86).

Der erste Eintrag ist bezahlte Werbung (geschaltet über Google Ads), danach erscheinen weitere Einträge, die nach Standort, Relevanz und Bekanntheit/Bewertungen geordnet sind. Die durchschnittliche Note und die Anzahl der Bewertungen werden optisch schön dargestellt, sodass für den Betrachter sofort klar wird, welcher Anbieter von wie vielen Kunden wie gut oder schlecht bewertet wurde. Weiter unten in der Liste finden sich durchaus auch noch Unternehmen mit über 100 Bewertungen, aber einer Durchschnittsbewertung von nur 3,5 Sternen. Eines der Suchergebnisse ist das Studio *feelgood salon*. Der Eintrag ist mit Adresse, Webseitenlink, Telefonnummer und Öffnungszeiten sauber gepflegt, professionelle Bilder zeigen eine einladende Atmosphäre.

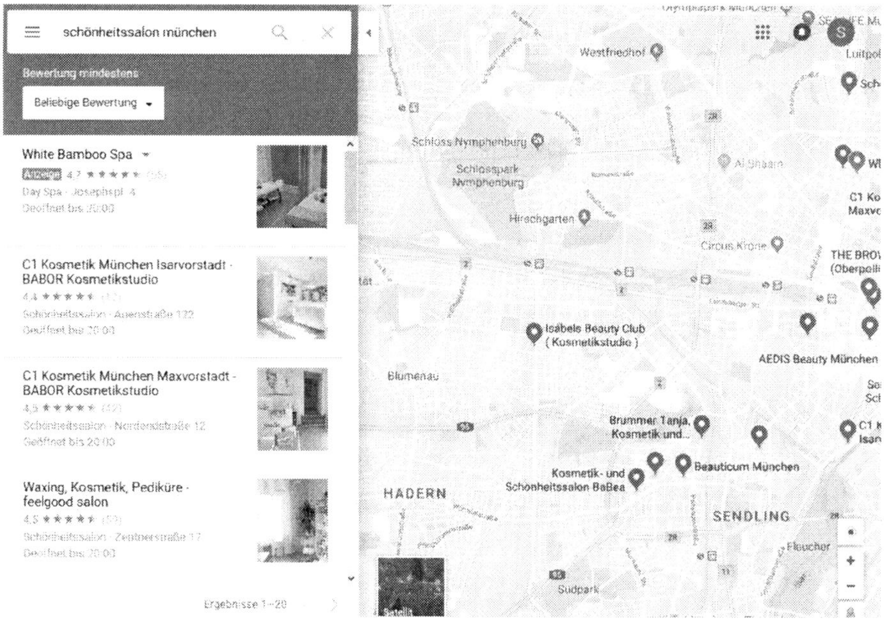

__Abb. 86__ Google-Maps-Standorteinträge für die Suche »Schönheitssalon München«

Abb. 87 *Der Standorteintrag des Unternehmens feelgood salon*

Beim Klick auf die Bewertungen sieht man, dass sie nicht nur durchweg positiv sind, sondern dass auch Kritik geäußert wird. Die Besitzerin überwacht die Einträge regelmäßig, bedankt sich bei positiven Kommmentare oder reagiert wie in Abb. 88 auf Kritik.

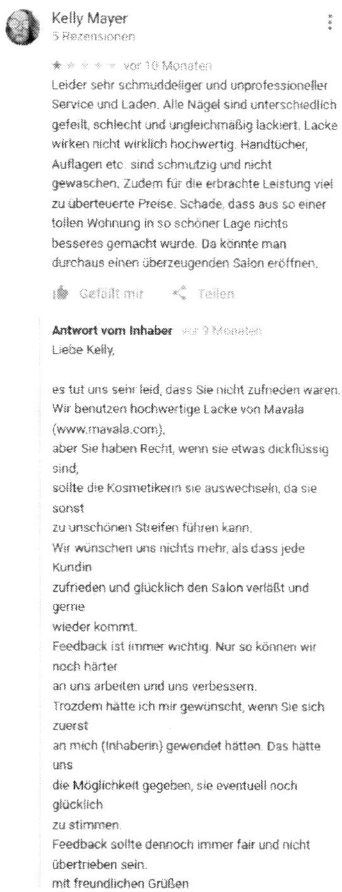

Kelly Mayer
5 Rezensionen

vor 10 Monaten

Leider sehr schmuddeliger und unprofessioneller Service und Laden. Alle Nägel sind unterschiedlich gefeilt, schlecht und ungleichmäßig lackiert. Lacke wirken nicht wirklich hochwertig. Handtücher, Auflagen etc. sind schmutzig und nicht gewaschen. Zudem für die erbrachte Leistung viel zu überteuerte Preise. Schade, dass aus so einer tollen Wohnung in so schöner Lage nichts besseres gemacht wurde. Da könnte man durchaus einen überzeugenden Salon eröffnen.

Gefällt mir Teilen

Antwort vom Inhaber vor 9 Monaten
Liebe Kelly,

es tut uns sehr leid, dass Sie nicht zufrieden waren.
Wir benutzen hochwertige Lacke von Mavala (www.mavala.com),
aber Sie haben Recht, wenn sie etwas dickflüssig sind,
sollte die Kosmetikerin sie auswechseln, da sie sonst
zu unschönen Streifen führen kann.
Wir wünschen uns nichts mehr, als dass jede Kundin
zufrieden und glücklich den Salon verläßt und gerne
wieder kommt.
Feedback ist immer wichtig. Nur so können wir noch härter
an uns arbeiten und uns verbessern.
Trozdem hätte ich mir gewünscht, wenn Sie sich zuerst
an mich (Inhaberin) gewendet hätten. Das hätte uns
die Möglichkeit gegeben, sie eventuell noch glücklich
zu stimmen.
Feedback sollte dennoch immer fair und nicht übertrieben sein.
mit freundlichen Grüßen

Abb. 88 *Eine negative Bewertung im Standorteintrag des Schönheitssalons feelgood salon*

Zusammenfassung

Für ortsgebundene Unternehmen ist ein Standorteintrag auf Google Maps Pflicht. Die Möglichkeit, kostenlos einen Eintrag anzulegen, der in den Google-Suchergebnissen und auf Google Maps erscheint, ist sehr wertvoll. Viele und positive Rezensionen sind der wichtigste Faktor, um potenzielle Kunden von Ihrem Unternehmen zu überzeugen. Pflegen Sie jedoch auch den Eintrag des Unternehmens gut, da dies neben den Rezensionen, der Entfernung vom Suchort sowie der Markenbekanntheit die Position des Eintrages in den Suchergebnissen beeinflusst.

Bitten Sie Ihre Kunden immer wieder darum, Bewertungen abzugeben, um sich mit vielen positiven Rezensionen von Wettbewerbern abzuheben. Widerstehen Sie jedoch der Verlockung, Bewertungen zu kaufen oder dafür Belohnungen zu versprechen, da dies gegen die *Richtlinien von Google*[31] und u.U. auch gegen geltende Gesetze verstößt.

Beachten Sie vor einer Nutzung den Ortsfaktor: Wenn Ihr Geschäft weit außerhalb des Zentrums liegt, ist eine Pflege eher nicht lohnenswert.

9.5 Testen Sie Ihr Wissen!

Welche Funktionalitäten stellt Google für Google-Maps-Standorteinträge zur Verfügung?

Bitte ankreuzen:

☐ Beiträge veröffentlichen

☐ Bewertungen veröffentlichen

☐ Öffnungszeiten angeben

☐ Abstimmungen durchführen

☐ Bewertungen kommentieren

31. *https://support.google.com/contributionpolicy#topic=7422769*

10 YouTube — die weltweit größte Videoplattform

In dieser Lektion lernen Sie

- wie YouTube im Vergleich zu anderen Plattformen einzuordnen ist.
- was die Dynamik von YouTube ausmacht und was die interessantesten Funktionalitäten der Plattform sind.
- wie Sie die Erfolgsaussichten beim Einsatz von YouTube kritisch und realistisch einschätzen.
- wie der kleine Yoga-Anbieter *ClimbingFlex* YouTube für die Akquise nutzt.

10.1 YouTube auf einen Blick

Art der Plattform	Videoplattform
Nutzer weltweit	>1,5 Milliarden Besucher pro Monat
Zugriffsrang weltweit	2
Zugriffsrang in Deutschland	2
Einsatzbereich	B2C, B2B
URL	*https://www.youtube.com*

YouTube als die größte Videoplattform in Deutschland und weltweit wird jeden Monat von mehr als 1,5 Milliarden eingeloggten Nutzern besucht. Pro Minute werden über 100 Stunden neues Videomaterial auf die Plattform hochgeladen. Dies bedeutet zweierlei: Zum einen ist YouTube aufgrund des Aktivitätslevels eine sehr interessante Plattform, zum anderen müssen Videos wirklich gut sein, um sich von der Masse der Inhalte abzuheben.

10.2 Was bietet YouTube für Ihr Unternehmen?

YouTube kann in fünf einfachen Schritten von Personen und Unternehmen gleichermaßen genutzt werden:

1. **Konto anlegen:** Für die kostenlose Erstellung eines YouTube-Profils brauchen Sie ein Google-Konto. Möchten Sie YouTube für ein Unternehmen nutzen, überlegen Sie gut, welches Konto Sie hier verwenden: Mit dem Nutzernamen und Passwort kann auch auf Google Mail, Google Drive und Google My Business (Google+ und Google-Maps-Eintrag) zugegriffen werden. Verwenden Sie also kein privates Google-Konto!
2. **Kanal konfigurieren:** Einmal angemeldet, können Sie den Kanal auf YouTube konfigurieren. Ein Kanal ist die öffentliche, individuelle Seite Ihres Kontos auf YouTube, auf dem Sie eine Beschreibung des Kanals, ein Titelbild, ein Profilbild und andere Informationen einpflegen. Denken Sie auch daran, einen Link einzupflegen, der auf ein Impressum verweist, um der allgegenwärtigen Impressumspflicht Genüge zu tun. Leider bietet YouTube dafür noch keine Funktionalität an. Innerhalb eines Kanals können mehrere, zum Beispiel nach Themen getrennte »Playlists« angelegt werden.

3. **Videos hochladen:** Nun können Sie Videos hochladen und gegebenenfalls in Playlists organisieren. Hier lohnt es sich, auf einige Punkte zu achten: Geben Sie dem Video einen aussagekräftigen Namen und pflegen Sie eine kurze, ansprechende Beschreibung ein. Generell kommen kürzere Videos besser an. Bei langen Videos zögern Nutzer, überhaupt mit dem Anschauen zu beginnen. Andere wiederum springen häufig vor Ende des Videos ab, wenn der Inhalt sie nicht wirklich begeistert. Daher gilt als Faustregel: Halten Sie das Video so kurz wie möglich, präsentieren Sie aber alle Informationen mit echtem Mehrwert für den Nutzer auf eine ansprechende Art und Weise. Eine elegante Lösung, wenn Sie viele Aspekte zeigen möchten, sind mehrere kurze Videos. Anders als auf Facebook werden hier aber auch Videos mit einer Länge von über 60 Sekunden von den Nutzern gut angenommen.

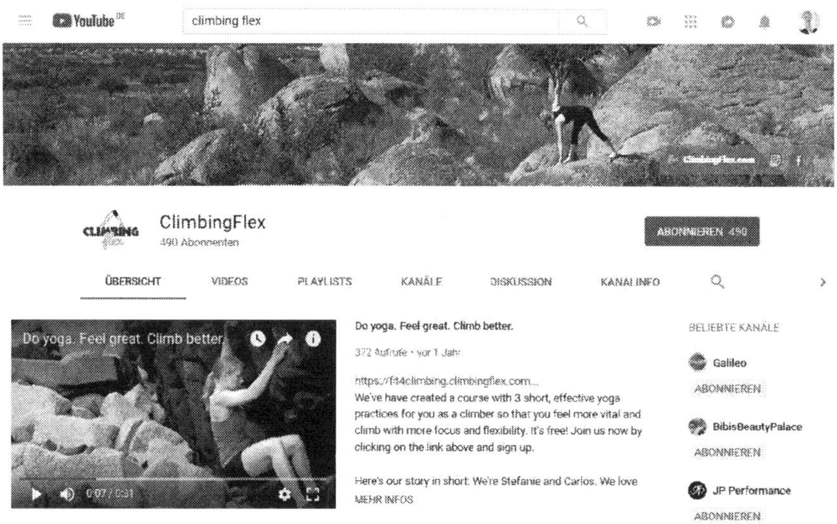

Abb. 89 *Das YouTube-Konto von ClimbingFlex*

4. **Videos streuen:** Stellen Sie sicher, dass die Videos so weit wie möglich gestreut werden: Verbreiten Sie die Filme über andere Social-Media-Plattformen (Inhaltsverteiler) und verlinken Sie von der Unternehmenswebsite auf Ihr YouTube-Video bzw. auf Ihren YouTube-Kanal oder betten Sie Videos in Ihre Website ein.

5. **Zugriffe und Interaktionen überwachen:** Was YouTube »social« im Sinne von Social Media macht, ist die Möglichkeit, Videos zu bewerten und zu kommentieren. In Abb. 90 sehen Sie die Schaltflächen »Daumen hoch« und »Daumen runter«. Weiter unten findet sich (auf dem Screenshot nicht sichtbar) ein Kommentarfeld. Für Sie als Inhaber eines Kanals stellen die Kommentare wichtiges und wertvolles Feedback dar, um Ihr Angebot kontinuierlich zu verbessern. Kommentare sollten immer zeitnah beantwortet werden, sofern eine Antwort sinnvoll ist. Daher bietet es sich an, je nach Veröffentlichungsfrequenz der

Videos und je nach Größe der Zielgruppe mindestens einmal wöchentlich, eventuell aber auch mehrfach täglich zu kontrollieren, welche Rückmeldungen es zu den Videos gibt.

Abb. 90 *Nutzerbewertungen eines YouTube-Videos*

Folgende fortgeschrittene Funktionen auf YouTube sind für Unternehmen interessant:

So kann ein Unternehmen seinen **Account verifizieren** lassen. Ist die Verifizierung erfolgt, signalisiert ein Bestätigungshäkchen neben den Namen des Kanals, dass es sich um den offiziellen Kanal eines Unternehmens handelt. Um das Konto verifizieren zu können, müssen einige Voraussetzungen erfüllt sein, die hier nachzulesen sind: *https://support.google.com/youtube/answer/3046484?hl=de.*

Der Vorteil eines verifizierten Kontos liegt darin, dass es professioneller wirkt und Nutzern die Sicherheit gibt, den Urheber der Videos zu kennen. Außerdem schaltet YouTube zusätzliche Funktionen frei: Sie können längere Videos hochladen und beispielsweise Live-Veranstaltungen streamen. Noch mehr Funktionen bietet ein Partner-Konto. Dieses ist nicht etwa gegen Bezahlung zu buchen, sondern nur für Konten verfügbar, die mindestens 1.000 Abonnenten haben und die innerhalb der letzen zwölf Monate mindestens 4.000 Stunden Wiedergabezeit erreicht haben. Eine Übersicht zu YouTube-Partnerkonten und deren Funktionen ist hier verfügbar: *https://support.google.com/youtube/answer/72851.*

Die zweite interessante Funktion ist **YouTube Analytics**. Unter *https://www.youtube.com/analytics* lassen sich umfangreiche und aussagekräftige Statistiken aufrufen wie Zugriffe oder demografische Daten der Zuschauer. Dazu kommen Angaben, auf welchen Endgeräten Videos wiedergegeben wurden, und die Information über die durchschnittliche Wiedergabedauer von Videos.

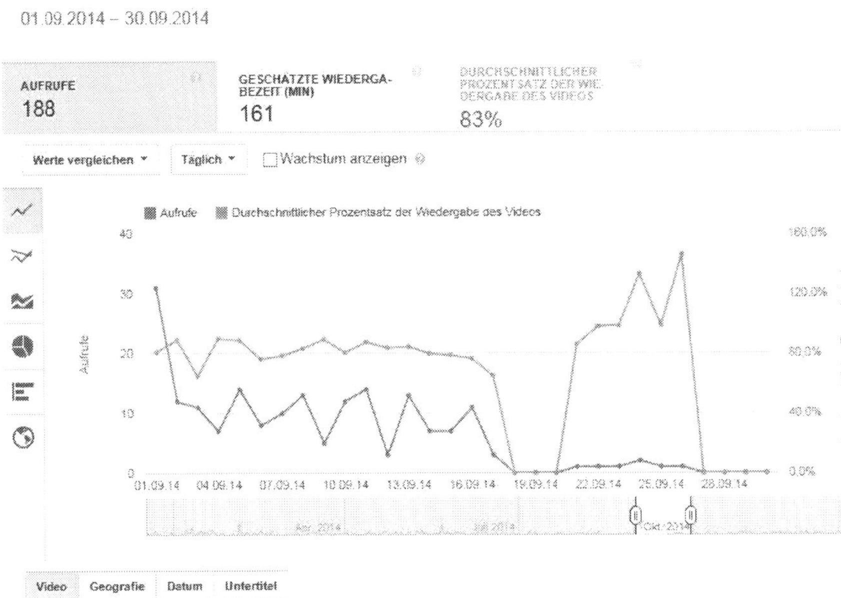

Abb. 91 *Überblick über Zugriffe und durchschnittliche Wiedergabedauer in YouTube Analytics*

Eine weitere interessante Funktion von YouTube ist das **Schalten von Videoanzeigen**. Die Videos werden dafür auf YouTube hochgeladen, das Schalten und die Bezahlung laufen über Google Adwords. Mehr Informationen dazu finden Sie hier: *https://www.youtube.com/yt/advertise/de*. Bedenken Sie aber, dass bezahlte Werbung immer eine weniger subtile bzw. vertrauenerweckende Methode ist als die organische Verbreitung von Inhalten Ihres Unternehmens! Videoanzeigen haben nicht mehr viel mit Social Media zu tun. Die Videos verweisen auf eine Webadresse Ihrer Wahl, Interaktion und ein Austausch sind nicht vorgesehen.

10.3 Ein kritischer Blick auf YouTube

YouTube als Plattform gehört zur Google-Welt: Mit einer Nutzung unterwerfen Sie sich den Google-Nutzungsbedingungen, die YouTube und anderen Nutzern erlauben, hochgeladene Videos zu verwenden, derivative Werke zu erstellen und die Videos z. B. für YouTube-Werbung einzusetzen.

Große Änderungen an YouTube sind in absehbarer Zeit nicht zu befürchten, da die Funktionalität überschaubar und etabliert ist. Zudem ist die Wahrscheinlichkeit, dass Google die Plattform verkauft, sehr gering.

Wichtig ist zu verstehen, dass z.B. Facebook Videos, die direkt auf Facebook hochgeladen werden, eine deutlich höhere Reichweite einräumt als Beiträgen mit Links zu YouTube-Videos. Planen Sie überwiegend kurze Videos < 60 Sekunden zu veröffentlichen, so kann es sinnvoll sein, diese direkt auf Facebook abzulegen. Planen

Sie jedoch längere Videos, ist es eine gute Lösung, die langen Videos auf YouTube abzulegen und kurze Teaser-Videos (ca. 10-20 Sekunden) auf Facebook zu posten, die auf die langeren Videos verlinken.

Auch auf YouTube entscheidet ein Algorithmus, welches Video wie sichtbar gemacht wird, d.h. welche Videos Nutzern als Empfehlungen angezeigt oder automatisch nach einem angesehenen Video abgespielt werden. Dazu bewertet der Algorithmus Faktoren wie die Interaktion anderer Nutzer mit einem Video (Daumen hoch/Daumen runter und Kommentare), die Performance des Videos (wie viele Nutzer haben das Video wie lange betrachtet) und den Wert des Videos für YouTube generell, d.h. wie häufig das Video Einstiegspunkt für einen Nutzer ist, der sich dann lange auf YouTube aufhält. Auch das regelmäßige Veröffentlichen von neuen Videos in einem Kanal wird von YouTube positiv bewertet, allerdings nur, wenn diese Videos auch Zuspruch finden. Ein letzer Faktor ist die generelle Relevanz des Videos: Filme mit extremistischen Inhalten, zu Verschwörungstheorien und sachlich falsche Videos wie »die Erde ist eine Scheibe« werden stark reduziert ausgeliefert.

Die größte Hürde bei der Nutzung des Videoportals ist erfahrungsgemäß die Produktion der Videos. Momentan zeigt sich ein Trend zum Imagefilm: Viele Unternehmen möchten ein Unternehmensvideo haben und sind bereit, nicht unbeträchtliche Summen in Filme zu investieren, die leider häufig zu lang und für Außenstehende nur mäßig interessant sind. Überlegen Sie beim Erstellen eines Imagevideos genau, welche Aspekte für Außenstehende spannend sind und worauf verzichtet werden kann, sodass das Video kurz und spannend bleibt. Auch ist das Erstellen eines Imagefilms nicht genug, um YouTube aktiv als Social-Media-Kanal zu nutzen. Ihre Präsenz steht und fällt mit guten, kurzen und regelmäßig erscheinenden neuen Videos. Soll YouTube ein echter Teil der Social-Media-Strategie Ihres Unternehmens sein, brauchen Sie einen klaren Plan, wie diese Videos produziert werden können.

10.4 Fallbeispiel: *ClimbingFlex* — YouTube als Akquise-Tool

Das Unternehmen *ClimbingFlex* bietet Yoga speziell für Kletterer an — in Form von Onlinekursen im Abonnement und mehrtägigen Präsenzkursen. Als Teil einer Social-Media-Präsenz, die sich an Kletterer und Boulderer wendet, betreibt das Team von *ClimbingFlex* unter anderem einen YouTube-Kanal unter *https://www.youtube.com/channel/UCNYxXQQOGCufTj_dGjmHyFA.*

ClimbingFlex setzt YouTube ein, um seine Kompetenz klar zu demonstrieren und Lust auf mehr zu machen: Von Trainingsvideos über Produkttests bis hin zu Kundenreferenzen bietet der YouTube-Kanal kurze, professionelle und für die Zielgruppe inhaltlich wertvolle Videos. Besonders durch die Nähe zum Hauptprodukt

(Online-Yoga-Kurse in Form von Videos) präsentiert und demonstriert *ClimbingFlex* auf der Videoplattform seine Produkte und Kompetenzen besser als über kurze Beiträge auf sozialen Netzwerken oder textbasierte Blogartikel.

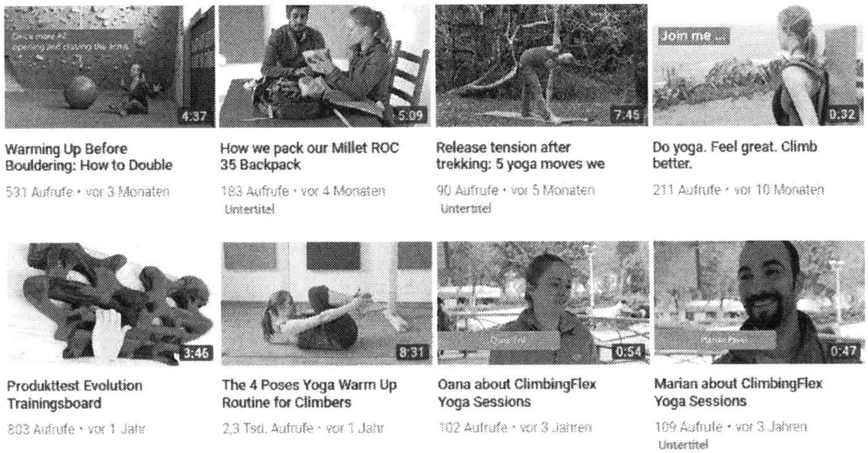

Abb. 92 *Eine Auswahl der Videos von ClimbingFlex*

ClimbingFlex produziert und veröffentlicht regelmäßig Videos zu Themen, die die Zielgruppe ansprechen und einen engen Bezug zu der Philosophie des Unternehmens haben.

Übung 12:

Besuchen Sie den Kanal von *ClimbingFlex* unter *https://www.youtube.com/channel/UCNYxXQQOGCufTj_dGjmHyFA* und betrachten Sie die Liste der Videos mit Titeln und Beschreibungen.

- Welche Videos finden Sie für die Zielgruppe (Kletterer und Boulderer) am ansprechendsten?
- Auf welche Kriterien haben Sie geachtet, als Sie Ihre Auswahl getroffen haben?
- Vergleichen Sie die Abonnenten auf YouTube und Facebook.

Sicherlich haben Sie einige für die Zielgruppe attraktive Videos gefunden: Das Team von *ClimbingFlex* stellt eine gute Mischung von Videos mit interessanten Themen und schönen Vorschaubildern zur Verfügung. Möglicherweise waren auch die Länge der Videos und die Anzahl der Aufrufe ein Kriterium für Ihre Auswahl.

Die Videos sind zwischen circa 40 Sekunden (für kürzere Inhalte wie Kundenreferenzen) und fünf bis zehn Minuten lang. Die einzige Ausnahme ist eine komplette Yoga-Stunde, die mitgefilmt wurde und von der Zielgruppe als Trainingsanleitung genutzt werden kann. In dem Fall ist die außergewöhnliche Länge sinnvoll. *ClimbingFlex* veröffentlicht ungefähr ein Video pro Monat. Die Frequenz könnte hier sicherlich noch höher sein, doch würden dadurch auch die Aufwände für das Unternehmen steigen und die einzelnen Videos eventuell weniger Aufmerksamkeit erhalten. Ein Video pro Monat ist vermutlich das beste Aufwand-Nutzen-Verhältnis im Rahmen der Möglichkeiten dieser Firma. Je nach Inhalt erzielen die Videos circa 100 bis 12.000 Aufrufe. Insgesamt konnte der Kanal seit Anfang 2014, also in fünf Jahren, knapp 49.000 Videoaufrufe verzeichnen. Stellen Sie sich vor: circa 800 Personen, die sich pro Monat mehrere Minuten Zeit nehmen, dem Team von *ClimbingFlex* zuzuhören. Wie wertvoll wäre es für Ihr Unternehmen, pro Woche 190 Personen mehrere Minuten lang die Kompetenzen Ihres Unternehmens erläutern zu können?

Kombiniert wird der YouTube-Kanal mit Präsenzen auf Facebook, Instagram und Twitter. Die Videos werden vor allem auf Facebook veröffentlicht. Das soziale Netzwerk ist mit knapp 6.000 Fans mit Abstand die größte Social-Media-Präsenz von *ClimbingFlex*. Die Veröffentlichung erfolgt entweder als Beitrag, der auf YouTube verlinkt, oder als direkter Videobeitrag auf Facebook. So macht *ClimbingFlex* die Videos für weit mehr als die knapp 500 Abonnenten sichtbar. Ein direktes Veröffentlichen ist inzwischen oft sinnvoll, da Facebook direkt hochgeladenen Videos eine deutlich größere Reichweite einräumt als verlinkten YouTube-Videos. Dennoch sollte in einem solchen Fall ergänzend immer wieder auf die YouTube-Präsenz als Videobibliothek hingewiesen werden.

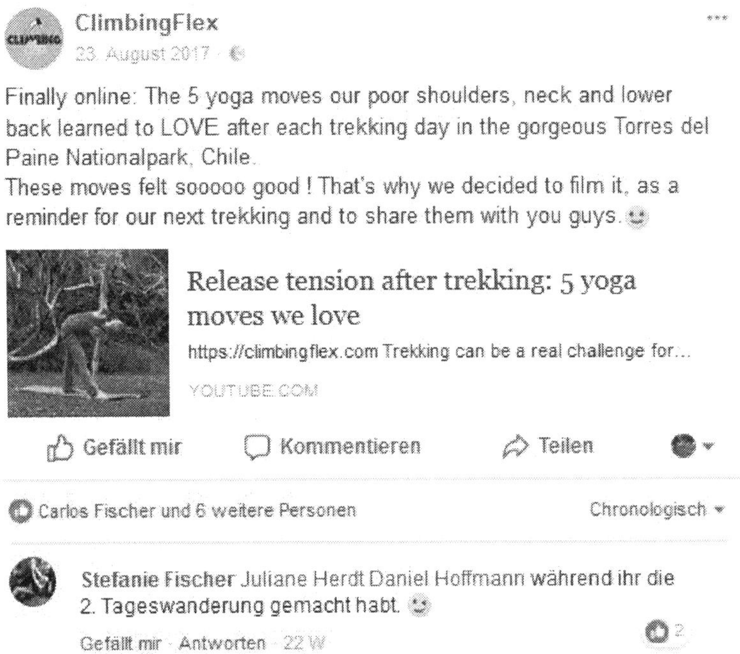

Abb. 93 *Verbreitung eines Videos von* ClimbingFlex *über Facebook*

Zusammenfassung

Wie das Fallbeispiel zeigt, bietet YouTube für Branchen, die ihre Kompetenzen und Produkte zeigen und damit die Akquise unterstützen wollen, die wertvolle Möglichkeit, sich immer wieder zu präsentieren. In der Kombination mit Inhaltsverteilern sind die aufwendig produzierten Videos nicht von den tendenziell eher wenigen YouTube-Abonnenten und zufälligen Besuchern abhängig, sondern Sie streuen Ihren wertvollen visuellen Content proaktiv und effektiv!

10.5 Testen Sie Ihr Wissen!

Was könnte gegen eine Nutzung von YouTube im Unternehmenskontext sprechen?

Bitte ankreuzen:

- ☐ Der hohe Aufwand, qualitativ hochwertige Videos zu erstellen.
- ☐ Die Weiterverwendungsrechte, die Unternehmen YouTube mit dem Hochladen von Videos einräumen.

- ☐ Die abnehmende Beliebtheit von Videos im Web
- ☐ Kurze Videos erzielen in der Regel bessere Ergebnisse, wenn sie direkt auf Facebook veröffentlicht werden.

11 WordPress — die meist genutzte Blogging-Software

In dieser Lektion lernen Sie

- was die interessantesten Funktionalitäten von WordPress sind.
- wie Sie die Erfolgsaussichten beim Einsatz eines Blogs (in diesem Falle mit WordPress) kritisch und realistisch einschätzen.
- wie das mittelständische Unternehmen *Chr. Ufer GmbH* ein WordPress-Blog zum Arbeitgeber-Branding bei Azubis nutzt.

11.1 WordPress auf einen Blick

Falls Sie die Abschnitte zu Blogs und Microblogs in Lektion 3 noch nicht gelesen haben, holen Sie dies jetzt bitte nach, da dort wichtige Basisinformationen über Blogs gegeben werden, die in dieser Lektion nicht wiederholt werden.

Blogs sind im Prinzip Websites mit einer Sammlung von Artikeln, die sich in der Regel auf ein bestimmtes Thema oder eine Themengruppe konzentrieren. Dies könnte beispielsweise Kochen, Computer-Hardware oder Themen rund um ein Unternehmen sein. Der Ursprung von Blogs als Online-Tagebücher zeigt sich auch heute noch darin, dass die Artikel meist mit Datum und — bei Blogs mit mehreren Autoren — mit dem Namen des jeweiligen Verfassers gekennzeichnet sind. Es gibt unzählige Plattformen, auf denen ein Blog auch ohne technische Kenntnisse betrieben werden kann: WordPress, Blogger (ein weiteres Google-Produkt), Tumblr und Wix sind nur einige Beispiele. Auch die meisten modernen CMS-Systeme bieten inzwischen eine komfortable Blogging-Funktionalität an.

Die Tabelle unten zeigt die Daten für die größte Blogging-Site WordPress.com. Addiert man die Zugriffe auf alle Blogging-Sites und Blogs auf Firmenwebsites, entsteht der Eindruck, dass Blogs vermutlich der geheime Spitzenreiter aller Social-Media-Plattformen sind.

Art der Plattform	Blog
Nutzer weltweit	ca. 409 Millionen Leser im Monat
Zugriffsrang weltweit	87

Zugriffsrang in Deutschland	179
Einsatzbereich	B2B, B2C
URL	*https://www.wordpress.com*

Alternativ lässt sich ein Blog auch auf der eigenen Domain betreiben. Zu diesem Zweck lädt man eine Blogging-Software oder die entsprechenden Module des verwendeten CMS-Systems herunter und installiert sie auf dem eigenen Webserver. WordPress, das bekannteste dieser Systeme, steht unter www.wordpress.org kostenlos zur Verfügung. Ein Betreiben auf der eigenen Domain setzt solide technische Kenntnisse voraus, zahlt sich aber im Bereich Suchmaschinenoptimierung (SEO) vielfach aus. Ein gut gepflegtes Blog ist eine der besten Möglichkeiten, die eigene Webseite in Suchmaschinen sichtbar zu machen, was für Unternehmen einen größeren Mehrwert bietet als das Betreiben eines Blogs auf einer externen Plattform. Daher betrachten wir hier »WordPress« als Blogging-Software und nicht das Betreiben eines Blogs auf der Site www.wordpress.com.

11.2 Was bietet ein WordPress-Blog für Ihr Unternehmen?

Wie bereits erwähnt, bietet es sich aus SEO-Gründen an, das Blog in die eigene Unternehmenswebsite zu integrieren: Die regelmäßigen Updates mit naturgemäß relevanten Schlüsselwörtern machen die Blogartikel und damit auch die Website in Suchmaschinen deutlich besser sichtbar.

WordPress stellt viele Funktionalitäten zur Verfügung, die praktisch und einfach zu konfigurieren sind. Eine vollständige Beschreibung würde den Rahmen dieses Buchs sprengen. Daher sei an dieser Stelle auf die Website von WordPress verwiesen (*http://www.wordpress.org*), auf der alle technischen Informationen zu finden sind.

Es ist wichtig, beim Erstellen eines Blogs genau zu prüfen, welche Funktionalitäten sinnvoll sind und welche besser deaktiviert werden: Mehr ist nicht immer mehr.

Ein Beispiel: Die Schlagwortwolke in Abb. 94 sieht zwar beeindruckend aus, bringt dem Leser aber nur begrenzten Nutzen, da die Wörter alle sehr allgemein sind und nicht unbedingt sinnvolle Suchbegriffe für relevante Blogartikel darstellen. Letzten Endes ist eine Schlagwortwolke eine alternative Navigation, deren Qualität von der Wahl der richtigen Begriffe und der Beschränkung auf Wichtiges abhängt. Sinnvoll wäre eine solche Wolke z. B. in einem Technologie-Blog, damit nach verschiedenen Baureihen, Typen und Fachbegriffen gesucht werden kann.

Abb. 94 *Von WordPress generierte Schlagwortwolke*

11.3 Ein kritischer Blick auf WordPress

Ein Vorteil von WordPress als Open-Source-Software ist, dass sich die Funktionalität mit entsprechenden technischen Kenntnissen beliebig an die eigenen Bedürfnisse anpassen lässt. Die Grundkonfiguration ist relativ einfach und erfordert keine Programmiererfahrung. Ein Programmierer kann jedoch auch tiefer in die Funktionalität eingreifen und die Software beliebig ergänzen. Für teils sehr geringe Gebühren können ergänzende Funktionalitäten oder auch Designs erworben werden.

Ein Unternehmen, das WordPress auf der eigenen Domain betreibt, ist nicht in dem Maße einem Plattformbetreiber ausgeliefert, wie es bei anderen Social-Media-Plattformen der Fall ist: Auf die einmal heruntergeladene und installierte Software hat nur das Unternehmen Zugriff, und die veröffentlichten Inhalte gehören allein ihm.

Wie bei allen Blogplattformen geht man mit der Nutzung von WordPress das Risiko ein, Spam-Kommentaren, Spam-Pingbacks und Spam-Trackbacks (siehe Lektion 3) ausgesetzt zu sein: Dafür suchen automatische Bots nach Blogs und hinterlassen Kommentare mit Links auf andere Seiten (zur Suchmaschinenoptimierung dieser Seiten). Diese Kommentare sollten aus dem Blog entfernt werden, weil sie keinen Mehrwert für das Blog bieten.

Vermeiden Sie aber nach Möglichkeit, die Kommentarfunktion komplett zu deaktivieren: Dies signalisiert den Lesern des Blogs Desinteresse an einem Dialog und ihrer Meinung. Besser ist es, die Kommentare, Pingbacks und Trackbacks vor der Veröffentlichung manuell zu überprüfen und die von WordPress zur Verfügung gestellten Funktionalitäten zum Filtern von Spam zu nutzen.

Überlegenswert ist auch der Einsatz eines WordPress-Plugins, das beim Filtern und Vermeiden von Spam hilft wie z. B. »Antispam Bee«.

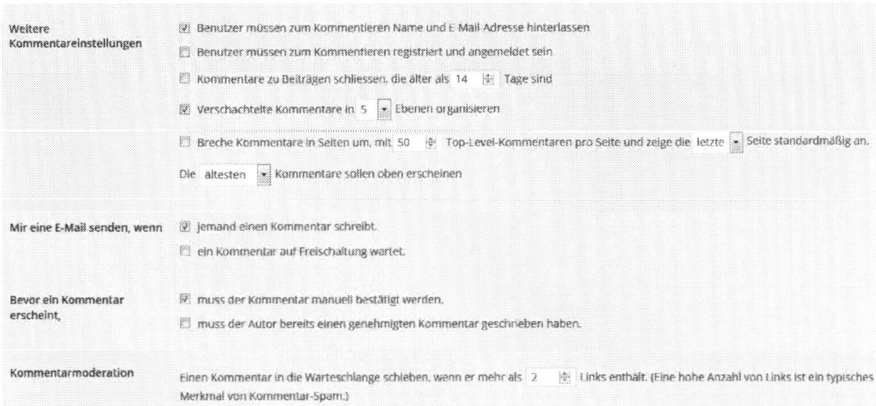

Abb. 95 *Die Einstellungen zum Umgang mit Kommentaren in WordPress*

Wichtig beim Betreiben eines Blogs ist ein guter interner Prozess, der die Qualität und Professionalität der Beiträge sicherstellt. Auch sollte der Zeitaufwand für das Erstellen und Veröffentlichen der Blogartikel sowie für das Beschaffen der ergänzenden Bilder und Videos nicht unterschätzt werden. Je nach Thema, Erfahrung und Talent des Autors kann der Aufwand pro Artikel allein für das Erstellen und Publizieren bei einer Stunde bis zu mehreren Stunden liegen.

11.4 Fallbeispiel: Azubi-Blog der *Chr. Ufer GmbH*

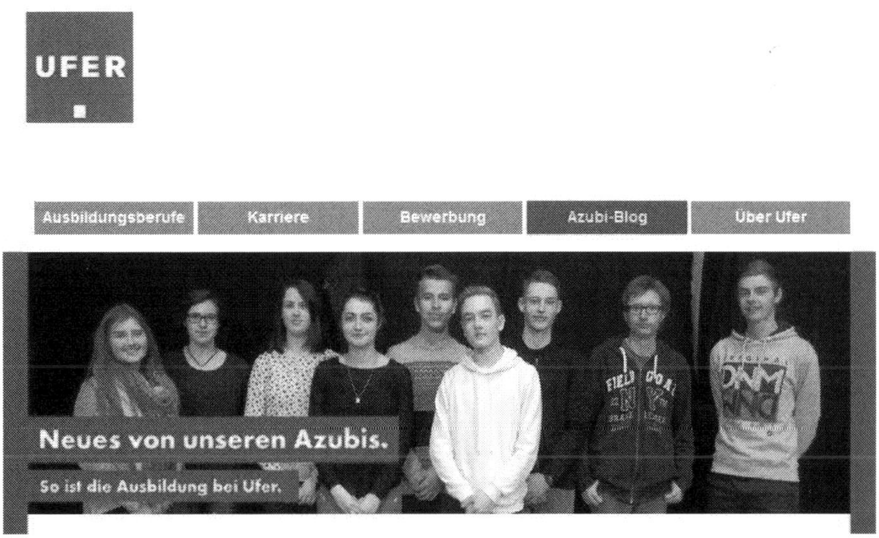

Abb. 96 *Die Einstiegsseite des Ufer-Azubi-Blogs (Teil 1)*

Neben dem Kundensupport ist auch das Personalmarketing ein sehr sinnvolles Einsatzgebiet für Blogs. Immer mehr Unternehmen betreiben vor allem Azubi- oder Trainee-Blogs mit dem Ziel, sich in Zeiten des Fachkräftemangels potenziellen jungen Arbeitnehmern als offener, attraktiver und interessanter Arbeitgeber zu präsentieren. Das Azubi-Blog der Firma *Ufer*, einem Großhandelsunternehmen aus der Heizungs- und Sanitärbranche mit circa 150 Mitarbeitern, ist ein Beispiel für ein einfaches, aber authentisches und glaubwürdiges Blog: *https://azubi.ufer.de/azubi-blog*[32]. Es ist bodenständig gehalten und verzichtet auf Funktionalitäten wie eine Schlagwortwolke oder ein aufregendes grafisches Erscheinungsbild. Auf der Einstiegsseite sieht man die jüngsten Artikel in umgekehrt chronologischer Reihenfolge, die von folgenden sinnvollen Informationen in der rechten Seitenleiste ergänzt werden (vgl. Abb. 97):

Abb. 97 *Die Einstiegsseite des Ufer-Azubi-Blogs (Teil 2)*

- Blog-Policy: Nutzungsbedingungen und Hausregeln des Blogs
- Übersicht der Kategorien (»Themenfelder«): Über Links lässt sich eine Übersicht der Beiträge in jeder Kategorie aufrufen.

32. *https://azubi.ufer.de/azubi-blog/*

- Archiv: Über ein Drop-down-Menü kann jeder Monat direkt aufgerufen werden.
- Volltext-Suchfunktion: Darüber lässt sich das Blog nach beliebigen Begriffen durchsuchen.
- Ein Link führt direkt zu den jüngsten Artikeln (nicht im Bild).
- Link zur Facebook-Seite des *Ufer*-Azubi-Blogs (nicht im Bild): Sie bietet den Nutzern die Möglichkeit, Fan zu werden und damit auch die Blogartikel zu abonnieren. Leider ist der Facebook-Auftritt nicht ganz so gut gepflegt wie das Blog.

Zusätzlich bietet die Fußzeile Kontaktdaten und einen Link zum Impressum. Wünschenswert wäre eine RSS-Funktionalität oder E-Mail-Funktionalität, die es Nutzern erlaubt, neue Blogartikel per RSS-Feed oder E-Mail-Newsletter zu abonnieren.

Übung 13:

Besuchen Sie das Azubi-Blog der Firma *Ufer* unter *https://azubi.ufer.de/azubi-blog*[33].

Lesen Sie einige der Artikel quer.

- Wie bewerten Sie die Themenauswahl?
- Finden Sie den Schreibstil passend?
- Sind das Layout und die Länge der Artikel ansprechend?

Die Blogartikel sind alle ungefähr eine Bildschirmseite lang, was eine gute Länge darstellt, und sie sind oft durch Bilder aufgelockert. Der Name und ein kleines Bild des Autors werden unterhalb der Überschrift angezeigt. Ein Link führt zur Kommentarfunktion und zu gegebenenfalls vorhandenen Kommentaren.

Die Themen der Artikel drehen sich um die tägliche Arbeit in der Firma *Ufer*, um die Berufsschule, um persönliche Werdegänge der Autoren und ähnliche, für potenzielle Auszubildende interessante und relevante Themen. Der Schreibstil in den Artikeln ist sehr authentisch, allerdings sollte ein wenig mehr auf korrekte Rechtschreibung und Zeichensetzung geachtet werden.

Unter dem Strich ist das Blog ein schönes Beispiel für einen der wenigen guten Blogauftritte von kleineren Firmen und erreicht das Ziel, potenziellen Azubis die Ausbildung bei der *Chr. Ufer GmbH* greifbar und schmackhaft zu machen.

33. *https://azubi.ufer.de/azubi-bloge*

Auffällig ist hier jedoch ein Problem, das viele Blogs haben: Die Artikel werden nur sehr wenig kommentiert. Am aktivsten sind die Leser häufig in Blogs rund um Konsumgüter und im Bereich Politik, Gesundheit etc. Ob dieses Blog als erfolgreich gewertet werden kann, hängt aber letztlich davon ab, wie viele potenzielle Auszubildende sich von den Artikeln angesprochen fühlen. Daher sind die Zugriffsstatistiken und eine Abfrage bei Bewerbern zur Bekanntheit des Blogs hier ein guter Erfolgsindikator. Schließlich kommentiert nicht jeder sofort Artikel beim möglichen zukünftigen Arbeitgeber.

4you Veranstaltung

Am Donnerstag, den 24.11.2016 ab 18 Uhr fand in der Bad und Design Galerie in Landau eine Veranstaltung "4YOU-Lounge" statt.

Bereits ab 14.00 Uhr wurden Vorbereitungen für den Abend getroffen. Zum einen das Aufbauen von Stehtischen und der Musikbühne, sowie das Lagern von alkoholfreien Getränken und Weinen. Natürlich durfte die Dekoration nicht fehlen. Dafür würde jeder Tisch mit einer Blume und den notwendigen Produktheften verziert. Für eine einwandfreie Bewirtung an diesem Abend sorgten Jennifer, Aron, Johannes, Fabian und ich. Wir sorgten uns um das Wohl der Gäste.

Personal

Johannes nahm die Gäste am Eingang freundlich in Empfang. Zur Begrüßung durfte sich jeder Gast ein Glas Sekt nehmen. Damit konnten Sie durch die Ausstellung laufen und sich alle Modelle und Ausstellungsstücke anschauen. Bei Fragen standen die Mitarbeiter der Firma Ufer zur Verfügung.

Herr Strack begrüßte alle eingeladen Kunden und Vertreter mit einem herzlichen Willkommen. Mit seinem Vortrag über die Marke 4YOU hat Herr Schmitt (Leiter Ausstellung) klar gemacht, dass der Fokus auf der Gestaltungsvielfalt liegt. Dort kann man sich zwischen den drei Serien Aktiv, Trend und Design entscheiden. Außerdem bieten wir für diese Produkte eine fünfjährige Garantie an.

Zur richtigen Unterhaltung sorgten die Musiker der Band „Die Dicken Kinder".

Das Buffet bestand aus lauter Leckereien wie Mini Burger, Wraps und Lachs, die unter dem Begriff Fingerfood bekannt sind.

Buffet

Bei interessanten Gesprachen von Kunden und Vertretern neigte sich ein gelungener Abend dem Ende zu.

Nach einem langen arbeitsreichen, aber erfolgreichen Tag im Hause Ufer konnten alle glücklich und zufrieden nach Hause fahren.

Abb. 98 *Ein Artikel im Ufer-Azubi-Blog*

Zusammenfassung

WordPress ist eine gute Wahl, wenn Sie eine Software für ein Unternehmensblog suchen. Als führende Plattform ihrer Art bietet WordPress derzeit die beste Bedienbarkeit und die nützlichsten Funktionen. Eventuell ist aber in dem Content-Management-System, mit dem eine existierende Unternehmenswebsite betrieben wird, auch eine Blog-Funktionalität enthalten. Wenn sie eine professionelle Darstellung und die wichtigsten Funktionen bereitstellt, spricht nichts gegen die Verwendung.

Das Blog sollte in Ruhe und sorgfältig konfiguriert werden, um sicherzustellen, dass alle Einstellungen sinnvoll und effektiv für die Nutzungsziele sind.

Bei der laufenden Pflege muss vor allem auf eine gute Qualität der Beiträge und auf eine aktive Moderation der Kommentare geachtet werden. Hier empfiehlt sich eine klare Struktur, was die Verantwortlichkeiten angeht: Zum Beispiel könnten einige interessierte Auszubildende mit dem Schreiben von Artikeln betraut werden. Dabei sollte jedoch immer jemand in höherer Position die Inhalte mit strategischem Blick prüfen und auf mögliche sprachliche Schnitzer und Rechtschreibfehler hin korrigieren. Dafür bietet sich der Ausbildungsleiter oder jemand aus den Bereichen Personal und Marketing an. Planen Sie auch entsprechende Zeitaufwände ein. Dieser Aspekt wird, ähnlich wie bei YouTube, leider oft unterschätzt.

12 Groupon — die Social-Buying-Plattform mit Rabatten

In dieser Lektion lernen Sie

- wie Groupon im Vergleich zu anderen Plattformen einzuordnen ist.
- was die Dynamik von Groupon ausmacht und was die interessantesten Funktionalitäten der Plattform sind.
- wie Sie die Erfolgsaussichten beim Einsatz von Groupon kritisch und realistisch einschätzen.
- wie verschiedene Anbieter Groupon nutzen, um besser sichtbar zu werden.

12.1 Groupon auf einen Blick

Art der Plattform	Crowd-Plattform/Social Buying
Nutzer weltweit	ca. 53 Millionen monatlich aktive Nutzer
Zugriffsrang weltweit	771
Zugriffsrang in Deutschland	16,306
Einsatzbereich	B2C
URL	*https://www.groupon.com*

GROUPON

Groupon als Social-Buying-Plattform bietet Unternehmen die Möglichkeit, durch Sonderangebote für Produkte und Dienstleistungen auf sich aufmerksam zu machen.

12.2 Was bietet Groupon für Ihr Unternehmen?

Groupon erlaubt Unternehmen, Produkte und Dienstleistungen mit hohen Rabatten an eine Nutzergemeinde zu verteilen.

Diese »Deals« sind meist zeitlich und/oder in ihrer Menge begrenzt und werden sowohl auf der Groupon-Website veröffentlicht als auch per Newsletter täglich an Millionen von Abonnenten versendet.

Groupon arbeitet kostenlos und eng mit Unternehmen zusammen, wenn es darum geht, die Angebote zu strukturieren und grafisch attraktiv auf der Website zu veröffentlichen. Der Anbieter übernimmt das Texten, stellt Bildmaterial zur Verfügung und steht Unternehmen beim Planen des Deals beratend zur Seite.

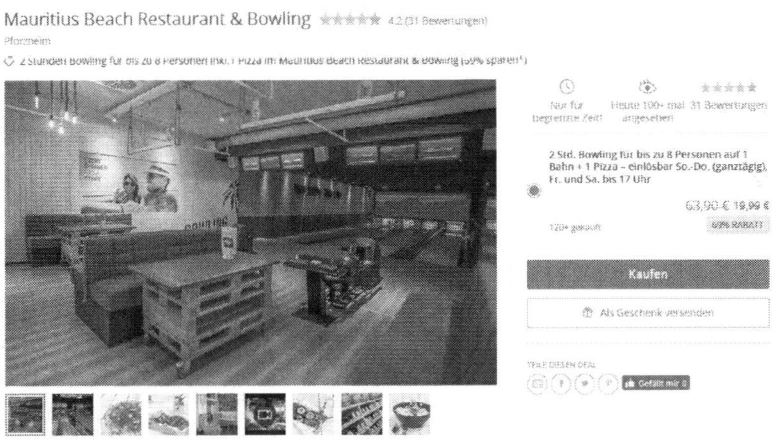

Abb. 99 *Ein Deal auf Groupon*

Für Unternehmen ist es finanziell nicht besonders attraktiv, Deals auf Groupon anzubieten. Die Unterstützung durch Groupon ist zwar kostenfrei, aber der Plattformbetreiber wirkt darauf hin, dass ein Angebot mindestens um 45 % gegenüber dem Normalpreis vergünstigt ist.

Von dem verbleibenden Umsatz erhält Groupon noch einmal 50 % Provision, das heißt, die angebotenen Produkte und Dienstleistungen bringen dem Unternehmen noch maximal ca. 30 % des ursprünglichen Verkaufspreises ein.

Kunden haben die Möglichkeit, Anbieter von Dienstleistungen auf Groupon zu bewerten. Dies schafft besonders beim wiederholten Einstellen von Angeboten schnell Transparenz, wie zufrieden Kunden trotz Schnäppchen mit den Dienstleistungen eines Unternehmen sind und kann gerade für neue Anbieter ein großer Imagegewinn sein. Für Hotels arbeitet Groupon mit tripadvisor zusammen. Produkte werden in der Regel nicht bewertet.

12.3 Ein kritischer Blick auf Groupon

An dem oben angeführten Rechenbeispiel zeigt sich schnell die Haupteinschränkung, was die Nutzung von Groupon angeht: Kein Unternehmen wird mit einem Angebot auf der Plattform Geld verdienen. Interessant ist die Plattform jedoch, um Überkapazitäten abzubauen, wenn die variablen Kosten sehr gering sind. Ein Kino beispielsweise kann über Groupon halbleere Säle füllen: Der Film läuft sowieso, und das Personal ist vor Ort. Mit ein wenig Glück kann das Kino sogar noch reichlich Popcorn und Getränke verkaufen.

Groupon ist in der Vergangenheit in die Kritik geraten, weil Deals von Anbietern nicht erfüllt werden konnten. Dies kam vor, weil Unternehmen entweder nicht sauber kalkuliert oder vergessen hatten, die Anzahl der verfügbaren Angebote nach oben zu begrenzen — mit fatalen Folgen.

Vor allem neue Unternehmen ohne positive Bewertungen, die auf Groupon Angebote veröffentlichen, müssen also damit rechnen, eher misstrauisch beäugt und als wenig hochwertig empfunden zu werden. Sie haben aber dann die Chance, die Kunden beim Einlösen der Gutscheine vom Gegenteil zu überzeugen.

Oft leiden Unternehmen auch darunter, dass auf Groupon viele Schnäppchenjäger unterwegs sind, die kein ehrliches Interesse am Unternehmen haben, sondern nur die beste Leistung zum geringsten Preis erhalten möchten und nach einer Gutscheinnutzung nie wieder kommen. Seiene Sie bei einer Nutzung der Plattform also auf solche Schnäppchenjäger gefasst!

12.4 Fallbeispiel: Groupon-Angebot

Da das Prinzip von Groupon einfach zu verstehen ist, soll Abb. 100 die Bandbreite der Angebote illustrieren, die auf der Plattform angeboten werden.

***Abb. 100** Groupon bietet Deals aus verschiedensten Bereichen an*

Übung 14:

Besuchen Sie Groupon unter *http://www.groupon.com*. Schließen Sie die Aufforderung, den Newsletter zu abonnieren mit »Nein, danke« und betrachten Sie einige der Angebote.

- Wie attraktiv finden Sie die Angebote?
- Welchen Eindruck bekommen Sie von den Unternehmen, die solche Angebote offerieren?
- Ist das Layout und die Beschreibung der Deals ansprechend?

Groupon versteht es, Angebote im besten Licht professionell zu präsentieren, und kommuniziert die Bedingungen klar und nutzerfreundlich. Durch eine große Bandbreite der Angebote ist für fast jeden Verbraucher etwas Interessantes dabei.

Zusammenfassung

Groupon bietet Unternehmen eine schnelle und einfache Möglichkeit, sich bei einer großen Nutzergemeinde sichtbar zu machen. Allerdings müssen für eine Veröffentlichung auf der Plattform Artikel und Dienstleistungen zu einem Bruchteil des normalen Preises verkauft werden. Es sollte also gut kalkuliert werden, was und wie viele Exemplare angeboten werden.

Seien Sie auf Schnäppchenjäger gefasst und stellen Sie sich darauf ein, trotz des für Sie selbst wenig lukrativen Geschäfts die Kunden auf jeden Fall mit gutem Service zu beeindrucken. Nur so können Sie die Groupon-Kunden zu Stammkunden machen und einen guten Return on Investment für das Marketing über Groupon erzielen.

12.5 Testen Sie Ihr Wissen!

Welche Aussagen sind in Bezug auf Groupon korrekt?

Bitte ankreuzen:

- ☐ Groupon ist eine Crowdfunding-Plattform.
- ☐ Auf Groupon können Unternehmen durch Sonderangebote auf sich aufmerksam machen.
- ☐ Groupon ist für Unternehmen kostenfrei.
- ☐ Auf Groupon können Unternehmen Deals zeitlich nicht begrenzen.

Die Qual der Wahl — Welche ist die richtige Social-Media-Plattform für Ihr Unternehmen?

13

In dieser Lektion lernen Sie

- was Sie bei der Auswahl von Social-Media-Plattformen für Ihr Unternehmen beachten sollten.
- welche Rahmenbedingungen Ihnen bei der Auswahl helfen.

Der Erfolg der Social-Media-Nutzung in Unternehmen hängt stark von der Auswahl der richtigen Plattform ab. Passen die Plattformen nicht zum Unternehmen oder zu der Zielgruppe, verlaufen Initiativen häufig schleppend, und der Nutzen bleibt beschränkt.

13.1 Social-Media-Plattformen für Nischen

Es gibt neben den in diesem Buch vorgestellten großen Social-Media-Plattformen wie Facebook, Twitter und YouTube noch viele weitere. Erinnern Sie sich an das Social Media Prisma in Abb. 23? Auch wenn die Verlockung groß ist, branchenspezifische Spezialplattformen wie z.B. *https://www.anwalt.de*, *https://coaches.xing.com* und andere zu nutzen: Letzten Endes werden Nischenplattformen in der Regel den meisten Unternehmen weniger echten Nutzen bringen als Facebook & Co. Die folgenden vier Punkte erklären, warum:

1. **Geringere Zugriffszahlen:** Die monatlichen Zugriffe auf Nischenplattformen sind deutlich geringer als auf den größten Plattformen. Hier ist die kleinere Plattform also nur wertvoll für Unternehmen mit einer entsprechend eng definierten Zielgruppe, die sich auch aktiv auf dieser Plattform aufhält. In Einzelfällen funktioniert dies: z.B. bei *https://www.jameda.de* als Ärztebewertungsplattform. Oft jedoch treffen Unternehmen ihre Zielgruppe noch häufi-

ger auf einer größeren Plattform an, weil die Nutzer dort aufgrund eines breiteren Angebots häufiger aktiv sind.

2. **Höhere Kosten:** Seriöse, gut gepflegte Branchen-Bewertungsplattformen sind meist kostenpflichtig. Je nach Plattform kann hier ein drei- bis vierstelliger Betrag pro Monat verlangt werden. Die großen Plattformen sind in der Regel kostenlos, sodass sich vorhandenes Budget für fein dosierte, zielgruppenspezifische Werbung einsetzen lässt, deren Erfolg Sie unmittelbar kontrollieren können.
3. **Dem Nutzerverhalten nicht angepasst:** Nutzer suchen tendenziell eher direkt auf Google nach einem Anwalt und sparen sich die Extraschritte, für den aktuellen Bedarf ein passendes Branchenportal zu identifizieren, aufzurufen und dann dort zu suchen. Zwar sind diese Portale für Suchmaschinen optimiert, dennoch ist in der Regel die Sichtbarkeit auf kostenfreien großen Plattformen meist besser als auf kostenpflichtigen kleinen Plattformen. Möchte man gezielt Suchmaschinenoptimierung betreiben, bietet es sich an, das Unternehmen auf verschiedenen kostenfreien Portalen zu listen. Denken Sie dann aber daran, z. B. bei einer Adressänderung die Daten auch wirklich in allen Portaleinträgen abzuändern.
4. **Weniger neue Kontakte:** Je spezialisierter die Plattform, desto schwieriger ist es, ein Unternehmen oder eine Marke bei Verbrauchern früh im Vertriebsprozess sichtbar zu machen, da die Nutzer noch nicht aktiv nach Anbietern für einen Kauf suchen. Große Plattformen machen es möglich, von der Zielgruppe gesehen zu werden und Ihr Unternehmen in den Hinterköpfen potenzieller Kunden zu positionieren, bevor der gedankliche Prozess eines Kaufs beginnt.

Im Folgenden biete ich Ihnen eine Hilfestellung, die Ihnen erlaubt, eine qualifizierte Entscheidung zu treffen, welche der großen Plattformen am relevantesten für Ihre Ziele, Zielgruppen und Ressourcen sind.

13.2 Hilfestellung zur Auswahl der richtigen Plattform

Mit den folgenden Fragen können Sie eingrenzen, welche Rahmenbedingungen Sie bei der Auswahl der richtigen Plattform(en) für Ihr Unternehmen beachten müssen.

- Möchten Sie eine B2B- oder B2C-Zielgruppe ansprechen? Für B2B-Zielgruppen sind LinkedIn, XING, Blogs, YouTube und Foren tendenziell passender. Für eine B2C-Kommunikation bieten sich Facebook, Instagram, YouTube oder auch Blogs und Bewertungsportale an.
- Wie alt ist Ihre Zielgruppe? Je jünger die Zielgruppe, desto kürzer gefasst und optisch ansprechender sollte die Kommunikation sein. Bei älteren Generationen punkten fachliche Kompetenz und die etwas niedrigere Frequenz von Filmen und Blogartikeln eher; bei jüngeren Zielgruppen kommen soziale Netzwerke und Bildplattformen sehr gut an.
- Was ist das Ziel Ihrer Social-Media-Initiativen? Wo finden die richtigen Interaktionen statt? Suchen Sie Arbeitnehmer, die sich auf XING oder LinkedIn austauschen und vernetzen, oder Verbraucher, die sich auf Bewertungsplattformen und Facebook informieren? Denken Sie aus der Perspektive der Nutzer.
- Wie viel Zeit steht pro Woche zur Pflege der Präsenz zur Verfügung? Betreiben Sie nur Plattformen, die Sie auch mit Leben füllen können. Am unteren Ende, was den Pflegeaufwand betrifft, stehen Bewertungsportale. Soziale Netzwerke lassen sich bei effektiver Herangehensweise ebenfalls mit überschaubarem Aufwand pflegen. Die Produktion von Videos und das Erstellen von Blogartikeln erfordert in der Regel am meisten Zeit.
- Welche Inhalte liegen im Unternehmen bereits vor oder können mit wenig Aufwand erstellt bzw. wiederverwendet werden? Arbeitet Ihr Unternehmen ohnehin schon mit vielen schönen Bildern? Dann sind soziale Netzwerke und Bildplattformen sicherlich sinnvoller als ein Blog oder eine Videoplattform. Passen Sie die Plattformauswahl an das an, was bereits vorhanden ist — immer vorausgesetzt, dass Ihre Zielgruppe sich davon angesprochen fühlt.

14 Nützliche Helfer — Tools rund um die Nutzung von Social Media

In dieser Lektion lernen Sie

- wie Social-Media-Pflegetools das Füllen und Überwachen von Social-Media-Präsenzen unterstützen können.
- was ein Social Media Newsroom ist und wie er sich implementieren lässt.
- wofür Sie URL-Verkürzer nutzen können.
- welche kostenlose Grafikbearbeitungssoftware Ihnen das Erstellen ansprechender Grafiken erleichtert.

Es gibt eine ganze Reihe von nützlichen, meist kostenlosen Tools, die es erlauben, eine Social-Media-Präsenz effizienter und professioneller zu pflegen. Einige sollen hier kurz vorgestellt werden.

14.1 Pflegetools

Pflegetools erlauben es, Beiträge für verschiedene Social-Media-Plattformen vorauszuplanen und automatisch zu veröffentlichen sowie eingehende Kommentare und andere Reaktionen auf Beiträge aggregiert zu sehen und effizient, auch in einem Team, zu bearbeiten.

Die bekanntesten Tools sind **Hootsuite** (*https://hootsuite.com*) und **Buffer** (*https://buffer.com*). Beide erlauben die halbautomatische Pflege der Plattformen Facebook (Profile und Firmenseiten), LinkedIn (Profile und Firmenseiten), Twitter sowie von Google+-Firmenseiten. Hootsuite integriert zusätzlich Foursquare sowie über kostenpflichtige Erweiterungen Instagram, YouTube, Tumblr und Flickr. Beide Plattformen gibt es in einer kostenfreien Basisversion.

Abb. 101 zeigt einen Beitrag, der in Hootsuite verfasst und auf einer Facebook-Seite, einem LinkedIn-Profil und einem Twitter-Konto veröffentlicht wird. Über das Kalender-Icon unten rechts kann ein Veröffentlichungszeitpunkt gewählt werden.

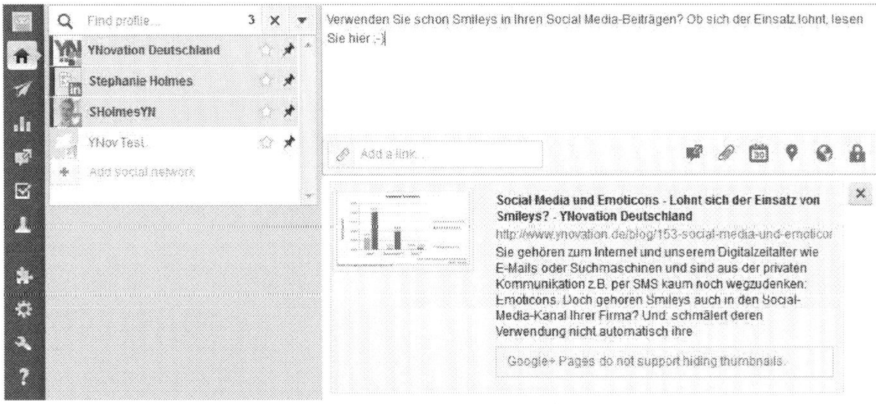

Abb. 101 *Das Verfassen eines Beitrags auf Hootsuite*

Pflegetools können sehr nützlich sein, und auf den ersten Blick erleichtern sie die Arbeit sehr: Jeder Beitrag wird einmal erstellt und kann gleich auf mehreren Plattformen veröffentlicht werden. Dieses Vorgehen ist aber aus zwei Gründen kritisch zu betrachten:

1. Die Nutzer haben auf jeder Plattform andere Erwartungen. So wird auf Facebook persönlicher kommuniziert, auf LinkedIn professioneller. Twitter schneidet jede Zeichenkette, die über den Maximalwert von 280 Zeichen hinausgeht, einfach ab. Durch diese individuellen Anforderungen pro Plattform ist es fast unmöglich, einen Beitrag so zu texten, dass er auf mehreren Plattformen gleichermaßen »funktioniert« und ansprechend wirkt.
2. Die Darstellung der Beiträge auf den verschiedenen Plattformen ist unterschiedlich. Um zuverlässig zu prüfen, ob ein Beitrag nach der Veröffentlichung wie gewünscht aussieht, sollte er auf der Plattform direkt erstellt werden.

Der große Vorteil, den Pflegetools dennoch bieten, ist das zeitliche Vorausplanen von Beiträgen. Kennen Sie die Plattformen erst einmal gut genug, um zu wissen, wie die Darstellung aussieht, können Sie individuell getextete und formatierte Beiträge für Plattformen vorausplanen. Diese Funktionalität bietet nämlich derzeit außer Facebook keine andere Plattform an. Je nachdem, welche Plattformen Sie also nutzen, wägen Sie ab, ob sich eine Pflege über Hootsuite oder Buffer anbietet oder ob die direkte, plattformbezogene Pflege vorzuziehen ist.

Auch für die Pflege von größeren Präsenzen in Teams sind diese Tools nützlich, weil sich das Bearbeiten von Kommentaren und Interaktionen klarer strukturieren lässt als auf den Plattformen selbst.

14.2 Social-Media-Newsroom

Abb. 102 *Der Social Media Newsroom der R+V Versicherungsgruppe (Teil 1)*

Ein Social-Media-Newsroom ist eine Weiterentwicklung des Konzepts eines Online-Pressebereichs auf Unternehmenswebsites. Hier laufen die verschiedenen Aktivitäten der Öffentlichkeitsarbeit zusammen. Der Newsroom gibt — gegebenenfalls in Kombination mit klassischen Pressebereichselementen wie Pressemitteilungen — einen Überblick über die Aktivitäten auf verschiedenen Social-Media-Plattformen. Dazu werden Inhalte der Unternehmenspräsenzen auf z. B. Facebook, Twitter und YouTube auf einer Seite aggregiert. Manche Newsrooms binden auch Inhalte Dritter ein, zum Beispiel Hotels, die Gästebewertungen von Bewertungsportalen wie *HolidayCheck* zeigen. Ein Social-Media-Newsroom sollte immer per RSS-Feed abonnierbar sein und das Teilen der Inhalte über entsprechende Buttons anbieten. Die sinnvolle Nutzung eines Newsrooms setzt zum einen voraus, dass verschiedene Social-Media-Plattformen mit jeweils unterschiedlichen Inhalten gepflegt werden. Zum anderen müssen die technischen Ressourcen vorhanden sein, um eine Software oder eine selbst entwickelte technische Lösung für das Einbinden der Inhalte umzusetzen. Daher werden Social-Media-Newsrooms in der Regel eher von großen Unternehmen umgesetzt, die entsprechende Ressourcen und Präsenzen haben. Es gibt jedoch eine Minimalvariante, die auch kleine Unternehmen umsetzen können, die ich weiter unten beschreibe.

Abb. 102 und Abb. 103 zeigen beispielhaft Ausschnitte des Social Media Rooms der *R+V Versicherungsgruppe* (*https://www.ruv-newsroom.de*): Oben auf der Seite kann nach Schlagworten oder Netzwerken gefiltert werden, in der Mitte der Seite sind die verschiedenen Inhalte nach Plattformen gebündelt aggregiert.

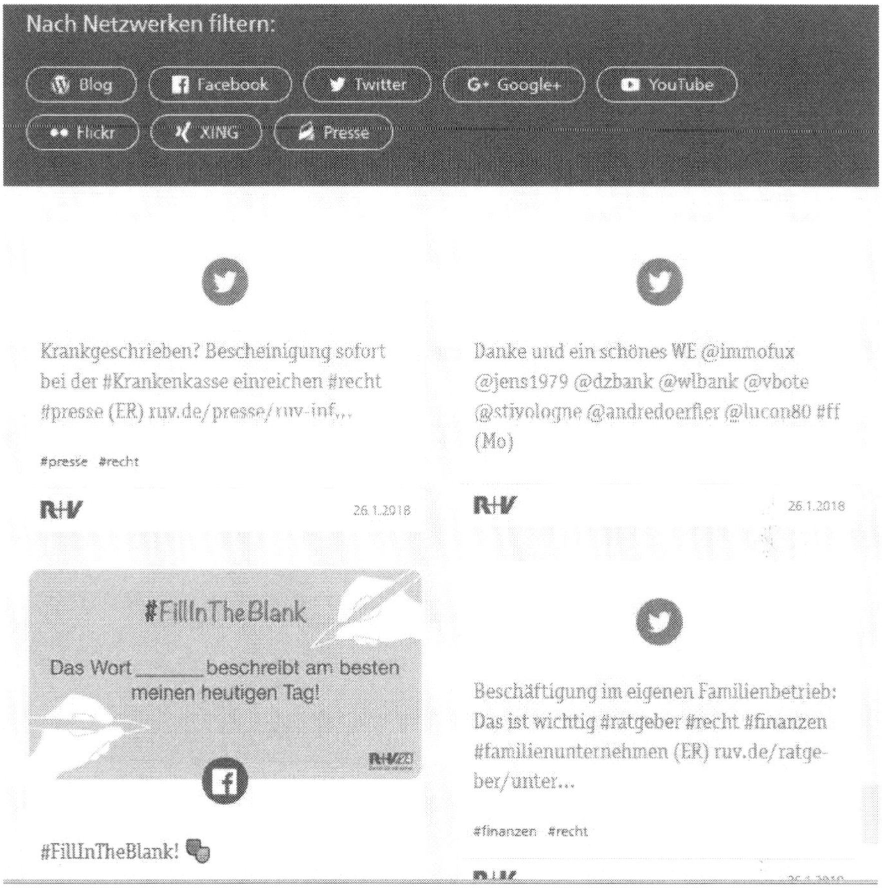

Abb. 103 *Der Social Media Newsroom der R+V Versicherungsgruppe (Teil 2)*

Die Vorteile eines Social Media Newsrooms liegen auf der Hand: Das Unternehmen bietet Journalisten, Interessenten, Kunden und auch Mitarbeitern eine komfortable Übersicht über die aktuellen Beiträge und Interaktionen rund um das Unternehmen. Wichtige Themen können aktiv und früh im Zusammenspiel verschiedener Plattformen positioniert werden.

Auch im Hinblick auf Suchmaschinenoptimierung ist ein technisch korrekt aufgesetzter Social Media Newsroom wertvoll, da die immer wieder neuen Inhalte von Suchmaschinen positiv bewertet werden. Hier hat die *R+V Versicherungsgruppe* nicht die optimale Variante gewählt: Der Newsroom läuft unter einer anderen Domain (https://www.ruv-newsroom.de) als die Website des Unternehmens (https://www.ruv.de). Suchmaschinen werten beide Auftritte also als separate Seiten. Entsprechend unterstützt der Newsroom die Suchmaschinenbewertung der Website nicht. Auch ist die Wahrscheinlichkeit, dass Nutzer vom Newsroom andere

Bereiche der Website ansteuern, dadurch deutlich geringer. Es empfiehlt sich, den Newsroom nach Möglichkeit immer als Subdomain (z. B. https://newsroom.ruv.de) oder als Unterseite der Webseite (https://www.ruv.de/newsroom) anzulegen. Diese Thematik sollten Sie als Social-Media-Manager im Blick haben und als Anforderung für den Webadministrator Ihres Unternehmens formulieren, der das entsprechend umsetzen kann.

Ein Social Media Newsroom kann durch individuelle, manuelle Programmierung realisiert werden. Es kann aber auch eine kostenlose Software wie Rebel Mouse (*http://www.rebelmouse.com*) oder eine kostengünstige, z. B. auf WordPress basierende Software wie Social Stream (einmalige Kosten ca. 17 Euro), *https://codecanyon.net/item/wordpress-social-stream/2201708*) zum Einsatz kommen.

Falls die technischen Ressourcen oder die Zeit fehlen, um einen modernen dynamischen Social Media Newsroom einzurichten, kann eine Minimallösung mit statischen Links zu den einzelnen Präsenzen Ihrer Zielgruppe auch eine nützliche Übersicht bieten.

Neben der einfachen Umsetzung ist eine solche Übersicht auch mit Sicherheit DSGVO-konform. Seit Inkrafttreten der DSGVO muss nämlich bedacht werden, dass das Übertragen von personenbezogenen Daten (wie z. B. der Kommentar eines Nutzers unter einem Facebook-Beitrag) in den Newsroom auf der Webseite rechtlich nicht mehr unbedenklich ist. Es sollte also darauf geachtet werden, dass die umgesetzte Variante den aktuellen Richtlinien entspricht.

Abb. 104 *Die »Minimallösung«: Links zu den einzelnen Präsenzen im Online-Pressebereich der Softwarefirma Sage GmbH*

14.3 URL-Verkürzer

URL-Verkürzer sind kleine, kostenlose Tools, die es erlauben, lange URLs zu verkürzen. Diese Kurz-URLs helfen, Beiträge auf sozialen Netzwerken kürzer und optisch ansprechender zu halten, was in der Regel die Reichweite und Interaktionsrate steigert. In der Vergangenheit habe ich Tools wie *https://tiny.cc* oder *https://bit.ly* empfohlen. Seid dem Inkrafttreten der DSGVO jedoch ist das Tool der Wahl *https://t1p.de*, ein deutscher Dienst, der DSGVO-konform agiert, weil er keinerlei personenbezogene Daten sammelt. Die kostenfreie Plattform erlaubt sogar das freie Wählen des Zusatzes nach t1p.de (Abb. 105) und weitere Optionen wie Passwortschutz, das Setzen eines Gültigkeitszeitraumes und viele andere kleine Annehmlichkeiten. Twitter, LinkedIn, Hootsuite und einige andere Social-Media-Plattformen haben integrierte URL-Verkürzer, wobei auch dort das Thema Datenschutz ein Problem sein kann. Eine Alternative ist, die Funktionalität von Kurzlinks auf der eigenen Unternehmenswebseite zu implementieren, sodass komplett transparent ist, wohin der Nutzer beim Klick auf die URL weitergeleitet wird.

Abb. 105 *Das Verkürzen eines Links auf t1p.de*

14.4 Grafikbearbeitungsprogramme

Für einen guten Erfolg in Social Media sind professionell gestaltete, ansprechende Grafiken ein Muss. Es gibt eine Vielzahl von Anwendungen, die es erlauben, Bilder und Fotos zu bearbeiten, mit Text zu versehen und ähnliche Arbeiten durchzuführen. Falls in Ihrem Unternehmen noch keine Software vorhanden ist und Sie diese Arbeiten nicht an einen externen Grafiker abgeben können, gibt es folgende Optionen: Für kleinere Arbeiten sind Paint (Windows) bzw. Preview (Mac) geeignet. Die Klassiker Adobe Photoshop oder Adobe Illustrator lassen keine Wünsche offen, sind allerdings sehr teuer. Eine Kompromisslösung ist das deutlich bezahlbarere Adobe Photoshop Elements. Vergleichbar mit Photoshop ist die kostenlose Software GIMP (*https://www.gimp.org*). Ein browserbasiertes, leicht handzuhabendes Tool das mit vielen Vorlagen aufwartet ist Canva (*https://www.canva.com*), das in der Basis-Version kostenlos ist. Es ist in jedem Fall empfehlenswert, einen Kurs zu besuchen oder ein Online-Tutorial durchzuarbeiten, um eine umfangreichere Grafik-Software (über Paint/Preview/Canva hinaus) zu verstehen und optimal einzusetzen.

Krisenmanagement — Kritik in eine PR-Chance verwandeln

15

In dieser Lektion lernen Sie

- welche Prinzipien Sie bei der Krisenkommunikation beachten sollten.
- wie ein Krisenplan aufgebaut wird.
- welche Dinge im Fall einer Krise vermieden werden sollten.
- warum jede Krise auch eine Chance ist.

Zu den größten Ängsten rund um die Social-Media-Nutzung in Unternehmen gehört es, selbst in die öffentliche Kritik zu geraten. Das Dialogmedium Social Media birgt dadurch, dass sich jeder frei und relativ unkontrolliert äußern kann, selbstverständlich nicht nur Chancen, sondern auch Risiken. Im Fall einer Krise oder eines »Shitstorms«, wie diese Situation im deutschsprachigen Raum gerne genannt wird, muss möglichst zügig, aber überlegt und professionell reagiert werden.

15.1 Fallbeispiel: *KitKat* von *Nestlé*

Je größer und bekannter eine Marke, desto größer ist in der Regel das Risiko für eine Social-Media-Krise, die sich schnell verbreiten und auswachsen kann. Dies musste der Nahrungsmittelkonzern *Nestlé* erfahren, als er für die Verwendung von Palmöl in *KitKat*-Riegeln in die Kritik geriet. Palmöl wird auf Plantagen gewonnen, für die häufig der natürliche Regenwald abgeholzt wird. Damit geht der Lebensraum für viele Tiere, unter anderem für Orang-Utans, verloren. Um auf diese Problematik aufmerksam zu machen, erstellte *Greenpeace* ein Video mit dem Titel »Have a break« und veröffentlichte es auf YouTube.

Übung 15:

Schauen Sie sich das Video auf YouTube an und bilden Sie sich eine Meinung: *https://www.youtube.com/watch?v=VaJjPRwExO8.*

- Wie schädlich ist das Video für *Nestlé*?
- Wie hätten Sie reagiert?

Anstatt sich der Kritik zu stellen und konstruktiv zu reagieren, traf der Konzern in diesem Falle die falsche Entscheidung und erwirkte die Löschung des Videos. Was die Verantwortlichen nicht bedacht hatten, war die Tatsache, dass Nutzer in Social Media auf Zensur äußerst empfindlich reagieren.

So geriet das Video nicht in Vergessenheit. Stattdessen setzte auf Seiten der Nutzer eine Jetzt-erst-recht-Reaktion ein: Sie luden das Video auf der Plattform Vimeo hoch und teilten es verstärkt mit Freunden. Innerhalb von wenigen Stunden erhielt das Video Aufrufe im mittleren fünfstelligen Bereich.

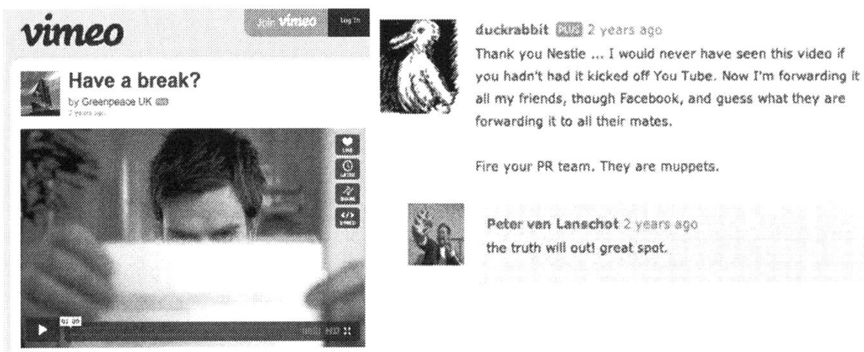

Abb. 106 *Links: Das Video auf Vimeo, rechts: Nutzerkommentare, nachdem Nestlé das Video auf YouTube hatte löschen lassen*

Auch auf Facebook wurde das Thema heiß diskutiert, und Nutzer begannen, ihre Profilbilder gegen eine abgewandelte Version des *KitKat*-Logos auszutauschen, die den Schriftzug »Killer« trug. So wurde das modifizierte Logo und die Thematik mit jedem Beitrag oder Kommentar dieser Nutzer weitergetragen: Das Thema geriet außer Kontrolle und *Nestlé* reagierte leider nicht sehr professionell.

Abb. 107 *Kritiker wandelten das Nestlé-Logo ab*

Wortwörtlich schrieb der Community-Manager auf Facebook: »Wir heißen eure Kommentare willkommen, aber bitte postet nicht mit einer Abwandlung unseres Logos als Profilbild — diese Beiträge werden gelöscht.«

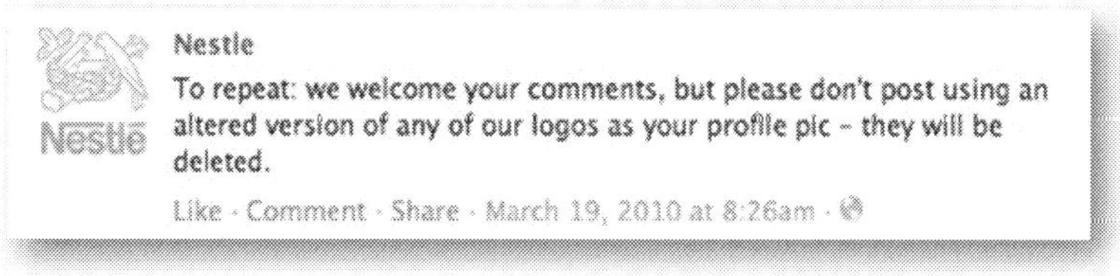

Abb. 108 *Nestlé blockt und droht mit Löschung*

Daraufhin konterten Nutzer: »Es ist also nicht o. k., dass Nutzer eine abgewandelte Version eurer Logos verwenden, aber es ist o. k., dass ihr den Regenwald verändert? Wow!«

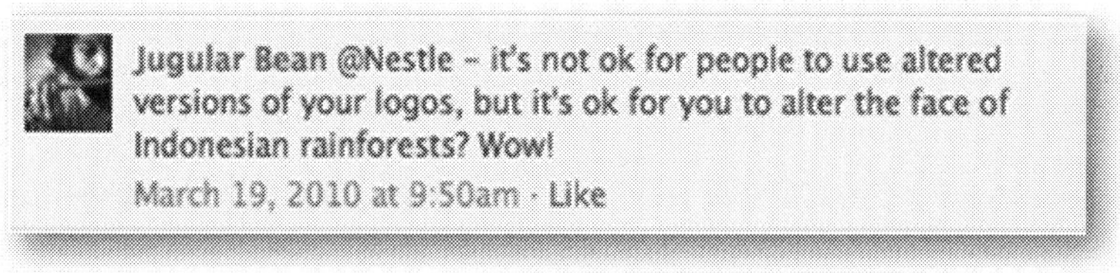

Abb. 109 *Nutzer vergleichen die Abwandlung des Logos mit den Veränderungen des Regenwalds durch Abholzung*

Nestlé reagierte patzig und antwortete: »Danke für die Benimmstunde. Fühlt euch umarmt. Aber es ist unsere Seite, wir legen die Regeln fest, so war es schon immer.«

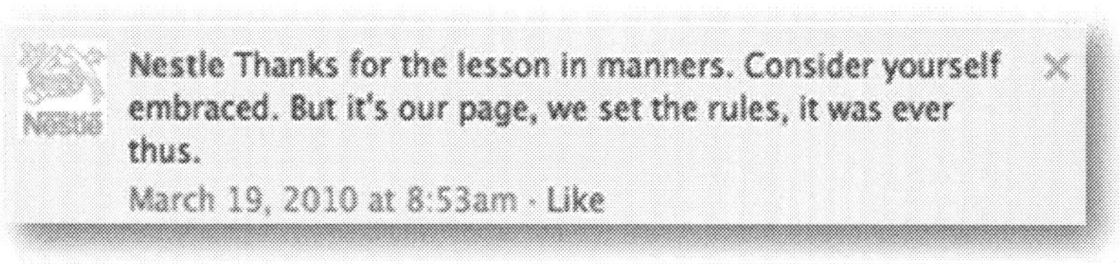

Abb. 110 *Nestlé wird patzig*

Nach nur zwei Tagen waren Tausende von negativen Kommentaren auf der Facebook-Seite des Unternehmens aufgelaufen, und Hunderttausende von Facebook-Nutzern konnten die Diskussion verfolgen. Auch auf anderen Plattformen wie Twitter kochte das Thema hoch wie Abb. 111 zeigt: Der Begriff »Nestlé« wurde vier Tage lang verstärkt in Tweets verwendet. Worum es ging, ist relativ naheliegend.

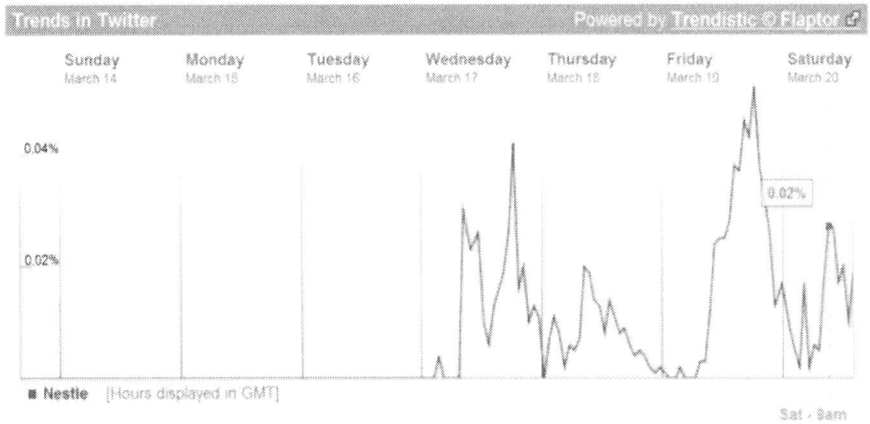

Abb. 111 *Der Begriff Nestlé machte einige Tage lang einen bedeutenden Trend auf Twitter aus*

Letzten Endes sah der Konzern ein, dass die Strategie des Löschens und Zurückschlagens nicht zielführend war. Man entschuldigte sich offiziell auf Facebook und begann die Zusammenarbeit mit dem *Forest Stewardship Council (FSC)*, das mit *Nestlé* an einer Lösung arbeitete, um Palmöl aus nachhaltiger Produktion zu beziehen. *Greenpeace* feierte den Sieg im Web, und *Nestlé* zog sich mit einer Delle im Ansehen zurück.

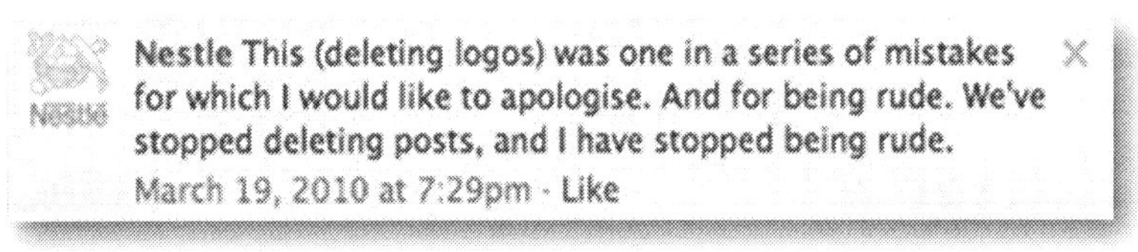

Abb. 112 *Nestlé knickt letztendlich ein und entschuldigt sich*

Abb. 113 *Greenpeace verkündet den Erfolg*

Dieses Fallbeispiel illustriert sehr schön, wie *Nestlé* durch den unprofessionellen Umgang mit der Kritik eine problematische Diskussion weiter anheizte. Wäre nach dem Erscheinen des YouTube-Videos eine klärende und lösungsorientierte Kommunikation angestoßen worden, hätte die Diskussion rund um die Palmölverwendung ein konstruktiver Austausch werden können. Im weltweiten Vergleich ist *Nestlé* nämlich sogar nur ein sehr kleiner Verbraucher von Palmöl, ein Fakt, den das Unternehmen nie klar kommunizierte. *Greenpeace* hatte *Nestlé* ausgewählt, weil die breite Masse der Verbraucher sich eher mit *KitKat*-Schokoladenriegeln identifizieren kann als mit Zwischenprodukten aus der Kosmetik- und Reinigungsmittelindustrie, wo deutlich mehr Palmöl verwendet wird. Die Nutzer hinterfragten das Thema nicht, sondern machten ihrer nur teilweise qualifizierten Empörung auf den verschiedenen Social-Media-Plattformen Luft.

Hier hätte *Nestlé* die Möglichkeit gehabt, aufzuklären und durch eine Zusammenarbeit mit der Non-Profit-Organisation *FSC* die Protestwelle im Keim zu ersticken. Leider wurde diese Chance verpasst.

Dieser Punkt illustriert aber auch, dass Krisen in Social Media ohne Aktivitäten des Unternehmens selbst aufkommen können. Daher ist die Strategie einiger Unternehmen, nicht an Social Media teilzunehmen, kein Schutz vor Kritik.

15.2 Eine Krise in Social Media — Was tun?

Der Fall *Nestlé* zeigt, wie ein Unternehmen im Fall einer Krise nicht agieren sollte. Aber wie geht es besser?

Es gibt verschiedene Krisenszenarien in Social Media. Zum einen gibt es Themen wie die Palmölverwendung bei *Nestlé*, bei denen ein echter Diskussionsbedarf besteht. Zum anderen gibt es aber auch Nutzer, die nur ihre persönliche Meinung kundtun möchten oder ein Forum suchen, um zu provozieren und Unruhe zu stiften. Letztere Gruppe wird »Trolle« genannt. Jeder Einzelfall erfordert Fingerspitzengefühl, um eine angemessene Reaktion zu zeigen, damit die negative Auswirkung einer Krise so gering wie möglich gehalten werden kann.

Generell sollte eine Krise in folgenden Schritten angegangen werden:

Holen Sie den Krisenplan hervor. Wie Sie einen Krisenplan erstellen, wird in Abschnitt 15.2.1 beschrieben. Dieser Plan wird Ihnen helfen, die nötigen Schritte einzuleiten.

Eine Grundsatzentscheidung treffen. Als Erstes muss geklärt werden, ob negative Kommentare berechtigt sind (zum Beispiel im Fall von Reklamationen in Bezug auf ein Produkt oder Kritik an Geschäftspraktiken) oder ob hier unqualifiziert schlechte Stimmung verbreitet werden soll. Ziehen Sie auch die Nutzungsbedingungen zurate, um zu klären, ob ein Verstoß vorliegt.

Dann muss im richtigen Kreis mit betroffenen Entscheidern und Interessenvertretern im Unternehmen festgelegt werden, wie reagiert wird: Entschuldigt man sich, wird eine direkte Kontaktaufnahme, ein Umtausch oder eine Wiedergutmachung angeboten? Oder ist es eher angebracht, den Sachverhalt zu klären? In seltenen Fällen kann es auch sinnvoll sein, einen Nutzerkommentar zu löschen, aber in der Regel sollte von Zensur Abstand genommen werden. Abb. 114 zeigt eine pfiffige Reaktion auf einen wenig konstruktiven Kommentar.

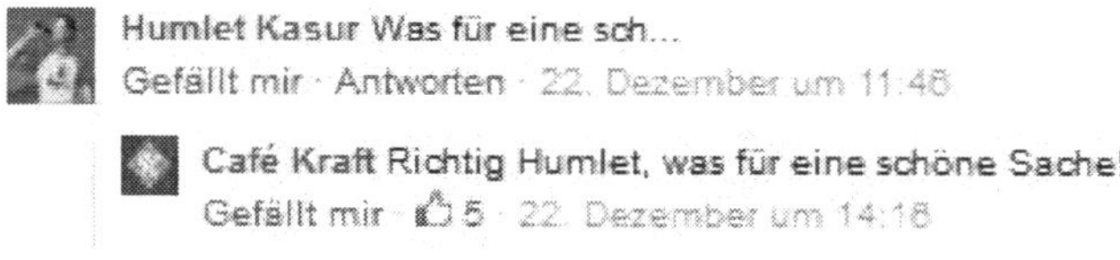

Abb. 114 *Kreative Reaktion eines Seitenbetreibers auf einen negativen Kommentar*

Extreme Vorsicht ist beim öffentlichen Anbieten von Wiedergutmachungen angebracht: Wenn Sie als Fotolabor einem Kunden, der mit der Farbe seiner Abzüge unzufrieden ist, öffentlich eine Flasche Sekt als Entschuldigung anbieten, kann es sein, dass Hunderte von Kunden diese Geste einfordern und dass die Aktion Ihr Unternehmen viel Geld kostet. Überlegen Sie daher genau, was Sie öffentlich anbieten. Manchmal kann auch bei einem Umtausch stillschweigend eine kleine Wiedergutmachung mitgesendet werden. Der Kunde wird die Geste auch so zu schätzen wissen.

Schnell und konstruktiv kommunizieren. Es ist gefährlich, sich kritischen Beiträgen nicht zu stellen. Dadurch entsteht der Eindruck, dass die Kritik berechtigt ist oder dass das Thema dem Unternehmen egal ist. Beides wirft kein gutes Licht auf das Unternehmen. Auch wenn im Unternehmen noch nicht klar ist, ob ein Vorwurf berechtigt ist: Kommunizieren Sie unmissverständlich, dass Sie sich um das Thema kümmern. Ein Beispiel könnte sein: »Danke für Deinen Kommentar! Wir verstehen Deine Unzufriedenheit/Sorge/Anfrage und sind momentan dabei, das Thema zu klären. Spätestens morgen hörst Du wieder von uns.« So ist für den Kritiker, aber auch für alle anderen Nutzer klar, dass sich das Unternehmen aktiv um das Thema kümmert. Zudem haben Sie sich ein wenig Bedenkzeit gesichert.

Auflösung der Krise. Idealerweise hat jede Krise einen Abschluss, der auch öffentlich sichtbar ist und bekannt wird. Die generelle Nachricht sollte sein: »Problem gelöst, alle sind zufrieden«. Dies kann eine offizielle Nachricht des Unternehmens sein, die erklärt, wie das Problem in Zukunft verhindert wird, oder ein kurzer Beitrag des Nutzers, der bestätigt, dass der Artikel umgetauscht, das Geld erstattet oder die Frage geklärt ist. Alternativ sollte klar sein, dass das Kommunikationsangebot steht, aber der Nutzer das Thema nicht weiterverfolgt hat, wie in Abb. 115 zu sehen ist: Der Nutzer antwortete nicht mehr, das Unternehmen hatte alles getan, was man erwarten kann.

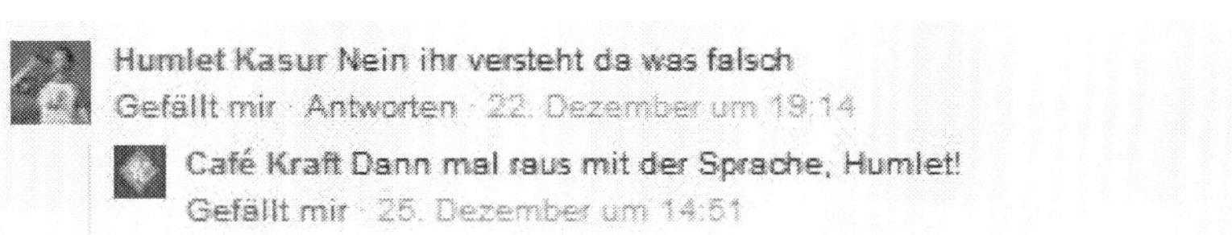

Abb. 115 *Der Nutzer antwortet noch einmal, aber kommuniziert nicht klar, was ihm nicht gefällt — der Punkt geht an das Unternehmen*

In Fällen, in denen sich abzeichnet, dass ein Nutzer nur schlechte Stimmung verbreiten möchte und auch konstruktive Angebote zum Dialog nicht annimmt, kann es eine gute Strategie sein, diese »Trolle« einfach ins Leere laufen und die Kommentare unbeantwortet stehen zu lassen. Je nach Plattform haben Sie auch die Möglichkeit, Nutzer von der Seite auszuschließen. Davon sollten Sie jedoch nur in absoluten Ausnahmefällen Gebrauch machen.

15.2.1 Das Erstellen eines Krisenplans

Ein Krisenplan ist im Fall einer akuten Krise in Social Media extrem wertvoll. Er hilft allen Beteiligten im Unternehmen, einen kühlen Kopf zu bewahren und der Krise professionell zu begegnen. Der Krisenplan muss dabei kein großes und langes Dokument sein, im Gegenteil: Je übersichtlicher er ist, desto nützlicher ist er im Fall einer Krise, wenn schnell gedacht und überlegt gehandelt werden muss.

Folgende Aspekte sollten in einem Krisenplan festgehalten werden:

- Wer wird bei einer Krise informiert?
- Wer ist an einer Entscheidung beteiligt?
- Wer ist verantwortlich für das Erstellen und Durchführen der Krisenkommunikation?
- Wer vertritt diese Person(en)?
- Wer muss eine Krisenkommunikation freigeben?
- Wer vertritt diese Person(en)?
- In welchem Zeitrahmen wird auf einen negativen Beitrag geantwortet?
- In welchen Fällen wird ein Beitrag oder Kommentar gelöscht?
- In welchen Fällen wird ein Beitrag oder Kommentar ignoriert?
- In welchen Fällen wird eine Entschuldigung veröffentlicht?
- In welchen Fällen wird eine Wiedergutmachung angeboten, geschieht dies öffentlich oder in einer privaten Kommunikation?
- Weiterführende Schritte und Prozesse, die in Ihrem Unternehmen notwendig sind.

Stellen Sie sicher, dass der Krisenplan vor der Erstellung einer Social-Media-Präsenz erstellt und an alle Beteiligten verteilt wird. So maximieren Sie die Chance, dass das Unternehmen im Fall einer Krise kontrolliert und professionell reagiert.

Übung 16:

Erstellen Sie einen schriftlichen, pragmatischen Krisenplan für Ihr Unternehmen. Beachten Sie dabei die oben genannten Punkte.

15.2.2 Was Sie in Krisen vermeiden sollten

Es gibt einige intuitive Reaktionen, die im Fall einer Krise verständlich sind, die Sie aber auf keinen Fall zulassen sollten:

- **Den Dialog unterdrücken:** Auf manchen Plattformen wie Blogs oder Facebook können Kommentare von Außenstehenden unterbunden werden. Dies vermittelt zwar das Gefühl, die Dinge unter Kontrolle zu haben, aber wie das *Nestlé*-Beispiel zeigt: Nutzer mögen es nicht, auf Social Media vorgeschrieben zu bekommen, welche Themen diskutiert werden und welche nicht. Im schlimmsten Fall riskieren Sie, dass empörte Nutzer ein anderes Forum finden, in dem ohne Ihr Wissen und mit sehr begrenzten Einflussmöglichkeiten des Unternehmens genau die Themen diskutiert werden, die unterdrückt werden sollten. Dies passierte so dem Online-Maßschneider *YouTailor*.

Abb. 116 *Gemeinschaft von leidtragenden Kunden der Firma YouTailor*

- **Zensur:** Auch hier denken wir an das *Nestlé*-Fallbeispiel zurück: Zensur, das Löschen von Beiträgen oder Kommentaren, führt in Social Media in den meisten Fällen zu einer Trotzreaktion. Löschen Sie also nach Möglichkeit nie, es sei denn, es wurde klar und eindeutig gegen die Nutzungsrichtlinien verstoßen. Die Nutzungsrichtlinien sollten selbstverständlich von dem Unternehmen veröffentlicht werden.
- **Zurückschlagen:** Auch wenn die Emotionen hochkochen und man dem unverschämten Nutzer am liebsten in die Parade fahren würde: Atmen Sie tief durch, sprechen Sie mit einem Kollegen und veröffentlichen Sie eine professionelle Antwort, mit der Sie das Unternehmen in das bestmögliche Licht rücken.

15.2.3 Warum jede Krise eine Chance ist

Objektiv betrachtet ist jede Krise eine Chance für Ihr Unternehmen. Nutzer werden immer versierter darin, Social-Media-Präsenzen zu bewerten. Ob Bewertungsportale, Facebook-Seiten oder Foren — Ein Profil mit ausschließlich positiven Kommentaren ist nicht mehr glaubwürdig und erweckt den Verdacht, dass nachgeholfen wurde.

Besonders interessant für Nutzer ist es, wie Unternehmen mit kritischen Kommentaren und Problemen umgehen: Hier zeigt sich, ob man sich auch **auf einen Anbieter verlassen kann, wenn etwas schiefgeht**. Daher schaden einige negative Kommentare einer Präsenz nicht, vorausgesetzt, dass die Probleme gut gelöst wurden.

Weiterhin profitiert ein Unternehmen im Fall einer Krise, die sich viral verbreitet, von einer **deutlich höheren Sichtbarkeit**. Sofern das Problem gut gelöst wurde, ist es sehr wahrscheinlich, dass die PR-Wirkung der Krise eine sehr positive ist, die noch lange anhält, nachdem die Empörungswellen abgeebbt sind.

Ein toller Effekt, den eine Krise in Social Media haben kann, ist die **Unterstützung von zufriedenen Kunden**. Abb. 117 zeigt, wie in einer Bewertung auf Amazon auf eine vorhergehende Bewertung Bezug genommen wird. Etwas Besseres als die Unterstützung von zufriedenen Kunden kann man sich als Unternehmen nicht wünschen.

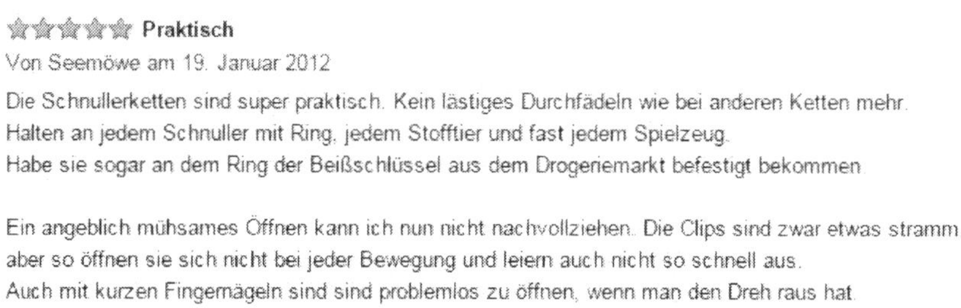
Praktisch
Von Seemöwe am 19. Januar 2012

Die Schnullerketten sind super praktisch. Kein lästiges Durchfädeln wie bei anderen Ketten mehr.
Halten an jedem Schnuller mit Ring, jedem Stofftier und fast jedem Spielzeug.
Habe sie sogar an dem Ring der Beißschlüssel aus dem Drogeriemarkt befestigt bekommen.

Ein angeblich mühsames Öffnen kann ich nun nicht nachvollziehen. Die Clips sind zwar etwas stramm, aber so öffnen sie sich nicht bei jeder Bewegung und leiern auch nicht so schnell aus.
Auch mit kurzen Fingernägeln sind sind problemlos zu öffnen, wenn man den Dreh raus hat.

Abb. 117 *Kommentare von Käufern zu einem Artikel: Sind die Clips zu schwer zu öffnen?*

Zusammenfassung

- Reagieren Sie im Fall einer Krise aktiv, überlegt und zügig.
- Erstellen Sie bereits beim Planen einer Social-Media-Nutzung einen Krisenplan.
- Vermeiden Sie Zensur, das Unterbinden eines Dialogs und Gegenattacken auf Kritiker: Bleiben Sie stets professionell.
- Krisen bieten auch Chancen: Durch eine erhöhte Glaubwürdigkeit, wenn das Unternehmen auch im Fall einer Krise zuverlässig für Kunden da ist, und durch eine hohe Reichweite bei einer heißen Diskussion, die dem Unternehmen nützen kann.

15.3 Testen Sie Ihr Wissen!

Worauf sollte ein Unternehmen bezogen auf die eigenen Social-Media-Präsenzen achten, damit es auf eine evtl. Social-Media-Krise gut vorbereitet ist?

Bitte ankreuzen:

- ☐ Das Unternehmen sollte einen Krisenplan haben.
- ☐ Das Unternehmen sollte Nutzungsrichtlinien veröffentlichen.
- ☐ Das Unternehmen sollte Formulierungen zur Abschreckung von Trollen verfassen.
- ☐ Das Unternehmen sollte eine Liste von Trollen erstellen.

16 Social-Media-Strategie als Schlüssel zum Erfolg

In dieser Lektion lernen Sie

- warum eine Social-Media-Strategie im Unternehmenskontext sinnvoll ist.
- wie Sie in fünf Schritten eine Social-Media-Strategie planen.
- wer an der Planung beteiligt sein sollte.
- wie man eine Social-Media-Strategie für eine Fahrschule aufbauen würde.

16.1 Warum eine Strategie?

Social Media ist ein schnelllebiger Kommunikationskanal: im Hinblick auf die Plattformen selbst und im Bezug auf die Aktualität von Inhalten. Warum also eine Strategie planen? Wäre es nicht besser, einfach loszulegen und zu testen, was funktioniert?

Das Testen von Aktivitäten und das Anpassen basierend auf der Resonanz von Seiten Ihrer Zielgruppe ist in Social Media unumgänglich.

Es ist jedoch trotzdem sinnvoll, vor der Nutzung eine Strategie zu entwickeln, um die Social-Media-Nutzung zu strukturieren. Nur so bringen Sie die gewünschten Ergebnisse und die in der Realität vorhandenen Ressourcen unter einen Hut und können im Unternehmen abstimmen, wer was tut — und warum. Dies hilft auch, nicht plattformgetrieben zu agieren, sondern einer unternehmerischen Motivation zu folgen.

Viele Unternehmen erstellen eine Facebook-Seite aus dem Gefühl heraus, dabei sein zu müssen. Es fehlt jedoch an zielgerichteter Aktivität. Sind die Accounts einmal angelegt, passiert auf den Seiten häufig nicht viel. Dadurch bleibt eine Resonanz seitens der Zielgruppe aus, was schnell zu dem Trugschluss führt, dass die Nutzung von Social Media wenig nützlich sei. Der Einsatz von Social Media kann für fast jedes Unternehmen signifikante Vorteile bringen, wenn Plattformen und Initiativen sinnvoll gewählt und betrieben werden. Das Erarbeiten einer Social-Media-Strategie hilft dabei.

Im Folgenden wird erläutert, wie Sie in fünf Schritten eine individuelle Strategie für Ihr Unternehmen erstellen. Am Beispiel des kleinen und fiktiven Fahrschulunternehmens *DriveIn* wird die Planung einer Strategie beschrieben. *DriveIn* ist eine Fahrschule in der Frankfurter Stadtmitte. Der Inhaber und Fahrlehrer Toni Mehrlig (48 Jahre) beschäftigt drei Fahrlehrer im Alter von 32 bis 50 Jahren (Jens, 32 Jahre, Hannes, 37 Jahre und Alfred, 50 Jahre) sowie Tanja Tuppa, eine Bürokraft, die 34 Jahre alt ist.

16.2 Ist-Analyse

In der Ist-Analyse tragen Sie zusammen, was der Status quo der Webpräsenz Ihres Unternehmens ist. Sie machen eine Bestandsaufnahme, welche Ressourcen zur Verfügung stehen. Dies umfasst sowohl Inhalte als auch Personal und Budget.

Wenn Sie später konkrete Social-Media-Initiativen planen, können Sie die Auswahl der Plattform(en) und Aktivitäten an die Realität anpassen und so eine Strategie erstellen, die Plattformen vorsieht, die parallel zum Alltagsgeschäft auch tatsächlich gepflegt werden können. Dies ist besonders in kleineren Unternehmen wichtig, wo es in der Regel weder eigene Social-Media-Abteilungen noch einen Social-Media-Manager gibt. Die Ist-Analyse erfolgt am besten im Rahmen eines Workshops mit allen Mitarbeitern, die später an den Social-Media-Initiativen mitarbeiten sollen, sowie mit Kollegen, die einen Überblick über vorhandene Inhalte haben (z. B. die oder der Marketingverantwortliche). Gemeinsam tragen Sie folgende Informationen zusammen:

16.2.1 Präsenzen

Welche **Onlinepräsenzen** existieren bereits für Ihr Unternehmen? Notieren Sie Website, Onlineshop, Social-Media-Plattformen, Einträge auf Branchenseiten. Egal ob diese Präsenzen momentan im Unternehmen gepflegt oder von externer Seite kontrolliert werden (z. B. ein von Google erstellter Google-Maps-Profileintrag): Machen Sie eine komplette Bestandsaufnahme, um zu sehen, wie Ihr Unternehmen momentan online repräsentiert ist. Vielleicht finden Sie sogar über Suchmaschinen Profile, von denen niemand etwas wusste?

In dieser Phase kann es durchaus sein, dass Sie feststellen, dass es außer Ihrer Firmenwebsite keine weiteren Präsenzen gibt. Allerdings kann es auch sein, dass Sie vor einer Vielzahl von wenig oder schlecht gepflegten Profilen auf verschiedenen Plattformen stehen, die das Unternehmen Zeit kosten, aber keinen Mehrwert bringen. Dies ist eine Motivation mehr, eine sinnvolle Strategie zu entwickeln! Gegebenenfalls wird es Teil dieser Strategie sein, Profile, sofern von der jeweiligen Plattform erlaubt, zu löschen. So zum Beispiel die Fahrschule in Abb. 118, die eine Facebook-Seite betreibt, die mit 45 Fans nur sehr wenig Nutzen für das Unternehmen bringen kann.

Abb. 118 *Diese Facebook-Seite bringt mit nur 45 Fans wenig Mehrwert für das Unternehmen*

Es ist auch sinnvoll, in dieser Phase zu recherchieren, was direkte Konkurrenten, andere Unternehmen aus der Branche oder Firmen in ähnlichen Situationen tun. Zum einen bekommt Sie so eine Orientierung, auf welchem Stand andere sind, zum anderen sehen und lernen Sie, welche Dinge gut funktionieren — und welche weniger gut.

Unsere Beispiel-Fahrschule *DriveIn* hat bereits eine Website. Ansonsten pflegt man online noch keine Social-Media-Präsenzen. Durch eine Google-Suche wurde jedoch ein Google-Maps-Profil gefunden, das vermutlich von Google automatisch angelegt wurde. Auf dem Profil finden sich noch keine Bewertungen.

16.2.2 Ressourcen

Um die Erfolgschancen einer Social-Media-Strategie zu maximieren, muss sich der Umfang der geplanten Aktivitäten an der Realität des Unternehmensalltags orientieren. In diesem Schritt halten Sie fest, welche Personen wie viel Zeit in Social-Media-Aktivitäten investieren können. Klären Sie dies mit allen Verantwortlichen ab und halten Sie die wöchentlich oder monatlich verfügbaren Stunden pro Person schriftlich fest.

Notieren Sie hier auch, welches finanzielle Budget monatlich für Social Media zur Verfügung steht. Vieles ist ohne den Einsatz von Geld möglich, aber durch das Nutzen von kostenpflichtigen Premium-Profilen, durch das Schalten von Werbung oder das Zukaufen von wertvollen Inhalten (z.B. Bilder) können Sie den Erfolg einer Präsenz in der Regel beschleunigen. Auch das Erstellen von Foto- oder Videomaterial oder das Abklären von rechtlichen Gegebenheiten durch einen spezialisierten Anwalt können Kostenfaktoren sein.

Bei *DriveIn* sieht das Zeitbudget für die Social-Media-Arbeit so aus: Die Fahrlehrer haben circa eine halbe Stunde pro Woche Zeit dafür, die Bürokraft zwei Stunden pro Woche.

Das Budget ist gering: Pro Monat können circa 100 Euro ausgegeben werden.

16.2.3 Inhalte

Der Erfolg einer Social-Media-Präsenz steht und fällt mit den veröffentlichten Inhalten. Führen Sie mit allen Beteiligten ein Brainstorming durch, in dem **bereits verfügbare Inhalte** aufgelistet werden. Folgende Inhalte sind denkbar:

- Inhalte aus einem bestehenden Newsletter
- Neuheiten an Produkten oder Dienstleistungen
- Informationen zur Verwendung/Konfiguration von Produkten
- Sonderangebote und Aktionen
- Neuigkeiten rund um den laufenden Betrieb, z.B. Anschaffungen, Umbauten oder Auszeichnungen
- Termine wie Hausmesse oder Fachmessen
- Informationen zu den Menschen im Unternehmen, z.B. Absolventen einer Ausbildung, Mitarbeiterjubiläen oder neue Mitarbeiter, Azubi-Fahrten und Weihnachtsfeiern
- Artikel von und über das Unternehmen aus Zeitungen und Zeitschriften
- Artikel in Fachzeitschriften, evtl. von eigenen Mitarbeitern, oder interessante Branchenthemen
- Videos und Tonaufzeichungen rund um das Unternehmen
- Bilder aus dem Unternehmensalltag
- Alle anderen Informationen und Themen, die im Unternehmensalltag bereits vorhanden sind

Bei *Driveln* gibt es vor allem Informationen aus dem laufenden Betrieb: Prüfungsfragen, Kurszeiten, Fotos von Absolventen der Fahrprüfung und qualitativ hochwertige Bilder von den Fahrschulautos. Darüber hinaus flattern dem Inhaber Toni Neuerungen rund um Verkehrsregeln, Auflagen für eine Zulassung zur Prüfung, Angebote für die Finanzierung von Führerscheinen und ähnliche Informationen auf den Schreibtisch. Auch erhält *Driveln* einmal im Quartal den Newsletter des (in unserem Beispiel ebenfalls fiktiven) Verbands für Fahrschulen in Deutschland, in dem häufig auf interessante Artikel im Internet verwiesen wird. Von einer Werbekampagne sind noch Parkscheiben mit dem Fahrschullogo übrig.

16.2.4 Wissen

Die meisten Social-Media-Plattformen sind einfach zu bedienen, jedoch erleichtert eine gewisse Affinität zu Internetplattformen die Pflege immens. Halten Sie hier fest, welche Personen im Unternehmen (oder ggf. externe Arbeitskräfte) mit welchen Qualifikationen an den Social-Media-Initiativen mitarbeiten werden. Relevant sind hier Erfahrungen mit Social-Media-Plattformen, aber auch mit Grafikbearbeitungsprogrammen, Fotografiekenntnisse und Talent zum Verfassen von Texten.

Bei *Driveln* kennen Toni sowie die beiden jüngeren Fahrlehrer Jens und Hannes Facebook, YouTube und Blogs von der privaten Nutzung. Alfred, mit 50 Jahren der älteste Fahrlehrer, ist kein Freund der digitalen Medien und nutzt den Computer nur für E-Mails. Tanja ist eine begeisterte Nutzerin von Social Media und betreibt in ihrer Freizeit ein Blog mit Buchrezensionen, das sie auch über Facebook kommuniziert. Sie hat Basiskenntnisse in der Grafikbearbeitung. Ein Bekannter von Toni besitzt eine professionelle Kamera und hat in der Vergangenheit Fotos von den Fahrschulautos gemacht. Er stünde gegen ein kleines Entgelt zur Verfügung, um weitere Fotos zu machen.

16.2.5 Weitere Rahmenbedingungen

Schenken Sie auch weiteren Rahmenbedingungen, die für die Planung und Umsetzung einer Social-Media-Initiative relevant sein könnten, Beachtung. Z. B.:

- (nicht) vorhandene technische Infrastruktur
- Unternehmensmentalität
- unternehmenspolitische Aspekte
- Events, die den Zeitplan beeinflussen, z. B. eine geplante Hausmesse, zu der die Präsenz fertig sein sollte
- geografische oder sprachliche Aspekte, z. B. eine mehrsprachige Belegschaft, Standorte in verschiedenen Zeitzonen

Übung 17:

Führen Sie eine Ist-Analyse für Ihr Unternehmen durch:

- Welche Webpräsenzen bestehen bereits?
- Welche Inhalte stehen zur Verfügung, die wiederverwendet werden könnten?
- Welche Personen mit welchen Qualifikationen könnten an der Umsetzung einer Social-Media-Strategie mit wie viel Stunden pro Woche mitarbeiten?
- Welches finanzielle Budget steht pro Monat zur Verfügung?

Zusammenfassung

Nach der Ist-Analyse haben Sie einen Überblick, auf welcher Situation und mit welchen Ressourcen Sie die Social-Media-Initiativen für Ihr Unternehmen aufbauen. Dies hilft Ihnen, realistische Aktivitäten zu planen und sie sinnvoll im Unternehmen einzubetten.

16.3 Nutzungsmotivation und Zielgruppe

Wie bereits erwähnt, ist »dabei sein wollen, weil alle es tun« keine ausreichende Nutzungsmotivation, um als Unternehmen eine Social-Media-Präsenz aufzubauen. Bevor Sie sich dem Aufwand stellen, eine Social-Media-Präsenz aufzubauen und zu pflegen, muss klar sein, welchen Mehrwert sich das Unternehmen von diesen Aktivitäten verspricht.

Dazu sollten operative Ziele — am besten gemeinsam mit der verantwortlichen Führungskraft und gegebenenfalls mit relevanten Mitarbeitern, definiert werden. Die folgende Frage kann dabei helfen: »Welchen Effekt möchten wir durch die Nutzung von Social Media für unser Unternehmen erreichen?«

16.3.1 Operative Ziele

Operative Ziele im Rahmen des Marketingbereichs können beispielsweise sein:

- eine höhere Sichtbarkeit bei einer bestimmten Zielgruppe erreichen
- eine Marke aufbauen
- ein Produkt in den Markt einführen
- mehr Kunden werben

- Stammkunden pflegen und halten
- Besucher für eine Veranstaltung gewinnen
- das Image als Arbeitgeber stärken
- Auszubildende, Absolventen oder erfahrene Fachkräfte anwerben

Auch andere Ziele, die nicht rein marketingspezifisch sind, können gewählt werden. Z. B.:

- Produktideen und -feedback sammeln
- besseren oder effizienteren Kundensupport anbieten
- die Kundenzufriedenheit steigern
- Bestellungen vom Telefonweg auf den Webshop verlagern
- finanzielle Mittel einsammeln

Wichtig ist: Letzten Endes wird die unternehmerische Motivation immer sein, mehr Gewinn zu machen. Dennoch ist die Motivation »mehr Gewinn machen« sehr unspezifisch und nicht hilfreich, um das genaue Vorgehen zu definieren. Versuchen Sie daher, die Nutzungsmotivation so konkret wie möglich zu formulieren.

Die Nutzungsmotivation bei *DriveIn* ist zweifach: Zum einen wünscht sich Toni mehr neue Fahrschüler, die durch die Empfehlungen aktueller und ehemaliger Fahrschüler geworben werden. Zum anderen sollen mehr Teilnehmer für die in den Ferien angebotenen Intensivfahrkurse gewonnen werden, da diese nur mäßig belegt sind.

16.3.2 Ziele in Social Media

Übertragen Sie nun die im vorherigen Schritt definierten Ziele auf die Ebene der Social-Media-Perspektive: Was muss auf Social-Media-Plattformen passieren, um die unternehmerischen Ziele zu erreichen? Widerstehen Sie der Versuchung, in diesem Schritt bereits plattformspezifisch zu planen: Die Plattformen werden erst festgelegt, wenn Sie wissen, wer Ihre Zielgruppe ist. Legen Sie die Plattformen bereits durch die Ziele fest, laufen Sie Gefahr, auf einer Plattform zu landen, die nicht zur Zielgruppe passt.

So lassen sich die oben genannten Beispiele übertragen:

- **Eine höhere Sichtbarkeit bei einer bestimmen Zielgruppe erreichen:** Reichweite bei der Zielgruppe mit den passenden demografischen Merkmalen erzielen.
- **Eine Marke aufbauen:** Reichweite in Social Media erzielen mit Beiträgen, welche die Marke kommunizieren.

- **Ein Produkt in den Markt einführen:** Reichweite bei Nutzern mit Themen rund um das Produkt erzielen, Annahme von online angebotenen Angeboten und Aktionen rund um das Produkt.
- **Mehr Kunden werben:** Reichweite bei neuen potenziellen Kunden über Social Media erzielen, Empfehlungen von bestehenden Kunden erhalten (in Social Media).
- **Stammkunden pflegen und halten:** Kontaktpunkte und Reichweite bei bestehenden Kunden schaffen.
- **Besucher für eine Veranstaltung gewinnen:** Reichweite mit Themen rund um die Veranstaltung erzielen. Besucher werben, die bei der Anmeldung ein Sonderangebot auf Social Media wahrnehmen, Interaktionen in Social Media rund um die Veranstaltung fördern.
- **Das Image als Arbeitgeber stärken:** Reichweite von Inhalten mit positiven Informationen rund um die Arbeit im Unternehmen bei der Zielgruppe mit der richtigen Demografie erzielen, Empfehlungen von Mitarbeitern erhalten (in Social Media).
- **Auszubildende, Absolventen oder erfahrene Fachkräfte anwerben:** Reichweite bei der Zielgruppe mit der richtigen Demografie erzielen, Weiterempfehlungen von Angestellten erhalten.
- **Produktideen und Feedback sammeln** Über Social Media (ernstzunehmende) Ideen oder Rückmeldungen zu Produkten einsammeln.
- **Besseren oder effizienteren Kundensupport anbieten:** Über Social Media Kundenanfragen (mit positivem Abschluss) bedienen.
- **Die Kundenzufriedenheit steigern:** Positive Interaktionen mit Kunden erzielen, positives Feedback von Kunden in Social Media erhalten.
- **Bestellungen vom Telefonweg auf den Webshop verlagern:** In Social Media Klicks auf den Webshop generieren, Reichweite von Informationen zum Bestellen per Webshop.
- **Finanzielle Mittel einsammeln:** Investitionen in Social Media werben.

Für die Fahrschule ergeben sich die folgenden Ziele: Empfehlungen, die in Social Media von Fahrschülern gegeben werden, erhalten; Reichweite bei potenziellen Fahrschülern erzielen sowie Feedback und Anmeldungen zu Ferienfahrkursen steigern, die über Social Media eingegangen sind.

16.3.3 Zielgruppenanalyse

Nachdem Sie definiert haben, warum das Unternehmen in Social Media aktiv werden möchte, ist es sinnvoll, die Zielgruppe genauer zu betrachten.

Dies sind die Menschen, die Sie über Social-Media-Aktivitäten erreichen und begeistern möchten. Klären Sie folgende Punkte ab:

- allgemeine Lebenssituation, z.B. Studenten, Autoliebhaber, Familien
- Alter
- Geschlecht
- Wohn- oder Arbeitsort
- Bildungsniveau
- Einkommensniveau
- Interessen, z.B. Kindererziehung, Fußball, Investitionen. Hier ist es wichtig, auch Interessen aufzunehmen, die nicht direkt mit Ihrem Unternehmen zu tun haben. Schließlich möchten Sie die Zielgruppe ja aus deren Perspektive ansprechen.
- Welche Inhalte würden die Zielgruppe so begeistern, dass sie diese weiterempfiehlt?
- Welchen Kommunikationsstil bevorzugt die Zielgruppe? Wird hier eher fachlich anspruchsvoll, jugendlich-modern oder familiär kommuniziert?

Die Fahrschule *DriveIn* kennt ihre Zielgruppe genau und definiert sie folgendermaßen:

- Lebenssituation: Junge Leute, die einen Führerschein erwerben wollen; Schüler, Auszubildende und Angestellte.
- Alter: 16 bis 20 Jahre
- Geschlecht: gleichermaßen männlich und weiblich
- Wohnort: Frankfurter Innenstadt, Radius ca. 10 km
- Bildungsniveau: alle
- Einkommensniveau: Aufgrund ihres Alters hat die Zielgruppe eher weniger Geld.
- Interessen: Unabhängigkeit, Schule, Berufswahl, Geld sparen bzw. sparsam einsetzen, Events am Wochenende, Stars, Musik und Beziehungen
- Welche Inhalte würden die Zielgruppe begeistern: Rabatte für Clubs, Bars, Cafés etc., lustige Beiträge, Geheimtipps rund um das Fahrenlernen
- Kommunikationsstil: jugendlich-modern

Übung 18:

Definieren Sie die Nutzungsmotivation für eine Social-Media-Strategie in Ihrem Unternehmen.

- Welche operativen Motivationen bestehen?
- Wer ist Ihre Zielgruppe? Legen Sie das demografische Profil, Interessen und Affinität zu Social Media fest.
- Welche Interaktionen möchten Sie mit Ihrer Zielgruppe in Social Media abbilden, um die operativen Ziele zu erreichen?

Zusammenfassung

Nach der Definition der Nutzungsmotivation haben Sie einen genauen Überblick, warum das Unternehmen Social Media nutzen möchte und wer die Zielgruppe ist. Zusammen mit dem im ersten Schritt aufgenommenen Ist-Zustand liegt Ihnen nun eine klare Basis vor, auf der Sie Social-Media-Initiativen planen können.

16.4 Social-Media-Initiativen

16.4.1 Erfolgsprinzipien

Beim Planen der Initiativen und der Inhalte, die veröffentlicht werden (also einer Content-Strategie), sind folgende Erfolgsprinzipien nützlich, die in allen Köpfen präsent sein sollten:

Mehrwert bieten — für alle Beteiligten

Wie schon betont, muss eine Social-Media-Initiative einen echten Nutzen für Ihre Zielgruppe bieten. Wenn die Nutzer keinen Mehrwert in der Facebook-Seite, den Blogartikeln oder dem YouTube-Kanal Ihres Unternehmens sehen, werden sie ihre wertvolle Zeit woanders verbringen. So schreibt auch Professor Dr. Christian Zich: »Der Hauptgrund für die Kündigung der virtuellen Beziehung sind uninteressante oder qualitativ schlechte Informationen.«[34] Daher müssen Sie mit den veröffent-

34. Zich, C.: Content Marketing: Forget Facebook-Fanpages?, Artikel in *acquisa*, 2/2015, S. 30 - 36

lichten Inhalten einen klaren Mehrwert für Ihre Zielgruppe schaffen. Dies ist auf drei verschiedene Arten möglich:

- **Materieller Mehrwert:** Dies ist die einfachste, aber auch kostspieligste Art, die Zielgruppe an sich zu binden: Gewinnspiele, Rabatte, kleine Geschenke, Sonderaktionen, Frühbucher-Boni. Es gibt unzählige Möglichkeiten, wie Sie Ihre Zielgruppe mit einem greifbaren, materiellen Mehrwert ansprechen können. Ein großer Vorteil ist, dass sich die Ergebnisse in der Regel einfach messen lassen. Durch Gewinnspielteilnehmer, verwendete Rabattcodes oder angeforderte Geschenke sehen Sie, ob die Zielgruppe das Angebot des Unternehmens attraktiv findet.

  Um materiellen Mehrwert zu bieten, könnte *Driveln* zum Beispiel die noch vorhandenen Parkscheiben verschenken, ein Gewinnspiel unter neuen Fans veranstalten oder einen Frühbucher- oder Freundschaftsrabatt für Teilnehmer an den Intensivfahrkursen anbieten.
  Allerdings kann nicht jede Woche ein Gewinnspiel durchgeführt werden, und Werbegeschenke werden auf die Dauer auch kostspielig. Auch reichen diese Inhalte nicht aus, um Menschen wirklich für Ihr Unternehmen zu begeistern. Daher sollten Inhalte mit materiellem Mehrwert mit den beiden folgenden Inhaltsarten ergänzt werden.

- **Mehrwert durch Informationen:** Eine tolle Möglichkeit, Mehrwert zu bieten, ist das Herausgeben nützlicher Informationen an die Zielgruppe. Da es um Themen in Verbindung mit Ihrem Unternehmen geht, liegen die Informationen meist schon im Unternehmen vor und müssen nur noch aufbereitet werden. Tipps, Tricks, technisches Wissen, Branchennews und -entwicklungen sowie Anleitungen im Rahmen Ihrer Branche und der gesteckten Ziele sind hier Trumpf.

  Für *Driveln* wären hier zum Beispiel Prüfungsfragen, Tipps und Tricks zur richtigen Autopflege, Reifenwechsel oder Prüfen des Ölstands gute Ideen. Aber auch Themen, die das eigene Fachgebiet nur berühren, sind wertvoll, wie zum Beispiel Finanzierungsoptionen für den Führerschein, Autos für Fahranfänger im Vergleich, Autoversicherungen und Ähnliches.

  Durch das Teilen solcher externen Inhalte mit der Zielgruppe erreicht man zweierlei: Zum einen wirkt die Präsenz weniger egozentrisch und weniger darauf bedacht, die eigenen Produkte und Dienstleistungen zu verkaufen. Zum anderen wandelt sich die Positionierung der Präsenz von »Anbieter von Nischenthemen nur rund um ein Unternehmen« zu »Betreiber einer wertvollen, breit aufgestellten Informationsplattform zu einem allgemeinen Thema«.

- **Mehrwert durch Unterhaltung:** Bei allen materiellen Vorteilen und Informationen dürfen auch die menschliche Komponente und der Spaß in Social Media nicht zu kurz kommen. Daher ist es wichtig, auch unterhaltsame Inhalte anzubieten. Hier sollte immer ein gewisser Bezug zur Branche gewahrt werden: Katzenvideos sind die beliebtesten Inhalte auf Facebook, aber für eine Fahrschule ist höchstens ein Video von einer Katze im Auto angebracht. Lustige Videos und Bilder, nette Einblicke in den Betrieb, inspirierende Sprüche oder branchenspezifische Witze sind hier gute Optionen.

  Die Fahrschule würde hier Fotos von lustigen Straßenschildern, von glücklichen Absolventen der Führerscheinprüfung sowie von unterhaltsamen Momentaufnahmen des Lebens im Betrieb und auf YouTube gefundene Videos von schiefgegangenen Einparkversuchen und Ähnlichem veröffentlichen.

Einen Dialog mit der Zielgruppe führen

Social Media ist ein Dialogmedium, was beim Planen einer Präsenz miteinbezogen werden muss. Beiträge sollten so formuliert werden, dass sie Nutzer direkt ansprechen und die Zielgruppe in den Mittelpunkt stellen. Die Präsenz sollte überwacht werden und auf Fragen, Kommentare und Nachrichten sollte innerhalb einer angemessenen Zeit reagiert werden. Was ein angemessener Zeitraum ist, hängt von der genutzten Plattform, der Zielgruppe und der Branche ab. Das absolute Minimum ist jedoch, innerhalb von 24 Stunden während der Büroöffnungszeiten zu reagieren.

Für *DriveIn* bedeutet dies, dass Tanja von Montag bis Freitag die Präsenz morgens, mittags und vor Feierabend überprüfen und eventuell offene Themen bearbeiten wird. Am Wochenende hat sie frei, aber Toni als Inhaber wird via Smartphone die Präsenz im Blick behalten.

Die Nutzung einfach und schnell machen

Die durchschnittliche Aufmerksamkeitsspanne beim Überfliegen von Beiträgen in Social Media liegt bei wenigen Sekunden. Um die Zielgruppe für sich zu gewinnen, müssen Sie also präzise und interessant kommunizieren. Knackige Texte und ansprechende Bilder sind hier die Kriterien für Erfolg.

Wenn Sie Gewinnspiele oder andere Aktionen planen, sollten die Nutzer ebenfalls schnell und einfach teilnehmen können, sonst kann es sein, dass die Aktion nicht angenommen wird.

Dazu eine kleine Geschichte: Ein mittelständisches Unternehmen führte auf Facebook ein Adventsgewinnspiel durch, mit dem Ziel, mehr Fans zu gewinnen. An jedem Adventssonntag wurde eine Frage veröffentlicht, und alle Teilnehmer, die alle vier Fragen korrekt beantwortet hatten, gingen in die Verlosung ein. Verlost wurden 10 USB-Sticks. Das Ergebnis: eine nur zweistellige Teilnehmerzahl und lediglich drei Personen, die alle vier Fragen beantwortet hatten, unter denen nun 10 USB-Sticks verlost werden sollten. Das Unternehmen hatte nicht unbeträchtliche Zeit in die Programmierung des Gewinnspiels investiert und war von der schwachen Resonanz enttäuscht. Was war hier schiefgegangen?

In der turbulenten Vorweihnachtszeit hatten die Nutzer einfach nicht die Muße, jede Woche eine Frage zu beantworten, und die bescheidenen Gewinne boten nicht genug Anreiz, um sich mit dem etwas komplexeren Gewinnspiel auseinanderzusetzen.

Halten Sie sich daher vor Augen, warum Sie solche Aktionen durchführen: Es geht darum, Abonnenten zu gewinnen, nicht, Ihre Zielgruppe einem ernsthaften Wissenstest zu unterwerfen. Alle angebotenen Aktionen sollten so gestaltet sein, dass interessierte Nutzer schnell und einfach teilnehmen können.

16.4.2 Planung konkreter Social-Media-Initiativen

Mit diesen Erfolgsprinzipien im Kopf planen und definieren Sie nun konkret, wie Ihr Unternehmen in Social Media aktiv wird. Dazu wählen Sie anhand der Ziele und Zielgruppe passende Plattformen aus. Berücksichtigen Sie das Zeitbudget, wenn Sie die Nutzung einer oder mehrerer Plattformen planen.

Die Entwicklung der Initiativen erfolgt am besten mit den Personen im Unternehmen, die später maßgeblich an der Umsetzung und Pflege beteiligt sind.

Beginnen Sie mit einer Auswahl der Hauptplattform für die Social-Media-Präsenz Ihres Unternehmens. Hilfestellungen dazu finden Sie in Lektion 13. Berücksichtigen Sie dabei auch Ihre Kenntnisse der Zielgruppe.

Definieren Sie dann Ihre Content-Strategie: die Inhalte, die auf der Plattform veröffentlicht werden. »Mehrwert für die Zielgruppe bieten«, »einen Dialog führen« und »die Nutzung einfach und schnell möglich machen« sollten die Prämissen sein, unter denen diese Inhalte ausgewählt und geplant werden.

Ziehen Sie die Liste zurate, die Sie in der Ist-Analyse erstellt haben, und prüfen Sie bereits vorhandene Inhalte: Welche sind für die Zielgruppe interessant? Wählen Sie diese aus.

Betrachten Sie dann die Liste von Interessen und Inhalten, die die Zielgruppe begeistern, aus der Zielgruppenanalyse: Welche dieser Inhalte können Sie erstellen, welche Themen bedienen? Wählen Sie auch hier einige Inhalte aus. Abb. 119 illustriert den Bereich, in dem sich der sinnvollste und wertvollste Content befindet.

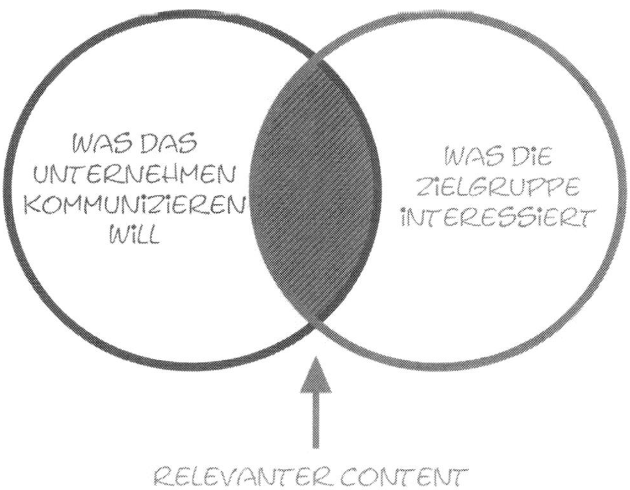

Abb. 119 *Versuchen Sie, sich mit veröffentlichten Inhalten immer im dargestellten orangefarbenen Bereich zu bewegen.*

Nun können die Inhalte in einen **Redaktionsplan** eingefügt werden: Entweder erstellen Sie dazu eine Liste mit Tagen und Themen, oder Sie legen die Frequenz grob fest, indem Sie Themenkategorien x-mal pro Tag oder Monat einplanen.

Legen Sie auch fest, wer konkrete Ideen für Beiträge generiert, wer Beiträge erstellt und wer Beiträge veröffentlicht und überprüft: Diese Aufgaben können durchaus auf mehrere Schultern verteilt werden.

Besprechen und planen Sie dann weitere Plattformen, welche die führende Plattform unterstützen, z.B. Inhaltsverteiler zu Inhaltsspeichern oder umgekehrt. In den meisten Fällen macht eine Kombination von mindestens einem Inhaltsspeicher und einem Inhaltsverteiler Sinn. Bei einem knappen Zeitbudget kann auch nur ein

Bewertungsportal oder nur ein soziales Netzwerk eingesetzt werden. Analysieren Sie, wo der größte Mehrwert für Ihre Zielgruppe geboten werden kann.

Social Media Redaktionsplan — **Jahr:** **2019**

Wochentag	Datum	Feiertag	Facebook	Blog	Kommentar	Verantwortlich
Tuesday	01/01/2019	Neujahrstag				
Wednesday	02/01/2019					
Thursday	03/01/2019		Blogartikel: Energie-Neuerungen	Energie-Neuerungen in 2019		Jana G./Fred H.
Friday	04/01/2019					
Saturday	05/01/2019					
Sunday	06/01/2019	…lige Drei Könige				
Monday	07/01/2019		Tipp der Woche: Energie sparen			Jana G.
Tuesday	08/01/2019					
Wednesday	09/01/2019					
Thursday	10/01/2019		Gutschein: 10% Rabatt			Jana G.
Friday	11/01/2019					
Saturday	12/01/2019					
Sunday	13/01/2019					
Monday	14/01/2019		Tipp der Woche: Wäsche trocknen			Jana G
Tuesday	15/01/2019					
Wednesday	16/01/2019		Cartoon: Pellets vs. Gas			Jana G
Thursday	17/01/2019			Moderne Heizungen		Fred H.
Friday	18/01/2019		Blogartikel: Moderne Heizungen			Jana G.
Saturday	19/01/2019					
Sunday	20/01/2019					

Kategorien
Einblicke in das Unternehmen
Neuheiten zu Produkten
Tipp der Woche
Lustiges Zitat oder Cartoon
Externe Branchennews
Gutscheine, Sonderangebote, Gewinnspiele
Blogartikel
Sonstiges

Abb. 120 *Beispiel für einen Facebook-Redaktionsplan für einen Energielieferanten*

Wie sieht es bei unserer Fahrschule *DriveIn* aus? Hier bietet sich aufgrund der Vorlieben der Zielgruppe als Hauptplattform Facebook an. Auch das vorhandene Zeitbudget passt, wenn es darum geht, mehrfach pro Woche Beiträge zu veröffentlichen. Es wird festgelegt, dass Tanja das Anlegen und die Pflege der Facebook-Seite übernimmt, während die anderen Mitarbeiter von *DriveIn* sie unterstützen. Es wird geplant, drei Beiträge pro Woche zu veröffentlichen. Folgende Inhalte werden ins Auge gefasst:

- **Materieller Mehrwert**
  - Gewinnspiel: kostenloser Fahrkurs (ein- bis zweimal/Jahr).
  - Rabattcodes für Frühbucher von Ferienfahrkursen (vor den Oster- und Sommerferien).
  - Rabattcodes wenn zwei oder mehr Freunde gemeinsam einen Ferienfahrkurs buchen (vor den Oster- und Sommerferien).
  - Parkscheiben und evtl. andere kleine Artikel verschenken (ein- bis zweimal/Jahr).
- **Informationen**
  - Prüfungsfrage der Woche: Theoriefrage zu einer kniffligen Verkehrssituation, die nach ein bis zwei Tagen beantwortet wird (wöchentlich).
  - Tipp des Monats: Expertentipp rund um die Autowartung und -pflege mit einem ansprechenden Bild (monatlich).
  - Vorstellung der Fahrlehrer als grafisch aufbereiteter Mini-Steckbrief (alle zwei Monate).
  - Informationen rund um Straßenverkehrsrecht, Versicherungen, Autoanschaffung und Finanzierung von Führerschein und Autos, meist als Link auf einen entsprechenden Artikel auf einer externen Seite (nach Verfügbarkeit).
  - Fotos von neuen Fahrzeugen (wenn ein Fahrzeug angeschafft wird).

  - → Informationen, wenn Kurse neu beginnen, verlegt werden, ausfallen etc. (nach Bedarf).
  - → Informationen zu Ferienfahrkursen mit Fragen zu Präferenzen der Teilnehmer, zum Beispiel in welcher Ferienwoche, welche Zeiten etc. (rechtzeitig zur Planung der Kurse).
- **Unterhaltung**
  - → Lustige Straßenschilder (wöchentlich).
  - → Depp des Monats: Link zu Bild oder Video von verunglückten Fahrmanövern (monatlich).
  - → Fotos von Prüflingen nach bestandener Prüfung (nach Verfügbarkeit).
  - → Schöne Bilder von den Fahrlehrern und andere Einblicke in den Betrieb (nach Verfügbarkeit).

Es wird festgelegt, dass Tanja sich um die Recherche und Erstellung der Beiträge kümmert. Sie wird einen Onlinekurs »Bildbearbeitung mit GIMP« machen, um auch die grafische Gestaltung der Beiträge aus der Rubrik »Tipp des Monats« übernehmen zu können.
Toni unterstützt sie mit zwei bis vier externen Themen pro Monat, die veröffentlicht werden können. Die Fahrlehrer lassen ihr Fotos von erfolgreichen Prüflingen zukommen. Um sich rechtlich abzusichern, wird ein kleines Formular vorbereitet, mit dem Absolventen der Verwendung ihres Fotos zustimmen.
Wenn Tanjas Urlaub bevorsteht, plant und bereitet sie Beiträge mithilfe der entsprechenden Facebook-Funktion zur Veröffentlichung vor, Beiträge zu aktuellen Themen veröffentlicht Toni während ihrer Abwesenheit.
Es ist auch angedacht, längere Artikel in einem Blog zu veröffentlichen. Dies wird jedoch vorerst zurückgestellt, um sich auf Facebook zu konzentrieren.
Ergänzend werden die Administrationsrechte für den bestehenden Google-Maps-Eintrag angefordert. Der Google-Maps-Eintrag und das dazugehörige Google+-Profil werden von Tanja in Absprache mit Toni einmalig ansprechend gestaltet, und die Fahrlehrer werden jedem Absolventen der Fahrprüfung ein kleines Geschenk mit einer Karte, die um eine Bewertung bittet, aushändigen. Selbstverständlich erscheint die URL auf der Karte verkürzt: www.tiny.cc/DriveIn.

Übung 19:

Planen Sie konkrete Initiativen für die Social-Media-Nutzung in Ihrem Unternehmen.

- Welche Plattformen setzen Sie ein? Wie ergänzen sich die Plattformen, welche führen, welche unterstützen?

- Welche Inhalte nutzen Sie, um für Ihre Zielgruppe echten Mehrwert zu bieten? (Benutzen Sie die Listen aus der Situations- und Zielgruppenanalyse.)
- Wer erstellt und wer veröffentlicht die Inhalte? Wann? Wie häufig? Erstellen Sie einen beispielhaften Redaktionsplan.

Zusammenfassung

In der Initiativenplanung wählen Sie die Plattformen aus, auf denen das Unternehmen aktiv wird. Sie definieren, wie die Plattformen sich ergänzen, welche Inhalte wie häufig veröffentlicht werden und wer welche Themen verantwortet. Beachten Sie dabei unbedingt die drei Erfolgsprinzipien: Mehrwert bieten, Dialog führen, die Nutzung schnell und einfach machen.

16.5 Erfolgskontrolle

Nachdem die Initiativen geplant sind, ist es wichtig, Messwerte zur Erfolgskontrolle einzuführen. So lässt sich verfolgen, wie sich die Initiativen entwickeln und ob sich der erwartete Mehrwert für das Unternehmen einstellt. Falls dies nicht passiert, können die Aktivitäten an den richtigen Punkten korrigiert und angepasst werden.

Im ersten Schritt sollten Kennzahlen definiert werden, die sich von den Social-Media-Zielen ableiten und sich auch wirklich messen lassen. Stellen Sie sicher, dass die Kennzahlen messbar sind und einen echten Erfolg ausdrücken. Manchmal ist es sinnvoller, mit Prozent- statt mit Absolutwerten zu arbeiten.

Ein Beispiel: Wenn Sie auf Facebook die prozentual erreichten Nutzer pro Beitrag im Bezug auf die Größe der Fangemeinde messen, bekommen Sie einen echten Eindruck, wie gut ein Beitrag bei Ihren Fans ankommt. Messen Sie nur, dass Sie z.B. 530 Nutzer pro Beitrag erreicht haben, so ist dies für eine Seite mit insgesamt 500 Fans ein deutlich besseres Ergebnis als für eine Seite mit 10.000 Fans.

Im Fall von *DriveIn* werden die Kennzahlen wie folgt abgeleitet:

- Das Ziel »Empfehlungen, die in Social Media von Fahrschülern gegeben werden« wird gemessen an positiven Bewertungen auf Facebook, auf Google

Maps und positiven Äußerungen in Kommentaren, die Fahrschüler auf der Facebook-Seite hinterlassen.

- Das Ziel »Reichweite bei potenziellen Fahrschülern« wird gemessen an den Fans auf Facebook (als Basis), an der durchschnittlichen Reichweite pro Beitrag und pro Fan (welcher Prozentsatz der Fangemeinde sieht durchschnittlich jeden Beitrag der Seite?) sowie an monatlichen Aufrufen des Google+-Profils.
- Das Ziel »Feedback zu Ferienfahrkursen« wird gemessen an nützlichen Antworten und Kommentaren zu Beiträgen rund um das Thema »Ferienfahrkurse« auf Facebook.

Weiterhin lässt sich auch der Erfolg im tatsächlichen Betrieb messen. Hier dauert es ein wenig länger, bis der Erfolg sichtbar wird, aber es ist dennoch sinnvoll zu verfolgen, ob die in Schritt 2 genannten Nutzungsmotivationen bedient werden. So kann das unternehmerische Ziel »Mehr neue Fahrschüler durch Empfehlungen« mit ein oder zwei einfachen Fragen auf dem Anmeldeformular zum Fahrkurs gemessen werden. Um den Erfolg der Social-Media-Initiativen, was die bessere Belegung der Ferienfahrkurse angeht, zu messen, kann verfolgt werden, wie oft die auf Facebook angebotenen Frühbucher- oder Freundschaftsrabatte genutzt werden und ob die Kurse tatsächlich besser gefüllt sind als im Vorjahr. Wichtig ist hier zu verfolgen, ob die Kurse aufgrund höherer Sichtbarkeit und eventuell angepasstem Format tatsächlich besser besucht werden, oder ob sich die gleiche Anzahl von Teilnehmern pro Kurs anmeldet, aber nun mit Rabatt. Dies wäre kontraproduktiv.

Die Kennzahlen sollten in einer Tabelle festgehalten, regelmäßig überprüft und im Team besprochen werden. Als Intervall ist eine Abfrage pro Monat meist passend. Liegen genug Informationen vor, können auch Erwartungswerte vorgegeben werden, was aber nicht immer möglich ist.

So sieht die Social-Media-Kennzahlentabelle für *DriveIn* aus:

Kennzahl (geplant)	**Monat 1**	**Monat 2**	**Monat 3**	**Monat 4**	**Monat 5**	**Monat 6**
Bewertungen auf Google Maps	5	10	15	20	25	30
Größe der Fangemeinde auf Facebook	100	200	500 (Gewinnspiel geplant)	650	800	1000
Prozentuale Reichweite auf Facebook	100 %	60 %	40 %	35 %	30 %	30 %

Kennzahl (geplant)	**Monat 1**	**Monat 2**	**Monat 3**	**Monat 4**	**Monat 5**	**Monat 6**
Rezensionen auf Facebook	3	5	7	8	9	10
Feedback zu Ferienfahrkursen auf Facebook	0 (keine Fragen geplant)	0 (keine Fragen geplant)	0 (keine Fragen geplant)	10	0 (keine Fragen geplant)	0 (keine Fragen geplant)

Für manche Zahlen können auch keine Erwartungswerte eingetragen werden, weil diese zu schwer zu schätzen sind. In solchen Fällen geht es vor allem darum, monatlich ein gutes Wachstum zu erzielen. Stellt sich dies nicht ein, so können die Initiativen angepasst werden.

Die Bewertungen auf Google Maps oben hingegen können geschätzt und stark von den Fahrlehrern beeinflusst werden: Je aktiver sie Fahrschüler um Bewertungen bitten, desto mehr Bewertungen werden voraussichtlich auch veröffentlicht werden. Daher werden hier realistische Ziele gesteckt, um das Team zu Handlungen zu motivieren.

Die Kennzahl »Größe der Fangemeinde auf Facebook« ist wichtig, da sie die Basis für eine erfolgreiche Kommunikation auf Facebook ist: Ohne Fans kann ein Unternehmen auch bei bester Kommunikation wenig bewegen. Darüber hinaus ist aber auch die Qualität der Beiträge essenziell für einen mittel- und langfristigen Erfolg der Facebook-Seite. Daher wird die »prozentuale Reichweite auf Facebook« gemessen: Diese berechnet man, indem man die absolute Reichweite auf Facebook (d. h. wie oft Nutzer etwas über *Driveln* gesehen haben) durch die Anzahl der Beiträge und durch die Größe der Fangemeinde teilt. So kann der Erfolg der Beiträge unabhängig von der Größe der Fangemeinde und der Anzahl der Beiträge überwacht werden.

Warum ist diese Zahl ein guter Indikator für den Erfolg? Zu einen wird so klar, welche Reichweite man für die Arbeit, die man sich mit jedem Beitrag und mit der Gewinnung jedes Fans gemacht hat, wirklich bekommt. Zum anderen zeigt dies auch, welche Reichweite der Newsfeed-Algorithmus (siehe Lektion 4) basierend auf Nutzerinteraktion jedem Beitrag durchschnittlich einräumt. Die durchschnittliche Reichweite einer Facebook-Unternehmensseite lag 2017 bei circa 12 %, ist bei Seiten mit kleineren Fangemeinden jedoch meist besser als bei Seiten mit sehr großen Fangemeinden. Auch ist dieser Wert bei neu erstellten Seiten höher, weil Facebook neue Seiten weniger streng behandelt. Daher sieht man in den Erwartungswerten in den ersten Monaten eine negative Tendenz.

Für die Kennzahl »Rezensionen auf Facebook« werden ähnlich wie für die Zahl »Bewertungen auf dem Google-Maps-Profil« Erwartungswerte definiert, um eine gewisse Motivation zu erzeugen. Wichtig bei der Verwendung von zwei Bewertungsplattformen ist, dass diese sich nicht gegenseitig im Weg stehen: Hier wurde das Profil auf Google Maps ganz klar als führende Bewertungsplattform festgelegt, die Anzahl der Rezensionen auf Facebook ist zweitrangig.

Die letzte Kennzahl, das Feedback zu Ferienfahrkursen, muss manuell aus Kommentaren auf entsprechende Beiträge mit Fragen oder Informationen herausgelesen werden. Sie ist aber genauso wichtig und wertvoll wie die anderen Kennzahlen, weil sie es *DriveIn* erlaubt, das Angebot so anzupassen, dass die Fahrkurse optimal von der Zielgruppe angenommen werden.

Im zweiten Schritt werden nun die unternehmerischen Kennzahlen festgelegt. Auch hier lohnt es sich, zurück auf die Nutzungsmotivation zu blicken und die in der unternehmerischen Motivation definierten Ziele als Basis zu nehmen. Unternehmerische Kennzahlen verändern sich naturgemäß langsamer als Social-Media-Kennzahlen und sollten daher langfristiger geplant werden.

Hier ist es wichtig, Werte abhängig von der momentanen Situation zu formulieren und eventuell auch als Prozentwerte zu messen.

Die Tabelle für die unternehmerischen Ziele von *DriveIn* sieht folgendermaßen aus:

Kennzahl	**Monat 1**	**Monat 2**	**Monat 3**	**Monat 4**	**Monat 5**	**Monat 6**
Neue Fahrschüler, die auf Empfehlung von Freunden kommen (derzeit 40 %)	40 %	40 %	45 %	50 %	60 %	65 %
Neue Fahrschüler, die die Facebook- oder Google-Seite kennen (derzeit 0)	0 %	10 %	20 %	40 %	50 %	60 %
Umgesetzte Ideen für Ferienfahrkurse, die über Social Media bekannt wurden	0	0	1	2	3	10
Teilnehmer an Ferienfahrkursen (bisher: durchschnittlich 6)	Kein Kurs	Kein Kurs	Kein Kurs	Kein Kurs	Kein Kurs	10

Beachten Sie, dass für manche Kennzahlen in den ersten Monaten noch kein Effekt erwartet wird, da eine Veränderung bei den unternehmerischen Kennzahlen langsamer eintritt als bei den Social-Media-Kennzahlen. Auch stellt sich hier öfter das Problem, dass die Kennzahlen nicht so einfach zu messen sind: Es kann nicht immer klar definiert werden, was eine Empfehlung von Freunden ist. Sicherlich ist die Aussage »Diese Fahrschule ist super, Du solltest Deinen Führerschein dort machen« eine klare Empfehlung. Es können jedoch auch implizite Empfehlungen gegeben werden, wie zum Beispiel das wiederholte Kommentieren von Facebook-Beiträgen, was die Freunde eines Fahrschülers auf Facebook sehen. Daher wird sowohl gemessen, wie viele Fahrschüler nach eigener Aussage über eine Empfehlung zu *Driveln* kommen, als auch, wer die Social-Media-Präsenz kennt und so eventuell durch implizite Empfehlungen motiviert wurde, sich anzumelden. Der erste Wert wird auch mit dem bisherigen Wert verglichen, um zu sehen, ob sich hier eine Verbesserung ergibt, die analog zur Bekanntheit der Social-Media-Plattformen verläuft.

Über manche Themen wie »umgesetzte Ideen für Ferienfahrkurse« muss manuell Buch geführt werden. Hier ist zu beachten, dass dies einfach und ohne großen Zeitaufwand geschehen kann. Zur Kennzahl »Teilnehmer an Ferienfahrkursen«, die zeitlich verankert ist, lassen sich nur punktuell Werte definieren.

Unter dem Strich aber geben die Kennzahlentabellen *Driveln* ein Mittel an die Hand, um die Entwicklung und den Erfolg der Social-Media-Initiativen zu verfolgen und zu überwachen.

Aber: Was tut man, wenn der gewünschte Erfolg ausbleibt?

In Social Media sind Sie stark von dem Geschmack Ihrer Zielgruppe abhängig, und es kann durchaus sein, dass Sie diesen im ersten Versuch nicht genau treffen. Wenn Sie also merken, dass die Ergebnisse vom Plan abweichen, ist es wichtig, zu analysieren, wo das Problem liegt, und nachzusteuern. Dies kann zum Beispiel anhand von Statistiken geschehen: Welcher Facebook-Beitrag hat die meisten Reaktionen hervorgerufen? Welcher am wenigsten? Welcher Blogartikel, welches Video wurde am häufigsten angesehen? Wie oft sind Nutzer welchem Link gefolgt? Mit den in den Plattformen verfügbaren Statistiken und einem guten Statistiktool für die Firmenwebsite wie z. B. Google Analytics können Sie sehr gut nachvollziehen, an welchen Stellen nachgebessert werden muss. Lassen Sie sich nicht entmutigen: Social Media ist ein Medium, das ständig im Wandel ist. Daher müssen Aktivitäten hier oft angepasst werden.

Übung 20:

Erstellen Sie eine Kennzahlentabelle sowohl für die operativen als auch für die Social-Media-Kennzahlen Ihrer Social-Media-Strategie.

- Welche Kennzahlen messen Sie?
- Wo sind absolute Werte sinnvoll, wo Prozentwerte?
- Wer misst die Werte wie oft? An wen sollten die Werte kommuniziert werden?

Zusammenfassung

Eine Messung von Kennzahlen gibt Ihnen Kontrolle über die Entwicklung der Social-Media-Präsenz Ihres Unternehmens. Definieren Sie sowohl Social-Media-Kennzahlen als auch unternehmerische Kennzahlen basierend auf den Zielen von Schritt 2 der Strategieplanung. Verfolgen Sie diese Zahlen regelmäßig und seien Sie bereit, die Initiativen den Erkenntnissen entsprechend anzupassen.

16.6 Starten einer Social-Media-Initiative

Wenn die geplante Social-Media-Strategie soweit komplett ist, muss ein Plan aufgestellt werden, wie das Projekt gestartet wird. Gehen Sie nicht davon aus, dass die Welt darauf wartet, dass Ihr Unternehmen eine Facebook-Seite erstellt. Auch die Mitarbeiter haben nicht »automatisch« Zeit, um für Content zu sorgen. Daher sollten folgende Punkte beachtet und abgearbeitet werden:

- **Erstellen Sie einen Zeit- bzw. Projektplan.** Oft kann eine etablierte Social-Media-Präsenz für eine Veranstaltung oder ein Ereignis in der Zukunft sehr wertvoll sein, ob dies nun eine Hausmesse, ein neues Produkt oder die Hauptgeschäftszeit des Jahres ist. Entwerfen Sie einen Plan, der die Präsenz zu dem entsprechenden Zeitpunkt auf den benötigten Stand bringt. Fügen Sie in Ihren Plan auch Punkte wie eventuell notwendige technische Schulungen, Fotoshootings, Videodrehs und das Erstellen von Vorlagen ein.
- **Kommunizieren Sie das Projekt im Unternehmen.** Sofern Sie Ihr Unternehmen nicht alleine betreiben, sollten Sie allen aktiv beteiligten und auch nicht beteiligten Mitarbeitern klar kommunizieren, was geplant ist und was dies für jeden Einzelnen bedeutet. Dazu gehört bei entsprechender Größe des Unternehmens auch das Verteilen von Nutzungsrichtlinien (»Social Media Guidelines«), in denen klar festgelegt wird, wie Mitarbeiter mit der Social-Media-Präsenz interagieren dürfen und sollten.
- **Setzen Sie die Präsenz auf.** Dies umfasst das Erstellen von Profilen, das Einpflegen von Profilinformationen und Impressum auf jeder Plattform, das Erstellen und Einpflegen von Titelbildern und eine Initialbefüllung mit Inhalten. Bei einem Blog sollten mindestens vier Artikel eingestellt werden, bei einem YouTube-Kanal drei Videos. Eine Facebook-Seite sollte mindestens sieben Beiträge aufweisen, bevor sie veröffentlicht wird.

  Erst ab einem gewissen Füllstand an Inhalten ist es sinnvoll, die Präsenzen bei der Zielgruppe zu bewerben. Ansonsten laufen Sie Gefahr, dass Nutzer die neue Plattform besuchen, aber nicht genug interessante Inhalte (Mehrwert) vorfinden und deshalb auch nicht zu Abonnenten werden. Damit hätten Sie die meist einmalige Chance verspielt, den Nutzer durch ein Abonnement zu einem automatischen Empfänger Ihrer Inhalte zu machen. Unterschätzen Sie daher diesen Punkt nicht und planen Sie genug Zeit dafür ein.

- **Bewerben Sie die Präsenz.** Gerade zu Beginn muss eine Präsenz ganz intensiv beworben werden, um eine Basis an Abonnenten zu gewinnen. Kommunizieren Sie die neuen Plattformen auf allen Kanälen!

- → Laden Sie Mitarbeiter und deren Freunde und Familien ein.
- → Binden Sie Links in alle Printmedien, in die Website und in E-Mail-Signaturen ein.
- → Zeigen Sie entsprechende Links auf Firmenwagen, Bannern auf Messeständen und in Werbespots.
- → Verweisen Sie am Ende von Präsentationen, bei Gesprächen mit zufriedenen Kunden oder in der Support-Hotline auf die Profile.
- → Erstellen Sie Werbematerial mit aufgedruckter Webadresse der Social-Media-Plattform.
- → Versenden Sie eine Sonderausgabe Ihres Newsletters, in der Sie auf die Social-Media-Präsenzen hinweisen und zum Besuch einladen.
- → Führen Sie ein Gewinnspiel durch, das auf Social-Media-Plattformen stattfindet und Teilnehmer motiviert, zu Abonnenten zu werden.
- → Schalten Sie bezahlte Werbung auf Facebook, LinkedIn oder mit Google Ads.

Wo immer möglich, sollte ein konkreter Mehrwert genannt werden, um zum Besuch der Social-Media-Profile zu animieren: »Werde Facebook-Fan, um kostenlose Tipps, Sonderangebote und Einladungen zu exklusiven Events zu erhalten.« Überlegen Sie genau, wie Sie die verschiedenen Aktivitäten kombinieren, und stellen Sie sicher, alle kostenlosen Möglichkeiten zu nutzen, bevor Sie Budget investieren.

An dieser Stelle noch einige Hinweise zum **Einbinden von Social-Media-Präsenzen in die Website des Unternehmens:**

Eine schöne und umfassende Variante ist der in Abschnitt 14.2 beschriebene Social Media Newsroom.

Sie sollten jedoch parallel zu diesem Bereich auch auf der gesamten Unternehmenswebsite auf Social-Media-Präsenzen hinweisen. Daher bietet es sich an, Buttons, Verweise und aktive Inhalte (»Social Plugins«) von Facebook, Twitter & Co. in einen immer sichtbaren Teil der Website einzufügen, zum Beispiel in die Navigationsleiste. Die Fußzeile oder weit unten in der Seite liegende Bereiche sind eher nicht geeignet.

Beachten Sie, dass die Verwendung der verschiedenen Funktionalitäten nach deutschem Recht nicht immer erlaubt ist, dass die Rechtslage sich immer wieder ändert und dass mindestens eine passende Datenschutzerklärung verfügbar sein muss. In aktuellen Blogartikeln spezialisierter Rechtsanwälte können Sie sich über die Rechtslage informieren. Um jedoch eine hundertprozentige Rechtssicherheit zu erreichen, empfehle ich Ihnen, sich von einem auf Online- und Social-Media-Recht spezialisierten Anwalt unterstützen und beraten zu lassen, was allerdings mit entsprechenden Kosten verbunden ist. Hier gilt es, Aufwand und Risiko abzuwägen.

Es gibt verschiedene Möglichkeiten, auf eine Social-Media-Präsenz hinzuweisen. Seit im Mai 2018 die DSGVO verpflichtend ist, ist nur noch die erste der unten beschriebenen Optionen rechtlich unbedenklich. Alle anderen Optionen tauschen personenbezogene Daten zwischen sozialen Netzwerken und Webseite aus was zu Abmahnungen und Bußgeldern führen kann. Dennoch beschreibe ich im Folgenden am Beispiel von Facebook[35] die verschiedenen Optionen, welche die Plattform zur Verfügung stellt. Alle anderen Plattformen bieten eine Teilmenge dieser Optionen an.

35. Eine Beschreibung der verfügbaren Facebook-Plugins und die Möglichkeit, den HTML-Code dafür generieren zu lassen, finden Sie auf: *https://developers.facebook.com/docs/plugins*

1. **Ein Link, zum Beispiel ein Button, der auf die Seite verweist (mit oder ohne Anzeige der Fananzahl)**
   Dies ist die klassische Version, die es erlaubt, mit einem Klick auf die entsprechende Facebook-Seite weiterzunavigieren. Dort kann der Nutzer sich ein Bild vom Angebot der Seite machen und diese bei gebotenem Mehrwert abonnieren. Diese Variante ist rechtlich komplett unbedenklich.

Abb. 121 *Facebook-Button (Link)*

2. **Ein Button, der es erlaubt, Fan der Seite zu werden (mit oder ohne Angabe der Fananzahl)**
   Dieser Button zeigt zwar, wie viele andere Personen und gegebenenfalls Facebook-Freunde des Nutzers die Seite schon gelikt haben, doch ist er von der Funktionsweise her wenig attraktiv für Nutzer: Man kauft hier die sprichwörtliche Katze im Sack (siehe Abb. 122). Der Nutzer hat keine Möglichkeit, über dieses Plugin direkt auf die Facebook-Seite zu navigieren und zu prüfen, ob die Beiträge genug Mehrwert bieten, um Fan zu werden. Mit dieser Variante läuft man Gefahr, potenzielle Fans zu verlieren, weil man ihnen nicht erlaubt, die Inhalte zu betrachten, bevor sie die Fan-Zusage geben. Auch ist diese Version des Plugins nicht DSGVO-konform.

Abb. 122 *Das Angebot, eine Facebook-Seite unbesehen zu abonnieren*

3. **Das Einbetten der Facebook-Seite kombiniert mit einem Link zur Seite und einem »Fan werden«-Button**
   Abb. 123 zeigt einen Screenshot einer eingebetteten Facebook-Seite. Wenn genug Platz auf der Unternehmenswebsite ist, und Facebook-Seite und Unternehmenswebsite sich gut ergänzen, ist dies auf den ersten Blick eine gute Lösung. Durch die Vorschau auf konkrete Facebook-Beiträge und (je nach Einstellungen) auch über die Information, wie viele und welche der eigenen Facebook-Freunde die Seite bereits als Fans abonniert haben, wird die Facebook-Seite den Websitebesuchern konkret und optisch ansprechend präsentiert. Bitte beachten Sie, dass weder das Einbetten von Beiträgen noch der »Fan werden« -Button DSGVO-konform sind.

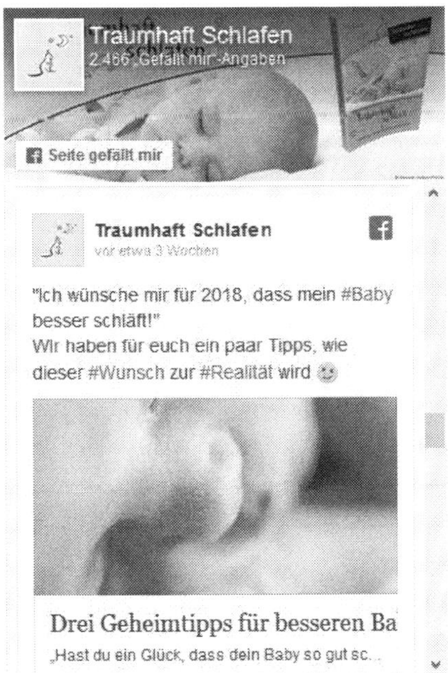

Abb. 123 *Das Einbinden aktueller Posts in die Website*

Bitte beachten Sie bei allen Varianten, dass die verschiedenen Social-Media-Plattformen in der Regel vorschreiben, welche Buttons in welcher Ausführung für das Verweisen auf die Präsenz verwendet werden dürfen, und verwenden Sie nur die entsprechenden Buttons. Für die größten Plattformen sind Richtlinien und Download-Links verfügbar unter *http://www.ynovation.de/blog/buttons-und-logos-von-sozialen-netzwerken-verwenden-aber-richtig/*.

Übung 21:

Planen Sie die Kommunikation der Social-Media-Präsenz Ihres Unternehmens.

- Welche Printmedien könnten um Hinweise auf die Social-Media-Präsenz ergänzt werden?
- Welche Onlinemedien könnten einen Hinweis auf die Präsenz enthalten?
- Auf welchen anderen Objekten können Sie die Präsenz bewerben (z.B. Firmenwagen, Schaufenster, etc.)?
- Gibt es Veranstaltungen oder Events, auf denen Sie die Präsenz erwähnen können?
- Welchen konkreten Mehrwert versprechen Sie sich im Zusammenhang mit der Präsenz?

Zusammenfassung

Um eine Social-Media-Initiative erfolgreich zu starten, sollte ein Projektplan erstellt werden. Kommunizieren Sie das Projekt aktiv im Unternehmen und bewerben Sie eine initial befüllte Präsenz auf allen verfügbaren Kanälen, möglichst immer mit der Nennung oder Demonstration eines Mehrwerts.

16.7 Testen Sie Ihr Wissen!

1. Welche Vorteile ergeben sich für Unternehmen bei der Nutzung von Social Media, wenn sie dafür vorab eine Strategie entwickeln?

   Bitte ankreuzen:

   - ☐ Mit Hilfe einer Social-Media-Strategie kann sichergestellt werden, dass die geplanten Aktivitäten im Einklang mit den verfügbaren Ressourcen stehen.
   - ☐ Mit Hilfe einer Social-Media-Strategie können realistische und überprüfbare Ziele definiert werden.
   - ☐ Mit Hilfe einer Social-Media-Strategie kann zielgruppengerechter Content geplant werden.
   - ☐ Mit Hilfe einer Social-Media-Strategie kann sichergestellt werden, dass die geplanten Aktivitäten zum gewünschten Erfolg führen.

2. Welche Fragen sollte eine Social-Media-**Ist**-Analyse beantworten können?

Bitte ankreuzen:

- ☐ Welche zeitlichen und finanziellen Ressourcen stehen für die Umsetzung einer Social-Media-Initiative zur Verfügung?
- ☐ Welche Inhalte wünscht sich die Zielgruppe, die neu erstellt werden müssen?
- ☐ Welches Material ist bereits vorhanden und könnte für die Social-Media-Initiative verwendet werden?
- ☐ Welche eigenen und/oder von Anderen erstellte Onlinepräsenzen des Unternehmens gibt es bereits?

17 Ausblick: Social Media — Was bringt die Zukunft?

In dieser Lektion lernen Sie

- wie Unternehmen in Deutschland Social Media aktuell nutzen.
- wie deutsche Unternehmen die Nutzung von Social Media in den kommenden Jahren planen.
- welche Trends sich für Social Media in der Zukunft abzeichnen.

17.1 Social-Media-Nutzung in deutschen Unternehmen

Mitte 2017 führte *Bitkom*[36], der Bundesverband Informationswirtschaft, Telekommunikation und neue Medien e.V., eine repräsentative Studie zur Social-Media-Nutzung in deutschen Unternehmen durch.[37] Der Verband ist das Sprachrohr für Unternehmen der Informations- und Telekommunikationstechnik (ITK). Er stellt aktuelle Informationen zu ITK-Themen zur Verfügung und treibt Innovationen in diesem Bereich voran. In der Studie wurden knapp 650 Unternehmen aus verschiedenen Branchen mit 20 oder mehr Mitarbeitern dazu befragt, wie sie Social Media aktuell nutzen und was ihre Pläne für die Zukunft sind.

Ziele liegen vor allem im Bereich »Marketing«

Die mit 94 % am häufigsten genannten Ziele sind, die Marken- oder Produktbekanntheit zu erhöhen und die Zahl der Websitebesucher zu steigern. Mit 88 % folgt das Ziel, Dialogbereitschaft zu signalisieren, und mit 86 % das Ziel, die Unternehmensbekanntheit zu erhöhen. Ebenfalls im Bereich Marketing liegen mit 85 % die nächsthäufig genannten Ziele Kundengewinnung und Imageverbesserung. Nur 47 % der befragten Unternehmen nutzen Social Media nach eigenen Angaben zur Mitarbeitergewinnung.

36. *https://www.bitkom.org*
37. https://www.bitkom.org/Presse/Presseinformation/Vier-von-zehn-Unternehmen-wollen-mehr-in-Social-Media-investieren.html, abgerufen am 15.02.2019

Über 90 % der Unternehmen haben ihre Zielgruppe definiert

Von den befragten Unternehmen gaben 93 % an, dass sie die Zielgruppe definiert haben, die sie in Social Media erreichen möchten und dass sie ihre Aktivitäten auf diese Zielgruppe abstimmen. Dies ist ein großer Schritt in die richtige Richtung: Wie Sie inzwischen wissen, ist Content mit Mehrwert für die spezifische Zielgruppe eines der wichtigsten Kriterien für eine erfolgreiche Social-Media-Präsenz.

Erfolgskontrolle wird von circa zwei Drittel der Unternehmen durchgeführt

Eine Erfolgskontrolle zur Bewertung der Ergebnisse in Social Media führen 63 % aller befragten Unternehmen durch. Dies ist eine sehr gute Steigerung im Vergleich zu einer Bitkom-Studie aus dem Jahr 2012[38], in der nur 2 % der Unternehmen angaben, Kennzahlen zur Bewertung der Erreichung ihrer Ziele definiert zu haben.

Dies zeigt, dass Social Media inzwischen deutlich strategischer und überlegter eingesetzt wird als noch vor wenigen Jahren. Nur über eine Erfolgskontrolle lassen sich die Ergebnisse auf diesem Kommunikationskanal objektiv bewerten, kontinuierlich optimieren und langfristig mit echtem Mehrwert in Unternehmen einsetzen.

Nutzung von Social Media wird nur teilweise als lohnend empfunden

Nur 29 % der befragten Unternehmen gaben an, dass sie ihre Ziele für die Nutzung von Social Media zum Großteil erreichen, 47 % erreichen sie zur Hälfte. Knapp ein Viertel (22 %) der Unternehmen waren der Meinung, dass sie ihre Ziele überwiegend nicht erreichen.

Diese Zahlen sind ein Indikator dafür, dass es für viele Firmen noch eine Herausforderung ist, ihre Social-Media-Aktivitäten zielgruppenzentriert zu betreiben, obwohl die Zielgruppe bekannt ist und die Aktivitäten gefühlt auf diese ausgerichtet werden. Gerade weil viele der Ziele im Marketingbereich liegen, ist es verlockend, auf Facebook & Co. ähnlich wie in der klassischen Werbung zu kommunizieren. Da die Nutzererwartungen in Social Media aber anders sind, begrenzt dies den Erfolg stark.

---

38. https://www.bitkom.org/noindex/Publikationen/2012/Studie/Social-Media-in-deutschen-Unternehmen/Social-Media-in-deutschen-Unternehmen4.pdf, abgerufen am 15.02.2019

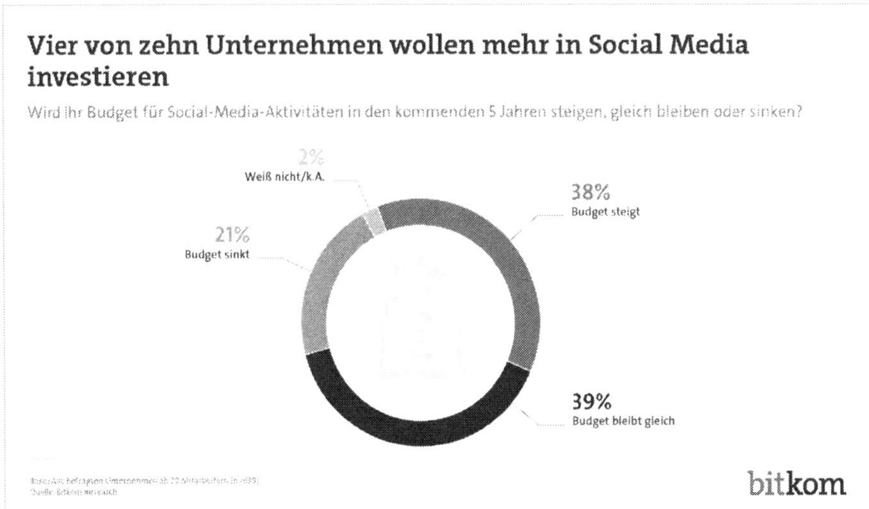

Abb. 124 *Zukünftige Investitionen deutscher Unternehmen in Social Media, Quelle: Bitkom e. V.*

Investitionen in Social Media werden gleich bleiben oder zunehmen

Mehr als insgesamt drei Viertel der Unternehmen, die Social Media bereits nutzen, wollen ihre Investitionen in diesen Kommunikationskanal auf gleichem Niveau fortführen (39 %) oder verstärken (38 %). Nur 21 % werden ihre Investitionen reduzieren. Generell sind größere Unternehmen mit 2.000 oder mehr Mitarbeitern eher bereit, das Budget zu steigern.

Für diese grundsätzliche Investitionsbereitschaft gibt es sicherlich zwei Beweggründe: Zum einen herrscht immer mehr Wettbewerb im Markt, und Unternehmen müssen zu neuen Mitteln greifen, um sich sichtbar zu machen und zu behaupten. Social Media als relativ neuer Kanal ist für viele eine Chance. Zum anderen wächst das Bewusstsein, dass Social Media langsam ein Kanal wird, der durch bezahlte Werbung aktiv vorangetrieben werden kann. Wichtig ist, zu verstehen, dass finanzielle Mittel kein Ersatz für passende, zielgruppenspezifische Aktivitäten sind, sondern diese lediglich ergänzen. Im Umkehrschluss führt eine Steigerung des Budgets nicht zwingend zu einem größeren Erfolg in Social Media: Nach wie vor sind kontinuierlich begeisternde Inhalte der wichtigste Faktor.

Zusammenfassung

Deutsche Unternehmen verfolgen mit der Social-Media-Nutzung überwiegend Ziele im Marketingbereich. Sie haben ihre Zielgruppe zum Großteil definiert und circa zwei Drittel führen auch eine Erfolgskontrolle durch. Die Mehrheit der Unternehmen erreicht ihre Ziele zur Hälfte oder zum Großteil. In den nächsten fünf Jahren werden Investitionen in Social Media überwiegend gleich bleiben oder zunehmen. Insgesamt zeigt sich im Vergleich zu einer Studie aus dem Jahr 2012 eine deutliche Steigerung, was die strategische Ausrichtung und die Erfolgskontrolle von Social-Media-Aktivitäten angeht. Allerdings deuten die Zielerreichungszahlen darauf hin, dass es immer noch Probleme gibt, sich vom klassischen Marketingdenken zu lösen und stattdessen zielgruppenzentriert zu kommunizieren und somit das Potenzial von Social Media voll auszuschöpfen.

17.2 Trends in Social Media

Social Media ist inzwischen ein etablierter Kommunikationskanal. Genau wie Websites, die zu Beginn kritisch beäugt wurden, hat sich Social Media in den letzten Jahren als fester Bestandteil mit einer eigenen Daseinsberechtigung im Marketingmix etabliert. Die offene Kommunikation, der Dialog und der dynamische Austausch sind zu wertvoll für Verbraucher, um darauf zu verzichten. Trotzdem ist Social Media noch immer ein sehr schnelllebiges Medium, das sich ständig wandelt. In den letzten Jahren haben wir vor allem eine steigende Beliebtheit von Bildern und audiovisuellen Inhalten sowie eine fortschreitende Monetarisierung der Plattformen über bezahlte Werbung beobachten können. Folgende Trends werden Social Media in nächster Zeit besonders prägen und beeinflussen, wie erfolgreich die Social-Media-Präsenzen kleiner und mittlerer Unternehmen sein werden:

- **Die Plattformwelt wird unübersichtlicher** Immer wieder hört man von neuen, erfolgreichen Plattformen wie Snapchat, TikTok und Twitch. Gleichzeitig berichten die Medien von einer Stagnation oder Abwanderung der Nutzer bei Facebook. Lassen Sie sich von solchen Meldungen nicht verwirren. Große **App-Download-Zahlen** bei TikTok weltweit bedeuten noch lange nicht,dass diese Plattform in Deutschland mit etablierten Plattformen konkurrieren kann, was **tatsächliche Zugriffe** angeht. Prüfen Sie im Zweifelsfalle selbst über ein Tool wie Similarweb, auf welchem Zugriffsrang die Plattform für Deutschland (oder Ihre Zielländer) liegt und suchen Sie aktuelle Zahlen zu monatlich aktiven Nutzern um eine zuverlässige und vergleichbare Einschätzung zu erhalten. Generell versprechen die großen, etablierten Plattformen mehr Nutzen für Ihr Unternehmen - und das sind immer noch Facebook, Instagram, LinkedIn, XING, gegebenenfalls Twitter und als Inhaltsspeicher Blogs und YouTube sowie Google Maps Standorteinträge. Prüfen Sie für Ihren Anwendungsfall sorgfältig, wo Ihre Zielgruppe tatsächlich aktiv ist, und messen Sie die Ergebnisse. So setzen Sie Ihre Ressourcen optimal ein.

- **Gute Inhalte und richtig eingesetzte Werbung führt zum Erfolg** Alle großen sozialen Netzwerke nutzen inzwischen Algorithmen, welche die organische Reichweite, d.h. die Anzahl der Nutzer die ohne Bezahlung erreicht werden, einschränkt. Dieser Reichweitenreduzierung können Sie mit zwei Maßnahmen begegnen: Als wichtigster Faktor regt hochwertiger, begeisternder und zielgruppenspezifischer Content zur Interaktion an und überzeugt die Algorithmen davon, dass Ihr Beiträge es wert sind, an viele Nutzer ausgeliefert zu werden. Zum anderen gilt es, bei dem Einsatz von bezahlter Werbung überlegt vorzugehen - so ist zum Beispiel Abonnenten-Werbung nachhaltiger als Beitragswerbung. Geworbene Abonnenten (Fans, Kontakte, Follower) können Sie immer wieder erreichen, ein beworbener Beitrag wird einmal an viele Nutzer ausgeliefert, hat aber keine dauerhafte positive Wirkung. Im Gegenteil: Begeistet der Beitrag aber die Zielgruppe nicht, wird er trotz Werbung keine gute Interaktionsrate erhalten — so wird die Reichweite das nächste Mal nur noch geringer, und weiterklicken auf die Webseite wird auch niemand.

  Das Tempo nimmt zu Das aktuell erfolgreichste Content-Format sind Stories — Inhalte, die nur für einen begrenzten Zeitraum verfügbar sind und dann gelöscht werden (und die übrigens auch (noch) nicht durch die Algorithmen gefiltert werden. Snapchat hatte die Idee, Instagram hat sie sehr erfolgreich adaptiert und auch auf Facebook wird das Format inzwischen gerne genutzt. Warum? Die Angst etwas zu verpassen, motiviert Nutzer eher zum Betrachten als wenn der Content prinzipiell immer verfügbar ist. Auch bei nicht zeitlich begrenzten Formaten ist alles beliebt was kurz ist - TikTok beispielsweise basiert auf Videos, die maximal 60 Sekunden lang sind. Diese beiden Faktoren erhöht das Tempo des ohnehin schnell getakteten Kanals Social Media noch weiter. Der Content wird immer mehr, kürzer und verschwindet schneller. Für Unternehmen bedeutet dies, sich so kurz und konkret wie möglich zu fassen und Stories bzw. ähnliche, zeitlich begrenzte Formate bei der Strategieplanung nicht außer Acht lassen.

- **Influencer Marketing muss beobachtet werden** Influencer Marketing, d.h. das Bewerben von Produkten für Firmen durch Personen, die als Meinungsführer gelten, die große Fan- oder Followergemeinden haben, ist aktuell in aller Munde. Die Dynamik ist attraktiv: Betreiber von großen Blogs, Instagram- oder Facebook-Accounts zeigen und empfehlen Produkte und werden dafür von Firmen bezahlt. Dies kann ein Stück weit den Reichweitenverlust durch die immer strengeren Algorithmen auf sozialen Netzwerken ausgleichen. Jedoch wurde es bereits seit der Kennzeichnungspflicht für Beiträge die bezahlt oder sonst vergütet wurden, schwieriger, überzeugendes Influencer-Marketing zu betreiben. Ein Beitrag, der ein Produkt bewirbt, aber gleichzeitig klar aussagt, dass diese Aussage bezahlt wurde hat einfach nicht mehr die gleiche Glaubwürdigkeit und Schlagkraft. Hinzu kommt, dass Instagram und vermutlich auch Facebook die Anzahl der erhaltenen "Gefällt mir"-Klicks unter Beiträgen nicht mehr anzeigen (werden). Es wird also schwieriger für Influencer ihren Mehrwert zu kommunizieren — was zufällig auch voraussichtlich mehr Werbegelder für Instagram und Facebook bedeutet.

Wie können nun kleine und mittlere Unternehmen mit dieser ungewissen Situation umgehen? Das Budget für große Influencer ist in KMUs den meisten Fällen ohnehin nicht verfügbar, und je nach Branche muss auch erst der richtige Influencer gefunden werden. Daher meine Empfehlung: Setzen Sie Ihre Kunden, Mitarbeiter oder Partner, die bereit sind, auch ohne Bezahlung etwas Positives über Ihr Unternehmen zu sagen oder Nachrichten weiterzutragen, als Influencer ein. So steigern Sie die Glaubwürdigkeit und Reichweite Ihres Unternehmens zum Nulltarif.

Zusammenfassung

Es wird immer wieder von neuen Social-Media-Plattformen berichtet, die jedoch oft nicht so stark genutzt sind wie es auf den ersten Blick erscheint. Unternehmen sollten daher bei der Strategieplanung ein besonderes Augenmerk darauf richten, aktuelle und vergleichbare Zahlen für möglicherweise eingesetzte Plattformen und ihre spezifische Zielgruppen zu prüfen. Auf allen großen sozialen Netzwerken schränken Algorithmen die unbezahlte Reichweite spürbar ein. Durch hochwertigen Content und sinnvoll eingesetzte Werbung kann dieser Dynamik entgegengewirkt werden. Kurzer Content und Content mit Verfallsdatum wie Stories auf Instagram und Facebook werden von Nutzern sehr gut angenommen und sollten zielgerichtet eingesetzt werden. Influencer Marketing ist unter anderem wegen der stetig sinkenden organischen Reichweite ein wertvolles Tool zum Steigern der Sichtbarkeit von Unternehmen und Marken, verliert jedoch durch die Kennzeichnungspflicht und das Ausblenden der "Gefällt mir"-Angaben auf Instagram und voraussichtlich auch Facebook einen Teil seiner Schlagkraft. Kleine und mittlere Unternehmen sollten aus diesen Gründen und im Hinblick auf ihr Budget daher versuchen, Empfehlungen von Kunden, Mitarbeitern oder Partnern ohne Bezahlung einzusetzen, um so die organische Reichweite hoch und stabil zu halten.

17.3 Schlusswort

Sicherlich sehen Sie Social Media nun in einem anderen Licht und mit einem tieferen Verständnis: Dieser Kommunikationskanal kann viel Gutes für Ihr Unternehmen bewirken, birgt aber auch nicht zu unterschätzende Risiken. Daher ist es immer wichtig, dass Aktivitäten auf sozialen Netzwerken, Blogs und anderen Plattformen strategisch und überlegt initiiert und realisiert werden, zu dem verfügbaren (Zeit)budget passen und regelmäßig auf ihren Erfolg hin überprüft werden. So können Sie Facebook & Co. auch für Ihr Unternehmen mit echtem Erfolg einsetzen.

Ich wünsche Ihnen viel Erfolg bei der Anwendung des Gelernten und viel Spaß bei der Nutzung von Social Media. Es ist ein faszinierendes Medium, das dem interessierten Nutzer immer wieder neue Herausforderungen und Erfolge beschert! Ich freue mich über jedes Feedback oder über gelungenene Anwendungsbeispiele — meine Kontaktdaten finden Sie in der Einleitung.

Lösungen der Übungsaufgaben

Übung 1:

Antworten könnten beispielsweise sein:

- Ein höherer Bekanntheitsgrad des Unternehmens oder von bestimmten Produkten/Dienstleistungen.
- Ein effektiverer Kundensupport und eine höhere Kundenzufriedenheit.
- Feedback von Kunden zum Angebot des Unternehmens, wertvolle Produktideen.
- Verbesserung des Unternehmensimage als Arbeitgeber, mehr Bewerbungen von besser qualifizierten Bewerbern.

Lösungen der Wissensfragen

Lektion 1: Social Media im Überblick

1. Welche Nachteile können für Unternehmen entstehen, wenn sie Social Media nicht nutzen?

Lösung:

✗ Vertrauliche Informationen aus dem Unternehmen können an die Öffentlichkeit gelangen.

✗ Es entsteht ein höherer Arbeitsaufwand im Bereich Öffentlichkeitsarbeit.

✓ **Öffentliche Kritik an dem Unternehmen in Social Media wird vom Unternehmen nicht wahrgenommen.**

✗ Es besteht die Gefahr des Kontrollverlustes über die Kommunikation.

✓ **Die Sichtbarkeit bei der Zielgruppe ist niedriger.**

2. Welche Kernpunkte der Unternehmenskommunikation werden durch Social Media verändert?

Lösung:

✓ **Die Dialogfähigkeit des Unternehmens.**

✓ **Die Kontrolle, die das Unternehmen über Inhalte hat.**

✓ **Das Tempo der Kommunikation.**

✗ Die Themenauswahl im Unternehmen.

3. Worin unterscheidet sich die Kommunikation in Social Media im Vergleich zu anderen Medien?

Lösung:

✗ Die höhere Vertraulichkeit

✓ **Nutzer haben mehr Macht**

✓ **Ein Dialog kann einfach und aufwandsarm geführt werden**

✗ Unternehmen haben mehr Kontrolle

✓ **Das schnellere Tempo**

Lektion 2: Joker oder Bedrohung? Social Media in der Unternehmenskommunikation

1. **Für welche Unternehmensbereiche kann der Einsatz von Social Media nützlich sein?**

   Lösung:

   ✓ Interne Kommunikation

   ✓ Marketing/PR

   ✓ Kundensupport

   ✓ Produktentwicklung

   ✓ Personalakquise

2. **Welche Aussagen treffen auf eine Social Media-Nutzung im B2B-Kontext zu?**

   Lösung:

   ✓ Die Zielgruppe ist tendenziell kleiner.

   ✓ Die Zielgruppe hat Interesse am Unternehmen, weil es Teil ihres Jobs ist.

   ✗ Die Zielgruppe ist am besten durch persönliche Inhalte zu begeistern.

   ✓ Die Zielgruppe ist fachlich versierter.

3. **Welche rechtlichen Aspekte müssen unter anderem in Social Media berücksichtigt werden?**

   Lösung:

   ✓ Das Urheberrecht

   ✓ Die Impressumspflicht

   ✓ Das Recht am eigenen Bild

   ✓ Die Datenschutz-Grundverordnung (DSGVO)

Lektion 3: Typen von Social-Media-Plattformen

1. **Welche der Plattformen sind Crowd-Plattformen?**

   Lösung:

   ✓ Google Maps-Standorteinträge

   ✗ YouTube

   ✓ Kickstarter

✗ Facebook

✓ **Wikipedia**

2. **Bei welchen der folgenden Plattformen handelt es sich um Kombinationen aus Inhaltsspeicher und Inhaltsverteiler?**

Lösung:

✗ Instagram + Facebook

✓ **LinkedIn + Blog**

✓ **Facebook + YouTube**

✗ YouTube + Blog

✗ Twitter + Instagram

Lektion 4: Facebook — das weltweit größte soziale Netzwerk

1. **Wozu dient der Facebook-Newsfeed-Algorithmus?**

Lösung:

✗ Um Beiträge nach dem Zufallsprinzip zu filtern

✓ **Um Beiträge nach Relevanz für Nutzer zu filtern**

✗ Um Beiträge an die jeweils richtige Zielgruppe auszuliefern

✗ Um Beiträge gezielt je nach Nutzerfeedback zu löschen

Lektion 5: LinkedIn — das größte soziale Business-Netzwerk weltweit

1. **Welche Elemente enthalten Kurzprofile auf LinkedIn?**

Lösung:

✓ **Name**

✓ **Foto**

✓ **Unternehmensname**

✓ **Position**

Lektion 6: XING — das größte Business-Netzwerk im deutschsprachigen Raum

1. Welche der folgenden Punkte müssen beim Einsatz von XING beachtet werden?

Lösung:

✗ XING-Firmenprofile sind schon in der Basisversion kostenpflichtig.

✓ Auf XING können Beiträge nicht zu einem bestimmten Zeitpunkt automatisiert veröffentlicht werden.

✓ Firmenprofil und Personenprofile sollten kombiniert werden.

✓ Auf XING schränkt ein Algorithmus die Reichweite von Beiträgen ein.

✓ XING verwendet laut Nutzungsbedingungen hochgeladene Inhalte außerhalb der Plattform nicht weiter.

Lektion 7: Instagram — das bildbasierte Netzwerk für mobile Endgeräte

1. Welche Besonderheiten müssen Unternehmen bei einer Nutzung von Instagram berücksichtigen?

Lösung:

✓ Der zeitliche und finanzielle Aufwand für die Produktion qualitativ hochwertiger Bilder/Videos kann beträchtlich sein.

✓ Die Tiefe des Dialogs ist begrenzt.

✓ Da Instagram zu Facebook gehört, gibt man die Nutzungsrechte für veröffentlichte Inhalte an Facebook weiter.

✗ Da in Instagram keine direkte Verlinkung auf Produkte möglich ist, kann der Vertrieb nicht direkt unterstützt werden.

✓ Instagram ist für mobile Endgeräte optimiert. Die Infrastruktur im Unternehmen muss darauf ausgelegt sein.

2. Welche Funktionalitäten stellt Instagram zur Verfügung?

Lösung:

✓ Bezahlte Werbung

✗ Das Veröffentlichen von Beiträgen mit Hyperlinks

✓ Das Veröffentlichen von Fotos

✓ Die Nutzung von Hashtags

✓ Das Anbieten von Produkten zum Kauf

3. **Wie lang dürfen Videos maximal sein, wenn sie als Beitrag auf Instagram veröffentlicht werden?**

Lösung:

✗ 3 Sekunden

✗ 30 Sekunden

✓ **60 Sekunden**

✗ 3 Minuten

4. **Was ist in Bezug auf die Schaltung von bezahlter Werbung auf Instagram zutreffend?**

Lösung:

✓ **Werbung kann über den Facebook-Werbeanzeigenmanager geschaltet werden.**

✓ **Werbung kann bei Firmenprofilen direkt auf Instagram geschaltet werden.**

✗ Ziel der bezahlten Werbung kann die Steigerung der Followerzahl sein.

✓ **Ziel der bezahlten Werbung kann die Steigerung der Reichweite sein.**

✓ **Ziel der bezahlten Werbung kann die Erhöhung der Interaktionsrate (Klicks für Beiträge) sein.**

Lektion 8: Twitter — Microblog und soziales Netzwerk im Ticker-Stil

1. **Welche Funktionalitäten stellt Twitter zur Verfügung?**

Lösung:

✓ **Bezahlte Werbung**

✗ Das Veröffentlichen von Beiträgen ab 500 Zeichen

✓ **Das Veröffentlichen von Fotos**

✓ **Die Navigation über Hashtags**

✓ **Das Veröffentlichen von Beiträgen mit Hyperlinks**

2. **Wie lang darf ein Tweet maximal sein?**

Lösung:

✗ 140 Zeichen, inklusive Links und Hashtags

✗ 140 Zeichen, zuzüglich Links und Hashtags

✓ **280 Zeichen, inklusive Links und Hashtags**

✗ 280 Zeichen, zuzüglich Links und Hashtags

Lektion 9: Google My Business, Google+ und Google-Maps-Standorteinträge

1. **Welche Funktionalitäten stellt Google für Google-Maps-Standorteinträge zur Verfügung?**

Lösung:

✓ **Beiträge veröffentlichen**

✓ **Bewertungen veröffentlichen**

✓ **Öffnungszeiten angeben**

✗ Abstimmungen durchführen

✓ **Bewertungen kommentieren**

Lektion 10: YouTube — die weltweit größte Videoplattform

1. **Was könnte gegen eine Nutzung von YouTube im Unternehmenskontext sprechen?**

Lösung:

✓ **Der hohe Aufwand, qualitativ hochwertige Videos zu erstellen.**

✓ **Die Weiterverwendungsrechte, die Unternehmen YouTube mit dem Hochladen von Videos einräumen.**

✗ Die abnehmende Beliebtheit von Videos im Web

✓ **Kurze Videos erzielen in der Regel bessere Ergebnisse, wenn sie direkt auf Facebook veröffentlicht werden.**

Lektion 12: Groupon — die Social-Buying-Plattform mit Rabatten

1. **Welche Aussagen sind in Bezug auf Groupon korrekt?**

   Lösung:

   ✗ Groupon ist eine Crowdfunding-Plattform.

   ✓ **Auf Groupon können Unternehmen durch Sonderangebote auf sich aufmerksam machen.**

   ✗ Groupon ist für Unternehmen kostenfrei.

   ✗ Auf Groupon können Unternehmen Deals zeitlich nicht begrenzen.

Lektion 15: Krisenmanagement — Kritik in eine PR-Chance verwandeln

1. **Worauf sollte ein Unternehmen bezogen auf die eigenen Social-Media-Präsenzen achten, damit es auf eine evtl. Social-Media-Krise gut vorbereitet ist?**

   Lösung:

   ✓ **Das Unternehmen sollte einen Krisenplan haben.**

   ✓ **Das Unternehmen sollte Nutzungsrichtlinien veröffentlichen.**

   ✗ Das Unternehmen sollte Formulierungen zur Abschreckung von Trollen verfassen.

   ✗ Das Unternehmen sollte eine Liste von Trollen erstellen.

Lektion 16: Social-Media-Strategie als Schlüssel zum Erfolg

1. **Welche Vorteile ergeben sich für Unternehmen bei der Nutzung von Social Media, wenn sie dafür vorab eine Strategie entwickeln?**

   Lösung:

   ✓ **Mit Hilfe einer Social-Media-Strategie kann sichergestellt werden, dass die geplanten Aktivitäten im Einklang mit den verfügbaren Ressourcen stehen.**

   ✓ **Mit Hilfe einer Social-Media-Strategie können realistische und überprüfbare Ziele definiert werden.**

   ✓ **Mit Hilfe einer Social-Media-Strategie kann zielgruppengerechter Content geplant werden.**

✗ Mit Hilfe einer Social-Media-Strategie kann sichergestellt werden, dass die geplanten Aktivitäten zum gewünschten Erfolg führen.

2. Welche Fragen sollte eine Social-Media-Ist-Analyse beantworten können?

Lösung:

✓ **Welche zeitlichen und finanziellen Ressourcen stehen für die Umsetzung einer Social-Media-Initiative zur Verfügung?**

✗ Welche Inhalte wünscht sich die Zielgruppe, die neu erstellt werden müssen?

✓ **Welches Material ist bereits vorhanden und könnte für die Social-Media-Initiative verwendet werden?**

✓ **Welche eigenen und/oder von Anderen erstellte Onlinepräsenzen des Unternehmens gibt es bereits?**

Index

A

B

C

D

E

F

G

H

I

K

L

M

N

O

P

R

S

T

U

V

W

X

Y

Z

Printed in Poland
by Amazon Fulfillment
Poland Sp. z o.o., Wrocław

60743581R00134